원균과 이순신

— 원균 옹호론에 대한 실증분석 —

원균과 이순신

—원균 옹호론에 대한 실증분석—

도현신 저

비봉출판사

원균과 이순신

— 원균 옹호론에 대한 실증분석 —

초판 인쇄 | 2008년 2월 10일
초판 발행 | 2008년 2월 15일

지은이 | 도현신
펴낸이 | 박기봉
펴낸곳 | **비봉출판사**
출판등록 | 2-301 (1980년 5월 23일)

주 소 | 서울 금천구 가산동 550-1, IT캐슬 2동 808호
전 화 | (02)2082-7444
팩 스 | (02)2082-7449
E-mail | bbongbooks@hanmail.net / beebooks@hitel.net

ISBN | 978-89-376-0356-3 03910

값 15,000원

머리말

우리 역사에서 가장 위대한 인물을 꼽으라고 한다면 단연 충무공 이순신 장군을 꼽을 것이다. 그런데 이순신 장군과 정반대의 위치에서서 4백 년 동안 역사의 어둠에 잠겨 있었던 인물이 있으니, 그는 바로 원균이다.

그동안에는 이순신 장군을 구국의 영웅이자 구세주, 성웅, 바다의 신 등으로 찬양하고 존중하는 사람들은 수없이 많았으나 원균에게 그런 찬사를 바치는 사람은 없었다. 오히려 형편없는 졸장부에 겁쟁이, 멍청이라는 비판만이 퍼부어졌을 뿐이다.

그런데 어찌된 영문인지 근래에 와서 이러한 풍조에 반기를 드는 움직임이 여기저기서 일어나고 있다.

소설가 고정욱은 '원균, 그리고 원균' 이란 소설에서 원균을 비운(悲運)의 명장으로 묘사했으며, '불멸의 이순신' 을 쓴 김탁환도 원균을 북방에서 여진족을 무찌른 영웅으로 그렸다. 2005년 인기리에 방영된 KBS의 대하사극 '불멸의 이순신' 도 이런 주장을 그대로 싣다가 시청자들의 거센 반발을 사기도 했다.

또 이덕일과 김병기가 지은 '우리역사의 수수께끼' 제1권에서는 원균이 북방의 용장이자 이순신과 '명콤비' 였으며, 이순신이 원균의 공을 질투하여 모함을 했고, 결과적으로 원균은 이순신을 영웅으로 만들기 위한 희생양이었다는 극단적인 이야기까지 나오고 있다.

그리고 최근에 나온 '다시 쓰는 간신 열전(최용범, 함규진 공저, 페이

퍼로드, 2007년 1월)' 이란 책에서도 원균을 시대가 조작해낸 간신이라며 억울하다는 논조로 변호하고 있다.

과연 원균은 그들이 말하는 것처럼 시대를 잘못 타고난 비운의 명장일까? 정말로 후대에 와서 사람들은 이순신을 영웅으로 만들기 위하여 원균을 억울하게 희생시킨 것일까?

이 책은 이러한 원균 옹호론을 샅샅이 해부하고 그 주장의 진위 여부를 실증적으로 엄중히 가릴 것이다.

2007년 9월 도현신

차 례

원균의 초상화. 한눈에 보기에도 무척 비만해 보인다.
– 김산호 화백의 작품

"원균은 체구가 비대하고 건장하여 한 끼에 밥 한 말, 생선 다섯 마리, 닭과 꿩 서너 마리를 먹었다. 평상시에도 배가 무거워 행보를 잘하지 못하였는데, 이때(칠천량 해전)에 이르러 싸움에 패하고는 앉은 채 죽음을 당하였다. 그래서 사람들이 모두 비웃었는데, 곡성에 사는 오천뢰(吳天賚)라는 생원이 다음과 같은 시를 지었다.

한산도는 나라의 남문인데 (閑山一島國南門)
무슨 일로 조정에선 장수 자주 바꾸었나 (底事朝廷易將頻)
처음부터 원균이 나라를 저버린 것이 아니라 (不是元均初負國)
원균의 배가 원균을 저버렸네 (元均之腹負元均)"

(*원균의 배가 원균을 저버렸네(元均之腹負元均): 중국 송(宋) 나라 장군 당진(黨進)이 몸이 비대하고 체구가 커서 많이 먹었다. 음식을 배부르게 먹고는 배를 만지면서, "배야 내가 너를 저버리지 않았다"라고 하였다. 그러자 옆에 있던 어느 사람이, "장군이 배를 저버리지 않았지만 배가 장군을 저버려서 먹기만 하고 한 가지 지려(智慮: 지혜)도 내지 않습니다."라고 하였다는 부분에서 따온 말이다.)

－〈난중잡록(亂中雜錄)〉에서 발췌 －

1. 왜 원균 옹호론인가?

조선의 대표적인 갑옷인 두석린갑. 장수들이 즐겨 착용했다

1. 원균 옹호론의 배경

원균!

정상적인 교육을 받은 한국인이라면 원균이란 이름을 가진 장수를 모르는 사람이 없을 것이다.

그리고 원균과 관련된 논쟁들은 언제나 한국 사회를 뜨겁게 달구어 왔다.

2004년에 방영되어 1년이 넘게 인기리에 방영된 KBS 1TV의 대하드라마 '불멸의 이순신' 을 통해 임진왜란 붐이 일어나면서 새삼스럽게 원균 옹호론이 다시 고개를 들기 시작했다.

원균 옹호론은 원균이 단순히 무능하고 형편없는 졸장이 아니라 북방에서 여진족을 막아낸 용장이라는 것에서부터, 임진왜란이 발발했을 당시 일본 수군 함대를 보고 겁에 질려 도망가지 않고 용감하게 싸웠다던가, 심지어 이순신은 그저 일본 함대와 멀리 떨어져 대포만 쏘아대고 원균은 그런 이순신을 비웃기라도 하듯 죽음을 두려워하지 않고 과감하게 적진에 돌진하여 왜군의 목을 베었다고 하며, 이순신이 원균에게 열등감을 느껴 그의 공로를 빼앗고 모함을 하였다고 하며, 칠천량의 패전은 어쩔 수 없는 중과부적(衆寡不敵)이었으며, 명량해전은 꿈에 원균이 나타나 가르쳐 준 것을 이순신이 그대로 옮겨 실행하여 이길 수 있었으며, 마침내 이순신을 영웅으로 만들기 위해서 이렇게 훌륭한 장수인 원균을 희생양으로 만들었다는 황당무계한 가설로까지 비약된다.

과연 이러한 원균 옹호론은 왜 거론되고 있는 것일까? 또, 이런 주장은 얼마나 설득력이 있는 것일까?

(1) 이순신은 이제 지겹다! 원균을 악당으로 만드는 일을 언제까지 계속해야 하나?

부끄러운 사실이지만, OECD 국가들 중에서 우리나라 국민들이 연간 독서량이 가장 적다고 한다. 어째서 이런 이상한 일이 벌어지는 것인지는 알 수 없으나, 독서를 자발적으로 하게 하지 않고 강압적인 방법으로 하게 하는 잘못된 교육제도 때문이 아닐까?

1945년 해방 이후 군사정권이 막을 내릴 때까지 약 40년 동안, 한국사회는 충무공 이순신 장군에 대해 강압적인 방식으로 영웅화 교육을 국민들에게 해왔다. 이순신이 왜 위대한지, 어떻게 승리할 수 있었는지를 합리적으로 차분하게 설명하는 방식이 아닌 그저 "이순신은 성웅이다, 모두 찬양하라!"라는 식으로 밀어 붙였던 것이다.

그러한 강제에 대한 반발심리가 군사정권이 종식된 후 국민들 사이에 크게 번져 80년대 초반부터 원균 옹호론이 일어나더니, 이제는 그것이 어느 정도 설득력을 지닌 학설로 인식되기에 이르렀다. 현재 원균을 옹호하는 사람들의 대부분은 국가에서 주입하는 이런 식의 이순신 영웅화에 반감을 느낀 부류들이다.

그러나 오래된 것이라고 모두 나쁜 것이 아니고, 새로운 것이라고 모두 좋은 것은 아니다. (하긴, 요즘 같이 시류에 재빨리 편승하지 못하면 멍청이라고 비난받는 풍조가 지배하는 신자유주의+천민자본주의 시대에는 오히려 그런 사고방식이 당연할지도 모르지만.)

무엇보다, 역사는 단순하고 막연한 감정만으로는 풀 수 없는 문제이다. 너무나 당연한 일이지만, 적어도 역사에 대해서 말하려면 어느 정도 공부는 해야 하지 않을까? 하다못해 이순신과 원균에 관한 이야기라면 〈조선왕조실록〉 정도는 읽어보아야 할 것이다.

이순신을 찬양하는 말과 글들이 지겹다고 불평만 할 게 아니라, 왜 원균이 수백 년 동안 사람들의 욕을 먹게 되었는지 의문을 갖고, 그리고 왜 그렇게 될 수밖에 없었는지 진지하게 고민을 해 본 적은 있는가? 사실 왜곡이 심한 원균을 옹호하는 성격의 소설책들이 아니라 진짜 역사서들을 몇 권이라도 읽고 나서 그런 생각을 해 보았는가?

어찌된 일인지, 원균 옹호론을 주장하는 소설가나 저자들 중에서 〈조선왕조실록〉을 제대로 독파한 사람은 전혀 없어 보인다. 그들은 그저 전후에 선조가 원균에게 1등 공신의 직위를 주었고(그 구절 하나만 인용하고 신하들이 맹렬히 반대했다는 사실은 애써 무시해 버린다), 작성 연대도 불분명한 〈원균행장록〉 하나만을 들고 나와서 원균 옹호론을 펼친다. 각종 사료들을 들춰봐도 원균을 칭찬하는 내용은 별로 없는데 반해, 원균을 욕하고 비판하는 내용은 훨씬 많은데 말이다.

(2) 원균이 불쌍하다! 그만 욕하자.

우리나라 사람들은 다른 나라 사람들에 비해 유달리 동정심이 많은 편이다. 오랫동안 좁은 한반도에서 부대끼고 살다 보니 자연히 남들과 원만한 관계를 유지해야 하고(안 그러면 거칠고 험악하다고 찍혀서 사회

생활을 하기가 어려우므로), 법에 의한 다스림보다는 사람에 의한 다스림에 익숙하다 보니 매사에 모질게 대할 수 없어서 생긴 습성이다.

하지만 그것은 뒤집어 말하면 맺고 끊음이 확실하지 못한, 결단력이 부족하다는 말도 된다. 결코 좋기만 한 성향이 아니다. 위급한 순간에 결단을 내리지 못하고 우물쭈물하거나 옳고 그름과 이득과 손해를 확실하게 판별하지 못한다면 큰 해악을 입을 수도 있다. 부처가 남긴 "중생이 애정의 그물에 빠지면 정도를 벗어난다."라는 가르침은 이런 경우에 맞는 격언이 아닐까?

원균이 불쌍하다고? 수백 년 동안 간신, 역적, 비겁자라고 욕을 먹어온 그가 안쓰럽다고?

나는 요즘 들어 '인권'이란 단어의 정의에 대해 상당히 혼란스러움을 느낀다. 수천, 수만 명을 죽인 극악무도한 살인자를 가엾다고 동정할 수 있을까? 정말 우리가 동정해야 할 대상은 가해자인 살인자가 아니라 그의 손에 억울하게 죽임을 당한 피해자들인데 말이다. 그런데 무슨 살인 사건이 났다 싶으면, 인권을 옹호하는 단체들은 왜 가해자의 인권은 지켜주지 못해 안달이면서, 억울하게 피해를 당한 피해자들의 인권에 대해서는 인색하기 그지없을까?

원균을 동정하는 사람들에게 말하고 싶다.

당신들이 진정 불쌍하게 여겨야 할 사람은 원균의 무능한 지휘로 칠천량에서 어이없이 개죽음을 당한 1만 명의 조선 수군병사들과 남원에서 왜군에게 비참하게 학살당한 1만 명의 조선 백성들이다! 한 사람의 처지는 불쌍히 여기면서 왜 2만 명의 생명은 전혀 신경도 쓰지 않는 것인가? 당신들의 동정심은 그 방향이 잘못되었다.

현대적으로 비유를 들어보겠다. 어느 대기업의 회장이 경영을 잘못하는 바람에 회사는 부도가 나고 1만 명의 회사원들은 꼼짝없이 직장을 잃은 채 거리로 내몰려 노숙자가 되었다. 그런데 회장은 직원들에게 사과의 말 한 마디 없이, 미리 회사의 주식을 처분하여 마련한 돈을 챙겨 어디론가 사라져 버렸다고 하자. 이럴 때 동정을 받아야 할 사람은 누구인가? 파렴치한 회장인가, 아니면 졸지에 노숙자가 된 1만 명의 직원들인가? 잘 생각해 보라.

(3) 원균도 열심히 싸웠잖아? 좋은 게 좋은 거 아니야?

원균 옹호론의 가장 근본적인 바탕이 되는 정서는 "원균도 이순신과 함께 나라를 지키기 위하여 열심히 싸우다가 죽었지 않느냐, 그 정도면 훌륭한 장수지 않은가?" 하는 인식이다.

원균도 열심히 싸웠다고?

비유를 들어 보자. 한 아이가 "저 이번에 진짜 열심히 공부했어요." 하면서 전 과목이 0점인 성적표를 자랑스럽게 내민다면, 그걸 태연하게 받아들일 부모가 과연 있을까? 그것을 노력했다고 볼 수 있는가?

이 책을 읽어가다 보면 알겠지만, 원균은 북방에서 큰 공을 세운 적도 없었으며, 임진왜란이 발발하여 왜군이 쳐들어 왔을 때 싸우는 시늉도 해보지 않고 겁에 질려서 자기가 가진 함대와 무기들을 몽땅 바다에 처넣고 정신없이 도망만 쳤다. 겨우 남아 있는 배 3척으로 이순신과 합류하고 나서도 정작 전투에는 참여하지 않은 채 안전한 후방에서 편하게 기다리고 있다가, 전투가 다 끝나면 재빨리 움직여서 바다에 빠진 왜군들의 시체를 건져내 목을 베어 그것을 자기의 전과

(戰果)로 위장했을 뿐이다. 심지어는 조선인 어부들을 죽여서는 왜군을 죽인 것처럼 거짓 포장하려다가 이순신에게 들킨 적도 두 번이나 있었다!

그리고 이순신을 계속 모함하여 경상우수사 자리에서 해임되어 충청병사로 전직되고 나서도, 자신의 잘못을 뉘우치기는커녕 오히려 온갖 부정부패와 탐학을 자행한 인물이다.

무엇보다 칠천량 해전에서 원균이 보인 형편없는 임전태세를 감안한다면 그가 과연 "열심히 싸웠다"라고 평가받을 자격이 있는지 의심하지 않을 수 없다. 그는 "열심히 싸우지"도 않았고, "장렬하게 전사하지"도 않았다.

(4) 이순신은 박정희가 만들어낸 우상이다?

아마 원균 옹호론자들 중에는 이런 사람들이 제일 많을 것이다. 이순신을 '성웅(聖雄)'의 반열에 올려놓고 전 국민에게 숭배하도록 강요한 박정희 정권에 많은 사람들이 반감을 품었고, 그렇게 해서 태어난 이론이 바로 '원균 옹호론'이다. 박정희에 대한 증오가 그와는 전혀 상관없던 5백 년 전, 봉건 왕조의 장수인 이순신에게까지 미쳐 그를 폄하하기에 이른 것이다.

그러나 박정희의 군사독재가 비판받아야 한다고 해서 왜 이순신까지 덩달아 폄하되어야 하는가? 1590년대의 이순신과 1960년대의 박정희가 무슨 관계가 있는가?

더구나 이순신을 폄하하기 위해 원균을 부각시키는 행동은 너무나 어리석은 짓이다. 〈조선왕조실록〉을 뒤져보면 원균이 저지른 온갖 비리와 악행이 무수히 나온다. 결정적으로, 무능하기 그지없는 지휘로 1만 명이 넘는 병사들을 모조리 바다에 수장시키고, 자신은 죽었는지 살았는지도 모르게 잠적해버린 멍청한 장수를 어찌 명장이라 부를 수 있는가?

또, 이순신에 대한 존경과 숭상은 박정희가 처음 시도한 것도 아니다. 박정희가 이순신을 '성웅'이라 부르기 전에도 이미 이순신은 모든 조선 백성들의 존경을 받고 있었다.

임란이 발발한 직후부터 원균은 이미 한심한 소인배로 불렸으며, 이순신은 그 당시부터 백성들의 절대적인 신망을 받는 영웅이었다. 조선인 관리의 목에 밧줄을 걸고 개처럼 끌고 다닐 정도로 오만했던 명나라의 장수 진린(陳璘)조차도 이순신에게는 경의를 표할 정도였다.

지금 남해안에 가보면 무수히 많은 것이 이순신 관련 유적들이다. 그것들의 대부분은 일반 백성들과 후임 통제사와 해군 장병들이 스스로 돈을 모아 정성껏 세운 것들이다.

예를 들면, 진해에 있는 충무공 동상은 6·25 전쟁이 한창이던 1952년 4월 13일에 해군 장병들이 정성껏 모은 성금으로 세워졌다. 이순신 장군의 위패를 모신 전남 순천시의 충무사(忠武祠)는 조선조 숙종 임금 때인 1690년에 주민들이 자발적으로 지었으며, 1944년에 일본인들이 불태워버리자 순천 향교의 유림들이 성금을 모아 1949년에 다시 건립한 것이다. 남해 관음포의 유허비(遺墟碑)는 조선조 순조 임금 때인 1832년에 통제사 이항권(李恒權)이 충무공의 진충보국(盡忠報國)의 뜻을 기리기 위하여 세웠으며, 이순신을 모신 사당인 경남 통영시의 착량묘(鑿梁廟)는 고종 때인 1877년에 역시 통제사 이규석(李圭奭)이 설립하였다.

또한 이순신을 기리는 대표적인 유적지인 충남 아산의 현충사는 우리가 얼핏 아는 것처럼 박정희가 처음 세운 것이 아니다. 현충사는 이미 숙종 32년인 1706년에 조정의 허가를 받아 지역 유생들이 자발적으로 세웠으며, 숙종이 친히 현충사란 이름을 지어 내렸다. 이것이 세월이 지나면서 낡고 쇠락해지자 박정희가 다시 보수, 증축했을 뿐이다.

일부 사람들은 전국에 산재한 이순신 관련 유적들은 전부 박정희가 만든 것이며, 따라서 이순신도 박정희가 과대포장하거나 날조해낸 가짜 영웅에 지나지 않는다고 억측을 하는데, 진실은 이처럼 전혀 다른 것이다.

혹시나 그래도 '나라와 백성들이 이순신을 추앙하기 시작한 건 아무리 오래 잡아도 숙종 무렵이 아니냐?' 라고 시비를 걸어올 사람들을 위하여 한 가지만 덧붙여둔다.

임진왜란이 끝난 지 2년 후인 선조 33년(1600년), 윤계선(尹繼善)이라는 선비가 23세의 나이에 〈달천몽유록(達川夢遊錄)〉이라는 한문소설을 지었다. 이 달천몽유록은 충주의 달천에 암행어사로 온 파담자(波潭子)라는 사람이 꿈속에서 임진왜란 때 전사한 장수들의 영혼을 만나 이야기를 나누는 형식으로 진행되는데, 여기서 주인공인 파담자는 이순신에게 최고의 존경을 바치며 그를 칭송한다. 원균의 영혼도 작품 속에 나타나지만 주인공과 여러 영령들은 그를 비웃고 희롱할 뿐이다. 작품 속의 원균에 대한 단락을 한번 옮겨 본다.

> 「파담자가 일어나서 감사하기를 "가르친 대로 하겠습니다." 하고 하직하고 내려가니 긴 시냇가에서 여러 귀신들이 손뼉을 치며

웃으므로, 그 까닭을 물으니, 통제사 원균을 기롱(譏弄)하고 있다는 것이었다. 배는 불룩하고, 입은 삐뚤어지고, 얼굴빛은 흙빛이 되어 기어왔으나 퇴짜를 맞고 참여하지 못하였던 것이다. 언덕에 의지하여 두 발을 쭉 뻗고 주저앉아 주먹을 불끈 쥐고 한숨을 쉴 뿐이었다. 파담자 역시 크게 웃고 조롱하다가 기지개를 켜고 깨어나니, 그것은 한바탕 꿈이었다.」

여기서 잠이 깬 파담자는 화악(華岳)에 올라 제문(祭文)을 짓고 제사 음식을 마련하여 임란 때 전사한 장병들의 넋을 불러 제사를 지내는 것으로 작품이 끝난다. 물론 제문에서 제일 먼저 그리고 가장 크게 찬양받는 인물은 이순신이다.

"수군통제사(이순신)는 진실로 하늘이 낸 거룩한 분으로, 일선 장수에 임명되자, 변경에 크게 자리 잡고 한산 섬에서 적의 바닷길을 끊으면서 여섯 해의 세월을 보내었습니다. 장수를 바꾼 일은 본디 적의 꾀에서 나온 것이지 장군이 군사를 내는 시기를 그르친 것은 아니었습니다. 원균이 싸움에 패한 뒤에 아홉 척의 배와 남은 군졸로써 여러 번 벽파진에서 싸워 이겼으니 그 공은 종(鐘)에 새겨 길이 남길 만한 일이요, 노량 싸움에서 공이 임종할 때에 죽음을 숨기고 깃발을 흔들고 북을 쳐 싸움을 계속할 것을 분부하매 아들이 그 명령대로 하여 산 중달(仲達: 司馬懿)을 달아나게 한 것처럼 하였으니, 그 꾀가 더욱 기이하다 하겠습니다."

—〈달천몽유록〉의 충무공에게 바치는 헌사

위의 지문을 보아 알겠지만, 임란의 여파가 채 가라앉기 전인 2년 후에 백성의 손으로 만들어진 문학작품에서 이순신은 추앙받을 영웅으로 그려지는 데 반해, 원균은 그저 조롱이나 받을 소인배로 나오고 있다. 이는 무엇을 의미하는가? 우리가 피상적으로 아는 것처럼 이순신이 현대에 와서 영웅으로 인식된 것도 아니며, 원균이 현대에 와서 간신으로 불린 것도 아니란 것이다.

조선 후기의 대표적인 현군인 정조 임금도 조정에 명을 내려 〈이충무공전서〉를 발간토록 하였다. 이 책의 말머리에는 정조가 직접 쓴 윤음(綸音)이 붙어 있다. 정조는 이순신을 깊이 존경하여 그의 일생을 정리한 책을 펴내도록 하였으며, 모든 신하들에게 읽도록 하여 충무공이 세운 호국정신을 기리도록 한 것이다.

어디 이뿐이랴? 3.1 독립만세 운동의 실패를 보고 절망하여 친일파로 전향하였던 춘원 이광수조차도 1931년에 소설 '이순신'을 지었을 정도이다. 혹독한 일제 강점기의 한복판에서 이광수는 그의 작품을 통하여 이미 사라져버린 나라, 조선의 장수였던 이순신을 열렬히 찬양하였다. "이마를 송곳으로 찌르면 일본인의 피가 나오도록 사상 개조를 해야 한다."라고까지 외쳤던 골수 친일파가 말이다. 놀랍지 않은가?

이제 더 이상 박정희가 이순신을 성웅으로 만들기 위하여 조작을 했다는 말은 하지 말라. 박정희 훨씬 이전에 이토록 시대를 초월하여 수많은 사람들이(친일파까지) 이순신을 칭송하고 존경했던 흔적들이 고스란히 드러나지 않는가?

지금까지는 원균 옹호론의 배경과 그 구조에 대해 대략적으로 살펴보았다. 대부분의 주장들은 원균에 대해 지극히 피상적으로만 나열하고 있다. 사실, 그가 어떤 인격을 지닌 자인지를 사람들이 정확히 알았더라면 원균 옹호론은 애당초 나오지도 않았을 것이다. 그러면 지금부터는 원균이란 인물 자체와 원균 옹호론의 세밀한 부분까지 다뤄가며 조목조목 치밀하게 반박하도록 하겠다.

2. 부정으로 얼룩진 출발

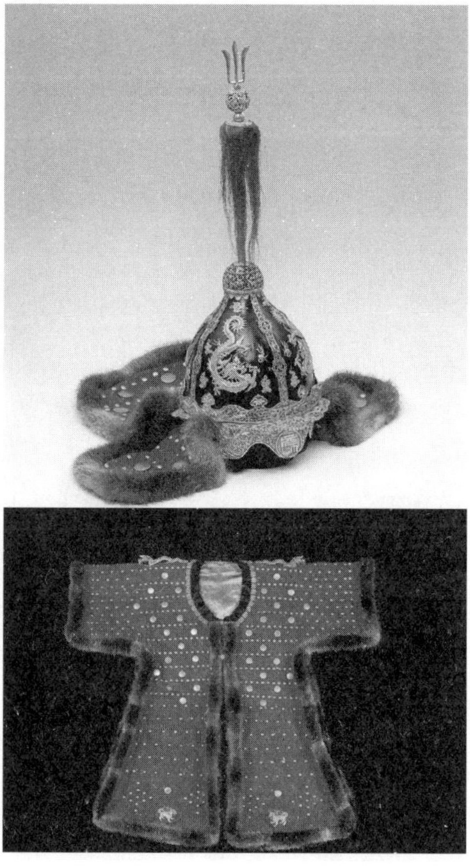

조선의 고위 무관들이 입는 두정갑.
두석린보다 방어력이 더 뛰어났다.
이순신 장군도 저런 갑주를 착용했으리라.

(1) 원균의 아버지 원준량(元俊良)

당연한 얘기지만, 세상에 아버지 없이 태어나는 사람은 없다. 원균에게도 아버지가 있었음에 틀림없다.

그런데 어찌 된 일인지 원균을 다루는 소설이나 역사서, TV 드라마에 원균의 아버지는 전혀 등장하지 않는다. 나 자신도 아직까지 원균의 아버지가 나오는 문학작품이나 TV 드라마 등은 본 적이 없다. 어찌된 일일까? 원균은 애당초 아버지 없이 태어난 것일까, 아니면 어릴 적에 아버지를 여의었던 것일까? 그도 아니면 원균의 아버지가 누구인지 역사서에 기록되어 있지 않기 때문일까?

혹시 이 책을 읽는 독자 여러분 중에 원균의 아버지가 누군지 들어보신 분이 계시는가? 거의 없을 것이다. 만약 있다면, 칭찬부터 드리고 싶다. 당신은 역사에 대하여 대단히 해박한 사람이다.

원균은 1540년(중종 35년) 1월 5일, 경기도 평택시 도일동에서 태어났으며, 그가 속한 원주(原州) 원씨(元氏) 가문은 평택 지역의 유력 가문이었다. 원균의 가계보를 잠깐 설명하자면, 원주 원씨 가문의 시조는 고려의 태조 왕건 밑에서 '통합삼한공신 병부령(統合三韓功臣兵部令)'의 직위를 역임한 원극유(元克猷)라고 하며, 그 이후로는 기록이 전해지지 않다가 조선 시대에 들어와서 다시 보이기 시작한다. 〈원균행장록〉의 설명에 따르면, 원균의 고조부는 군자감정(軍資監正)에 추증(追贈: 죽은 후에 벼슬을 높이 받는 것)된 원몽(元蒙)이며, 증조부는 역시 병조참의(兵曹參議)에 추증된 원숙정(元叔貞)이고, 조부는 호조참판(戶曹參判)에 추증된 원임(元任)이며, 부친은 병마절도사를 지낸 원준량(元俊良)이라고 한다.

그러나 원균의 고조부와 증조부, 조부의 이름들은 〈조선왕조실록〉에서 전혀 언급되지 않아 그 구체적인 행적들을 알 수 없다. 원균의 선대 인물들 중에서 처음 이름이 거론되는 자는 그의 부친인 원준량이며, 병마절도사라는 직함에서 볼 수 있듯이, 그는 무관이었으나 업무에 불충실하여 〈중종실록〉 중종 39년(서기 1544년) 3월 27일자 기사에서 심한 비판을 받는다.(원준량의 이름과 행적은 이때 국가 공식기록인 〈조선왕조실록〉에 처음 기록된다.) 〈실록〉을 보도록 하자.

「임금이 조강(朝講)에 나와서 말했다.

"요사이 군정(軍政)이 문란해졌다. 감군(監軍: 조선시대에 도성 내외의 야간순찰을 감독한 겸직 군관으로 선전관 · 병조 · 오위도총부의 당하관 중에서 선발한다.)은 비록 범상한 일이라고는 하지만 군정의 한 가지 일로써 전부터 일찍이 나가지 않은 적이 없었다. 요사이 듣건대 감군 【선전관(宣傳官) 원준량(元俊良)】이 나가지 않았는데, 순장(巡將)【유경조(柳敬祖)이다】이 밤이 깊었다는 이유로 독자적으로 분군(分軍: 도성과 왕궁 수비 군사의 임무 교대)하였다는 것이다. 이는 기강(紀綱)이 문란하여 군령(軍令)이 엄중하지 않기 때문에 이와 같은 일이 일어난 것이다."」

—중종실록 중종 39년(1544년) 3월 27일—

원준량은 도성 내 야간 순찰을 임무로 하는 감군(선전관)으로 뽑혔으면서도, 순찰을 게을리함으로써 군기 문란을 저지른 것이다. 역사에 발자취를 남긴 첫 번째 흔적부터 원준량은 비리를 저질러 문제가 되고 있다. 이후 그는 어떤 일들을 저질렀을까?

「이원우(李元祐)를 전라도 병마절도사로, 원준량(元俊良)을 전라좌도수군절도사로 삼았다. 【뒤에 사헌부(司憲府)가 탄핵하여 교체시켰다.】」 —명종실록 명종 17년(1562년) 6월 10일—

여기서 '사헌부가 탄핵하여 교체시켰다' 라는 구절은, 원준량이 사헌부의 탄핵을 받아서 파직되었다는 뜻이다. 왜 원준량은 전라좌수사로 임명되었다가 탄핵을 받았을까? 이 기사의 다음 해 기록들을 보면 그가 어째서 그런 처분을 받게 되었는지 그 이유를 짐작할 수 있다.

「최응룡(崔應龍)을 승정원 동부승지로, 백인영(白仁英) 【평소 명망이 없었다. 일찍이 경복궁을 중수(重修)할 때에 그 일을 감독했었는데, 이 때문에 당상(堂上)에 오르게 된 것이다.】을 공조참의로, 원준량(元俊良)을 경상좌도 병마절도사로, 정척(鄭惕)을 대호군으로 삼았다. 【정척은 이량(李樑)과 어려서부터 서로 친했었는데, 중간에는 어떤 때는 친하기도 하고 어떤 때는 소원하기도 했다. 공론이 있으므로 승지로 있다가 병을 핑계하여 체직된 것이다.】」

—명종실록 명종 18년(1563년) 10월 20일—

원준량은 전라좌수사에서 파직당하고 나서 바로 다음해에 경상좌도 병마절도사로 임명된다. 그러나 곧바로 다른 관직으로 옮긴다.

「심수경 · 박영준 · 이원우 등에게 관직을 제수하였다

심수경(沈守慶) 【심정(沈貞)의 손자로서 문장력(製述)과 우애(友愛)의 행실이 있었다. 시세에 따라 처신을 잘하여 남에게 미움을 받지 않았기 때문에 조부로 인해서 버림을 받지 않았다.】을 평안도 관찰사로, 박영준(朴永俊)

【몸가짐이 꾸밈이 없고 솔직(簡率)하였으나 뚜렷한 주관이 없는 결점이 있었다.】을 홍문관 부제학으로, 이원우 【이기(李芑)의 아들로서 무과 출신이다. 자기 아비의 공훈을 물려받았다. 탐욕스럽고 포학하고 방자하기가 한이 없었다. 윤원형(尹元衡)을 상전처럼 섬겨 여러 번 변경 장수(閫外)의 중임을 얻으니 사람들이 모두 분개하였다.】를 해풍군(海豐君)으로, 윤선지(尹先智) 【본래 용맹도 지혜도 없었는데 윤원형을 상전처럼 섬겨서 드디어 현직에 임용되었다.】를 경상좌도 수군절도사로 삼았다.」

—명종실록 명종 18년(1563년) 10월 28일—

이 무렵 당대의 막강한 권력자였던 윤원형을 상전처럼 섬겼다는 윤선지가 경상좌병사로 임명되었고, 얼마 지나지 않아 원준량은 경상우도 병마절도사로 부임한다.

「경상우도 병마절도사 원준량(元俊良)이 임명장을 받고 인사를 올리자 임금이 전교(傳敎)하였다.

"군졸을 잘 보살피고 방비를 엄하게 조처하라."

【사신(史臣)은 말한다: **원준량의 욕심 많고 사납고 무지함은 이원우보다도 더 심했다.** 그런데 이원우는 내치고 준량은 임명하였으니, 이는 필시 **원준량의 뇌물이 권신(權臣)의 세력을 얻고 간관(諫官)의 입을 막을 수 있었기 때문이다.** 아! 군졸을 보살피고 방비를 굳게 하는 일을 어찌 원준량이 해낼 수 있겠는가!】〉

—명종실록 명종 18년(1563년) 11월 11일—

여기서 사관은 원준량이 권력을 가진 대신에게 뇌물을 바치고 관직을 얻었으며, 이로 인하여 비판하는 목소리들을 막았다고 격렬한 어조로 탄식하고 있다. 당시 국왕인 명종은 어머니인 문정왕후(文定王后)와 외숙부인 윤원형(尹元衡)의 그늘에 가려서 제대로 실권을 행사하지 못하는 상황이었다. 문정왕후는 정치의 뒷면에서 수렴청정을 하는 단계에 머물렀지만 윤원형은 명종을 억누르고 사실상 조정의 영수로서 권력을 행사하고 있었다. 이런 상황에서 원준량이 뇌물을 바친 상대는 윤원형이나 그의 측근이었을 가능성이 높다.

뇌물을 바치고 그 대가로 관직을 얻으려면 하찮은 물건으로는 어림도 없을 것이다. 당연히 바친 뇌물은 상당히 귀한 물건이었을 것이고, 그것을 마련하기 위하여 원준량은 자신의 재산 중 많은 부분을 투자(?)해야 했으리라. 물론, 그렇게 해서 관직을 얻게 되면 자신이 쓴 만큼 잃은 재산을 다시 채워 넣기 위하여 자연히 현지의 주민들이나 관원들로부터 그보다 더 많은 양의 재물을 쥐어짜내는 것이 관행이었다. 그러니 원준량의 관직생활은 결코 청렴하지 않았을 것이다. 아래의 기사는 그런 추측을 사실로 증명하는 내용이다.

> 「【사신은 논한다. 곽흘(郭屹)과 이택(李澤)의 벼슬살이는 그래도 이들보다는 나은 점이 있다 하겠으나, 원준량은 갖가지로 재물을 긁어모아 군졸들이 원망하고 고통스러워하면서 날마다 (원준량이) 파직되어 가기만을 고대하였다. 그런데도 윤원형 등이 일찍이 그의 뇌물을 받아먹었기에 그가 파직되어 갈릴까봐 염려되어 이렇게 임금을 속이어 아뢰었으니, 앞으로 저런 재상을 어디에다 쓰겠는가?"】」
>
> — 명종실록 명종 19년(1564년) 6월 21일 —

윤원형이 원준량의 뇌물을 받아먹고 그에 대한 거짓 정보를 명종에게 말했고, 그 때문에 원준량은 그때까지 파직되지 않고 계속 재물을 긁어모아 군사들이 그를 원망했다는 것이다.

그렇다면 혹시 원준량이 부패하기는 했어도 용감한 장수는 아니었을까? 그러나 다음의 기사를 읽어 보면 그렇지도 않았다.

> 「원준량을 파지도(波知島)로 귀양보내고 【원준량은 전라우도수사(全羅右道水使)로서 제주의 왜변 소식을 듣고도 달려가서 구원하지 않았다.】 김충렬(金忠烈)을 방산진(方山鎭)으로, 김인(金仁)을 훈융진(訓戎鎭)으로 옮겨 배치하였다.」
>
> —명종실록 명종 7년(1552년) 8월 28일—

1552년, 원준량은 전라우수사로 있었으나 제주도에 왜구가 쳐들어왔다는 소식을 듣고도 움직이지 않다가 그 책임을 지고 파지도로 귀양을 갔던 것이다. 왜 출정하지 않았을까? 아래의 기사에서 그 원인을 짐작할 수 있다.

> 「이명규(李名珪)를 지중추부사(知中樞府事)로, 이미(李薇) 【처음 이름은 환(芄)으로 기(芑)의 아우이다. 타고난 성품이 음험하여 사람들이 꺼리고 두려워하였다. 만약 그가 권력을 잡았다면 못된 짓을 자행하는 것이 어찌 그 형보다 덜하였겠는가.】 · 남궁침 · 윤춘년(尹春年)을 동지중추부사로, 원준량을 경상좌도 수사로 삼았다. 【원준량은 본래 무지하고 거칠고 사나운 사람이다. 전에 전라도 수사 때에 순시를 하다가 전주에 이르러 달량포(達梁浦)가 함락되었다는 말을 듣고는 마땅히 밤낮을 가리지 않고 달려가서 그 위급을 구하여야 함에도 불구하고, 천연덕스럽게 술 마시고 웃으며 일부러 시간을 끌어 적의 형세가 더욱 커지게 하였다. 그때에 군법을 시행하지 않은 것이 이미 법의 올바른 시행을 잃은 것이다. 그런데 이제 다시 본직을 주니 세상의 인심이 극히 놀라고 괴이하게 여겼다. 이준경(李浚慶)은

거두어 쓰기에 급급하였으니 이 또한 그릇된 것이다.】」

—명종실록 명종 12년(1557년) 8월 2일 —

위 기록에서 '전에 달량포가 함락되었는데도 가만히 있었다'는 부분은 명종 10년(1555년)의 을묘왜변(乙卯倭變) 당시의 상황이다. 을묘왜변은 그로부터 37년 후에 들이닥칠 임진왜란의 전조(前兆)였다. 약 7천 명의 왜구들은 전남의 여러 고을들을 거침없이 휩쓸며 약탈과 살육을 자행하였다. 그러나 탐욕스럽고 부패한 조정의 권력자들과 그들에게 바칠 뇌물을 모으기 위하여 병사들을 착취하는 데 바빴던 장수들, 그리고 가혹한 수탈을 당하여 허약해진 병사들로 이루어진 조선군은 무기력하기만 할 뿐 왜구들을 제대로 막아내지 못하였다. 연이은 지방군의 패배에 당황한 조정에서는 정예 중앙군을 차출하여 왜구와 오랜 전투를 벌인 끝에 간신히 그들을 몰아낼 수 있었다.

국가가 위급한 상황에서 원준량은 자기 임지와 가까운 곳이 적의 습격을 받았는데도 불구하고 술을 마시고 노는 등 유흥이나 즐기는 바람에 백성들의 피해가 더욱 커지도록 하였다. 그렇게 심각한 직무유기를 하였음에도 불구하고 원준량은 큰 처벌을 받지 않은 채 다시 고위 관직에 임명되었다. 물론 그 이유는 원준량이 당대의 실세인 윤원형 일파와 철저히 결탁하고 있었기 때문이었다.

하지만 1565년(명종 20년), 문정왕후의 죽음과 곧이어 벌어진 윤원형의 몰락으로 인하여 원준량도 큰 위기를 맞게 된다. 여태까지 뒤를 봐주던 '빽'이 갑자기 사라졌으니 이제 더 이상 그를 감싸줄 존재가 없어진 것이다.

「사헌부가 보고하였다.

"근래 변방의 장수들이 오랑캐들과 몰래 내통하면서 멋대로 물건을 매매함에 따라 군사들과 인민들이 고단하고 피폐됨은 물론이고 변방의 혼란을 야기하고 있으니 드러나는 대로 엄히 다스려야 합니다. 송준(宋遵)은 금령을 무릅쓰고 물건을 무역하다가 사람과 물건들을 오랑캐들에게 노략질당하기까지 하였으니 죄를 범한 것이 가볍지 않은데도 갑자기 가볍게 법을 적용하였으니 이미 온당하지 못합니다. 게다가 경기에서 가깝고 편리한 곳에 정처(定處)하였으니 더욱 온당치 않습니다. 법조문(律文)에 의하여 먼 변방으로 보내어 군사에 충당하라고 명하시기를 바랍니다. **길주(吉州) 목사(牧使) 원준량**【무관이다.】**은 본래 야비한 사람으로 오로지 탐학(貪虐)만 일삼아 거둬들이는 것이 끝이 없었으며 관고(官庫)의 물건을 실어 내어 돈(銀)을 버는 밑천으로 전부 투입하였으니, 극히 외람된 짓입니다. 파직을 명하시기 바랍니다.**"

임금이 대답하였다. "모두 보고한 대로 처리하라."」

—명종실록 명종 21년(1566년) 12월 9일—

원준량은 길주(吉州) 목사를 지내던 시절, 관아의 창고에서 물건을 몽땅 가져다가 은과 바꾸는 데 썼다. 그리고 그것을 변방의 여진족 부락들과의 밀무역에 사용했던 것 같다. 지금 식으로 말한다면 공금횡령에 해당된다. 결국 원준량은 길주 목사직에서 파직당하였고, 그 이후로는 그의 자취를 더 이상 어느 사서(史書)에서도 찾을 수 없다.

자, 이것이 원균의 아버지 원준량의 실체(實體)이다. 여기까지 보았으면 알겠지만, 그는 전형적인 탐관오리의 표본이었다. 지금까지 원균을 옹호하는 내용의 저서들은 많이 나왔으나, 그 중 어떤 저서에서도 원준량을 다룬 책은 없었다. 대표적인 원균 옹호론자인 소설가 고정욱의 〈원균 그리고 원균〉이나 김탁환의 〈불멸의 이순신〉에서도 원준량은 전혀 거론되지 않는다. 비단 그들뿐만 아니라 많은 사람들도 원균의 아버지에 대해서는 전혀 모를 것이다. 어찌된 일인지 열렬한 원균 옹호론들이 원준량에 대해서는 약속이나 한 듯이 입을 굳게 다물고 있기 때문이다. 왜 그럴까? 답이야 뻔하지 않은가. '원균은 명장이다!' 라고 외쳐야 하는데 부정부패를 일삼은 그의 아버지를 거론하게 되면 원균 명장론은 뿌리부터 흔들릴 터이기 때문이다.

이렇게 부패와 타락으로 얼룩진 인생을 보낸 원준량과 그 뒤를 이은 아들 원균의 삶을 비교해 보면 미국 영화 〈콘스탄틴〉에 나오는 대사가 저절로 떠오른다.

"아비의 죄를 능가할 자, 아들뿐이리라."

(2) 이순신과 유성룡은 어린시절부터 원균에게 맞으며 자랐다?

소설가 김탁환은 그의 작품 〈불멸의 이순신〉(이하 〈불멸〉로 약칭함)에서 원균과 유성룡(柳成龍)과 이순신은 어릴 때부터 함께 남산 기슭에서 군사놀이를 했고(〈불멸의 이순신〉을 바탕으로 만든 KBS 1TV의 대하드라마 〈불멸의 이순신〉에서 이런 설정이 나온다), 그 과정에서 이순신과 유성룡은 원균에게 매일 맞고 살았으며, 그래서 어린시절부터 원균에게 열등감을 품고 살았다고 주장한다. 이것은 과연 사실일까?

원균은 1540년(중종 35년) 1월 5일, 경기도 평택시 도일동에서 태어났다. 그 지역의 유력 가문인 원주(原州) 원씨(元氏) 출신이기도 하다. 언제인지는 정확히 알 수 없으나, 그는 가족과 함께 서울로 이사해 와서 건천동에서 살았다.

유성룡은 1542년, 경상도 의성(義城) 외가에서 태어나 13세 때(1554년) 서울로 올라왔으며, 이순신은 서기 1545년 음력 3월 8일, 양력으로는 4월 28일에 한양 건천동에서 아버지 이정(李貞)과 어머니 변씨(卞氏) 사이에서 4형제 중 3남으로 태어났다. 유성룡이 상경했을 때, 원균은 15세, 이순신은 10세였다.

그런데 조선시대 나이로 15세면 이미 어른이나 다름없다. 그런 원균이 자기보다 두 살이나 다섯 살 어린 유성룡이나 이순신과 어울려 군사놀이를 했을까? 더구나 유성룡은 13살 이후에는 동학에 나아가 학문을 공부하며 지냈으며, 이순신은 10살 때(1554년) 아버지를 따라 외가인 충청도 아산으로 낙향했다. 그런데 어떻게 어렸을 때부터 원균과 친하게 지낼 수 있었단 말인가? 원균과 얼굴을 마주칠 기회조차 별로 없었을 텐데.

또한 이순신이 어릴 적에 소심하고 내성적이었다는 설정도 이상하다. 유성룡이 지은 〈징비록〉에 따르면, 이순신은 여러 아이들과 함께 놀 때에도 나무를 깎아 활과 화살을 만들어 가지고 거리에서 군사놀이를 하며 지냈는데, 자기 마음에 거슬리는 사람을 만나면 그의 눈을 쏘려고 하였으므로 어른들도 혹 그를 꺼려서 감히 그 군문 앞을 함부로 지나가지 못하였고 한다. 즉, 이순신은 어린시절부터 용맹스러운 무인의 기질을 보였던 것이다. 이런 이순신이 원균에게 매를 맞고도 힘이 없어 분풀이를 못하고, 그저 원한을 가슴 속으로만 삭이고 있었다는 〈불멸〉의 설정이 가당키나 할까?

이순신과 유성룡, 원균은 정말로 어릴 적부터 서로 알고 지내던 사이였을까? 이순신과 유성룡이 절친한 관계였음은 너무나 유명하고 그것을 뒷받침할 자료도 있다. 유성룡은 〈선조실록〉 선조 30년(서기 1597년) 1월 27일의 기사에서 어린시절 이순신과의 친분을 고백한다.

> 「유성룡이 아뢰었다. "신은 이순신과 같은 동네에 살았기 때문에 신은 그의 사람됨을 잘 알고 있습니다."
>
> 선조: "서울 사람인가?"
>
> 유성룡: "그렇습니다. 성종(成宗) 때 사람인 이거(李琚)의 자손입니다, 신은 이순신이 맡은 일을 잘 감당해낼 수 있으리라고 생각했기 때문에 애당초 그를 추천하여 조산만호(造山萬戶)로 임명했던 것입니다."
>
> 선조: "그는 글을 잘 하는가?"
>
> 유성룡: "그렇습니다. 그는 남에게 굽히지 않는 성품이므로 취할 점이 많습니다. 그래서 그가 어느 고을 수령으로 있을 때 신이 그를 전라좌수사로 천거하였던 것입니다. 임진년에 차령을 지나는 길에 이순신은 정헌대부(正憲大夫)로 되고 원균은 가선대부(嘉善大夫)로 되었다는 말을 듣고, 신은 너무 지나치게 높은 벼슬로 표창했다고 생각했습니다. 무관인 장수란 뜻을 쉽게 이루면 쓸 수 없게 되는 법입니다."」
>
> —선조실록 선조 30년(1597년) 1월 27일 —

위에 인용한 실록은 왜인 첩자 요시라가 가져온 거짓 정보 사건으로 이순신에게 조선 수군의 지휘권을 계속 맡겨야 할지를 놓고 선조와 조정 대신들이 토론을 벌이는 장면의 일부이다.

여기에서 유성룡은 원균과 어린 시절부터 서로 알고 지냈다는 얘기는 전혀 하지 않았고, 그가 남긴 저서 〈징비록〉에서도 원균과의 어릴 적 친분을 암시하는 내용은 없다.

유성룡뿐만 아니라 이순신 역시 〈난중일기〉에서 원균과 어렸을 때부터 친하게 지냈다거나, 혹은 임란 이전에 그와 친분이 있었다든가 하는 언급은 전혀 찾아볼 수 없다. 〈난중일기〉에 나오는 원균은 무능력한 술주정뱅이로 묘사될 뿐이다.

독자 여러분들 중 일부는 "혹시 이순신과 유성룡이 어릴 때, 원균에게 맞고 자란 사실이 창피해서 숨긴 것이 아니냐?"라는 어처구니없는 상상을 할지도 모른다.

그렇다면 원균은 과연 어떠했을까? 이순신 못지않게 원균도 조정에 자주 장계를 보냈다. 그러나 원균이 보낸 어떤 장계에서도 "신(臣)은 어릴 적 이순신, 유성룡과 같은 동네에 살아서 그들의 사람됨을 잘 알고 있사옵니다."라거나, "이순신은 어릴 적, 신(臣)과 함께 놀다 기운이 약해서 여러 차례 혼이 난 적이 있었는데, 그 때문에 신에게 원한을 품은 지가 오래되었사옵니다. 지금 이순신이 신을 공박하는 것은 그 때문이옵니다."라고 하는 식의 고백은 전혀 찾아볼 수 없다.

김탁환의 얼토당토않은 가설대로 이순신이 어릴 적에 원균에게 맞고 지냈다고 치자. 피해자인 이순신은 이를 창피해서 숨길 수도 있었겠지만 가해자인 원균이 무엇 때문에 이 같은 사실을 숨긴단 말인가? 이것을 공개하면 이순신은 '도량이 좁은 소인배'로 인식되어 한 순간에 궁지로 몰릴 수 있는데도 말이다. 특히나 원균이 이순신을 갖은 방법으로 모함하려던 1597년 무렵이라면 그것은 아주 적절한 무기가 아닌가? 그런데도 원균은 이순신의 없는 죄를 날조하여 누명을 씌울지언정 자신과 이순신 사이의 유년시절에 관한 이야기는 전혀 하지 않았다. 어째서일까? 혹시 원균이 일말의 양심은 있어서일까? 결코 아니다. 원균은 이순신이 1597년 2월에 있었던 부산포 공격에서 패전했다는 거짓 장계를 올려 모함했을 정도로 그를 증오하였다. 그런 자가 무슨 양심의 가책을 느꼈겠는가.

김탁환의 〈불멸〉은 참으로 고약한 작품이다. 〈불멸〉에서 김탁환은 이순신이 싸워야 할 적은 왜군이지 같은 수군장수인 원균이 아니라고 누차 강조한다. 그리고 이를 이해하지 못하고 어린시절 원균에게 힘이 약해 구박을 당한 이후로 원균을 계속 미워하는 이순신을 옹졸하고 어리석은 인물로 몰아붙인다. 반면에, 자신에게 원한을 품고 있는 이순신을 원균은 호탕하고 너그럽게 달래는 인물로 묘사한다.

그러나 이 같은 설정은 조금만 생각해 보면 앞뒤가 맞지 않음을 알 수 있다. 원균이 김탁환의 묘사처럼 '통 크고 화끈한 사내' 였다면 이순신에게 자신의 잘못을 솔직하게 뉘우치고 용서를 비는 것이 더 낫지 않았겠는가? 또 이순신이 수십 년 전 어렸을 때의 일을 가지고 어른이 다 된 지금에 와서도 계속 마음속에 열등감과 피해 의식을 품고 산다는 설정이 어찌 타당키나 하단 말인가.

만약, 김탁환이 이순신이 원균과 어린 시절에 전쟁놀이를 하다가 힘이 약해 매를 맞았다거나, 아니면 이순신과 유성룡이 어릴 적부터 원균과 잘 알고 친하게 지내던 사이였다는 구체적인 자료를 찾아 〈불멸〉에 넣었다면 어느 정도 신빙성이 있었을 것이다.

그러나 내가 이 책을 쓰기 위하여 임진왜란 및 이순신 관련 서적들을 모두 뒤져보았으나 김탁환의 설정을 뒷받침하는 자료는 전혀 찾을 수 없었다. 그나마 비슷한 것이라고는 허균이 남긴 성소부부고(惺所覆瓿藁)에서 이순신과 유성룡, 원균이 같은 동네에 살았다는 구절 달랑 하나뿐이다. 하지만 이것은 세 사람의 사적을 조금만 뒤져보면 금방 알 수 있는 사실이니 그리 대단한 것도 아니다. 결국 김탁환의 설정은 완전한 허구라고 봐야 한다.

아, 그리고 한 마디만 더 하고 넘어가야겠다. 이순신이 〈난중일기〉에서 원균을 극도로 혐오한 이유는 김탁환의 공상처럼 어릴 때 원균에게 맞은 원한 때문이 아니라, 원균이 임란 내내 저지른 부정과 비리에 분노해서이다. 김탁환은 〈불멸〉을 쓰면서 이 같은 엄연한 사실을 송두리째 무시해 버렸다.

(3) 이순신은 역적의 자손이 아니었다.

이순신은 고려 고종 때 중랑장을 지낸 이돈수(李敦守)의 12대 후손으로 덕수(德水) 이씨 가문 출신이다. 이순신의 고조부인 이변(李邊)은 홍문관 대제학을 지냈고, 증조부인 이거(李琚)는 병조참의를 지냈다. 이거의 아들이 기묘사화 사건에 연루되었다는 이백록(李百祿)이며, 그 아들이 이정(李貞)이고, 이정의 셋째 아들이 바로 이순신이다.

이순신에 관한 상식들 중에서 가장 유명하면서도 잘못된 이야기 중 하나가 바로 그의 조부 이백록(李百祿)이 기묘사화 때 사약을 받고 죽었다는 것이다. 언제부터인지 이런 생각은 온 국민이 굳게 믿어 의심치 않는 상식 아닌 상식이 되어버렸다.

KBS1 TV에서 인기리에 방영된 대하드라마 〈불멸의 이순신〉의 5

회를 보면 이순신의 아버지 이정(李貞)이 역적으로 몰린 조광조를 위하여 제사를 지내다가 군졸에게 들켜 봉변을 당하는 장면이 있으며, 6회에서는 이정의 아버지, 그러니까 이순신의 할아버지 이백록이 기묘사화에 휘말려 금부도사가 건네주는 사약을 마시고 죽는 장면이 나온다. 또한 포탈사이트 엠파스와 네이버에서 '이순신'의 가계를 검색해 보아도 이백록이 조광조와 뜻을 같이 하다가 기묘사화에 휘말려 죽임을 당했다고 하였다.

이 같은 사실(?)을 반영했는지, 누가 작성했는지 모르는 채 인터넷에 떠도는 '이순신 어록'이란 글을 보면 '집안이 나쁘다고 탓하지 말라. 나는 몰락한 역적의 가문에서 태어나 가난 때문에 외갓집에서 자라났다.'라는 구절이 있을 정도이다.

과연 이순신의 조부 이백록은 기묘사화 때 조광조와 함께 사약을 받고 죽었을까? 그리고 그 때문에 이순신의 집안은 역적으로 몰려 많은 고초를 당했던 것일까?

사림파의 거두 조광조와 그 일파들이 사약을 마시고 죽임을 당하거나 유배에 처해졌을 무렵인 1519년 11월에서 이듬해 5월 사이의 〈중종실록〉에는 이백록이 어떤 처벌을 받았다는 언급이 전혀 없다. 조광조가 중종 임금의 명으로 사사(賜死)된 날짜는 1519년 12월 16일이다. 이때 그와 함께 사림파에 속했던 김정과 김식, 기준은 절도(絕島: 섬에 유배 보내는 것)형에 처해졌고 윤자임 외 4명은 서북 지방에, 안당, 김안국, 유운 등은 파직되었고, 이자 외 11명은 벼슬을 박탈당하였다. 그러나 이 명단에서 이백록의 이름은 없다. 〈중종실록〉 어디를 보아도 이백록이 기묘사화 때 사약을 받고 죽었다든가 유배를 갔다든가 하는 기록은 찾을 수 없다.

〈중종실록〉에 없다면 다른 사서들을 찾아보아야 한다. 그러나 조광조가 지은 시문을 수록한 〈조광조 문집〉이나 기묘사화 당시의 상황을 〈중종실록〉과 다른 방향으로 서술한 〈연려실기술〉의 '중종조 고사본말(中宗朝故事本末)의 김공저(金公著)와 조광보(趙光輔)의 옥사' 등을 보아도 역시 이백록이 어떤 처벌을 받았다는 기록은 나와 있지 않다. 이백록이 조광조와 뜻을 같이했던 사람이었다면 어째서 이런 결과가 나오는 것일까? 아니, 이백록이 정말로 조광조와 친분이 있기나 하였을까?

기묘사화 때 사화를 당한 사람들의 이야기를 수록한 사서 〈기묘록속집(己卯錄續集)〉의 '별과시 천거인(별과에서 천거를 받은 사람들의 명단)' 부분에 이백록의 이름이 보이긴 한다. 그러나 "진사 이백록(李百祿)은 배우기를 좋아하고 검소하였으며, 별과에서 추천을 받았다."라고 아주 간략하게 나올 뿐, 기묘사화로 죄를 받은 사람들의 명단인 좌당인원(坐黨人員)이나 구화사적(構禍事蹟), 화매(禍媒), 그리고 기묘사화의 죄인들을 죄인 신분에서 무죄로 복귀시킨 신원소장(伸冤疏章)에서 이백록의 이름은 찾아볼 수 없다. 이백록은 별과에서 추천되었을 뿐 조광조 일파의 적극적인 일원은 아니었던 것이다. 대관절 일부 연구가들은 무엇을 근거로 해서 이백록이 마치 조광조와 뜻을 같이 하는 열렬한 개혁가였다가 비참하게 죽었다고 주장하는 것일까? 알 수 없는 일이다.

그렇다면 이백록은 기묘사화로 불어 닥친 숙청의 바람에서 무사했을까? 그렇지는 않다. 용호한록(龍湖閒錄)이란 사서에 보면 그가 받은 처벌의 내용이 단편적으로 언급된다. 용호한록은 조선 후기인 19세기, 고종 시절에 좌의정 등을 지낸 송근수(宋近洙, 1818~1902)가 지은 사서로 추정되고 있다.

이 용호한록 2권(龍湖閒錄二)의 제 6책(冊) 319면의 동국문헌명신편(東國文獻名臣篇)에 보면, 이백록이 기묘사화에 연관되어 처벌을 받았다고 나온다. 그런데 그 처벌이란 것이 벼슬을 내놓고 시골로 낙향하는 것이었다고 한다.

기묘사화로 인한 처벌자의 이름 중 이백록이 당대 기록인 〈조선왕조실록〉이나 〈연려실기술〉, 〈조광조 문집〉, 〈기묘록〉 등에 보이지 않고, 훨씬 후대인 〈용호한록〉에서야 나타나는 이유는 그가 받은 처벌의 수위가 굉장히 가벼웠기 때문이거나 다른 죄명으로 처벌을 받았기 때문일 것이다. 이백록이 기묘사화로 인해 사약을 받았다거나 목숨을 잃었다는 내용의 기록은 어느 사서에도 없다. 심지어 〈용호한록〉에도 그런 언급은 없다.

그리고 1519년에 벌어진 기묘사화 이후 15년이나 지난 시점에서 이백록은 〈중종실록〉에 버젓이 살아있는 채로 등장한다! 못 믿겠다고? 아래에 소개된 〈중종실록〉의 기사를 보라.

「성균관 생원 이백록(李百祿) 등이, 임금께서 친히 문묘에 제향한 다음 대사례(大射禮)를 행하고, 쌀 2백 석을 하사하고, 또 대궐 마당에서 특별히 술과 음악을 하사하신 데 대하여 감사의 글(箋)을 올렸다. 그 대략은 다음과 같다.

"덕이 높으신 주상(素王)을 배알하고 곰이 그려진 과녁(熊侯)을 쏘니, 흔연히 삼대(三代)의 의례(儀禮)를 볼 수 있었습니다. 유생들을 모아 놓고 녹명(鹿鳴: 시경의 편명)을 노래하게 하니, 임금님의 은택을 다시 누렸습니다. …(중략)… 오늘의 대례(大禮) 행사는 천고(千古)에 없었던 일로서, 교문(橋門: 고대에 태학(성균관)의 주위를 파서 물로 둘러놓고 4개의 문을 세우고 다리를 놓아 통하게 하였던 데서 생긴 이름. 여기서는 궁궐 바깥에 둘러서서 구경한다는 뜻이다.)에서 이를 보고 듣는 것만도 오히려 행운이온데, 이를 궁중에서 베풀어 주셨으니 더욱 천지와 같은 자애와 은혜를 느끼나이다."」

—중종실록 중종 29년(1534년) 8월 18일—

이백록이 성균관 생원의 신분으로 버젓이 살아서 임금에게 글을 올리고 있다. 그는 기묘사화 때 죽지 않은 것이다. 설마하니 죽은 귀신이 글을 올릴 수 있겠는가? 다음 기록에도 이백록은 또 등장한다.

「사간원에서 보고하였다,… (중략) …평시서 봉사(平市署奉事) 이백록(李百祿)은, 성품이 본디 광패(狂悖)하여 날마다 무뢰배들과 어울려 멋대로 술을 마시면서 꺼려하는 일이 없으며 외람된 짓으로 폐단을 일으킨 일이 많으니, 파직하기 바랍니다."」

— 중종실록 중종 35년(1540년) 6월 27일 —

평시서 봉사(平市署奉事)는 종8품의 낮은 벼슬이다. 1540년 당시 이백록은 평시서 봉사직에 있었던 것이다. 물론 여기에 기록된 이백록의 죄는 무뢰배들과 어울렸다는 것이지 조광조나 기묘사화와는 전혀 무관하다. 하기야 21년이나 지난 일을 새삼 들춰내어 처벌한다면 사리에 맞지 않는 일이다. 또한 이백록이 위의 실록에 나온 사건 이외의 다른 일로 녹안(錄案: 처벌받은 관리의 이름과 그 죄상을 기록한 책)에 이름을 올린 일은 있었다. 그러나 이 역시 기묘사화와는 전혀 관계가 없다.

「의정부의 의론 결과(議得)를 승정원에 내리면서 이에 따라서 시행하라고 일렀다.

윤인경(尹仁鏡) 등이 의론을 제기하기를, "삼가 이정(李貞)의 해명 상소(陳訴)를 보니, 그 아비 백록(百祿)이 중종 대왕의 국상(國恤) 때 술과 고기를 베풀어 놓고 아들을 결혼시켰다는 이유로 죄를 받아 그 이름이 녹안(錄案)에 올랐는데, 이는 잘못된 것이라 하였습니다. 당시 경상감사(慶尙監司)의 장계(啓本)에는 술과 고기를 베풀어 놓았다는 말이 없었는데, 형조(刑曹)에서 심문을 마치면서 '주육설판(酒肉設辦: 술과 고기를 진설하였다)' 이란 네 글자를 보고서에 첨가하여 의금부로 이송하고, 의금부에서는 곤장을 쳐서 강제로 자복을 받아낸 것이라고 합니다.

경상감사의 장계를 살펴보건대, 술과 고기를 마련하여 베풀었다는 말은 다만 여자의 아비(女父)인 이준(李俊)에 관련해서만 언급되었고 백록과 관련해서는 언급되지 않았는데, 끝내 이것으로 중한 죄목이 덮어 씌워져서 그 이름이 녹안에 오르기까지 되었으니 과연 억울한 일이라고 하겠습니다. 성종(成宗)께서 승하하시던 날 밤 조정의 관리(朝士)로서 그 자녀의 혼례를 치른 자들은 비록 죄는 받았을망정 모두 녹안에 그 이름이 오르지는 않았습니다. 위에서 판단하여 결정해 주시기 바랍니다.」

— 명종실록 명종 1년(1546년) 4월 6일 —

이 기사에 따르면 이백록이 국상(國喪)기간에 아들의 혼례를 하면서 잔치를 한 것이 문제가 되었는데, 그 아들 이정(李貞)이 이를 반박하는 상소를 올렸는데 그 내용은, 잔치의 주관자가 이백록이 아닌 이정 자신의 장인인 이준(李俊)이었다는 것이다. 이것이 받아들여져 녹안(錄案)에서 이백록의 이름은 삭제되었다.

이백록이 녹안에 이름이 오르게 된 것은 국상기간에 잔치를 했다는 혐의 때문이었고, 기묘사화나 명종 때 일어난 을사사화 같은 다른 사화들과는 전혀 무관하다. 오히려 위 기사를 보면 이백록이 아들이 결혼하는 것을 보았을 정도로 오래 살았다는 것을 알 수 있다. 기묘사화 이후 25년 동안이나 말이다.

그리고 이 1546년 기사를 끝으로 이백록은 더 이상 사서에서 보이지 않는다. 아마, 1546년 이후 사망한 듯하다.

그렇다면 이백록과 기묘사화의 관련성을 이렇게 추측해 볼 수 있지 않을까? 이백록은 조광조의 추천을 받아 별과시에 올랐다. 그런데 1519년에 기묘사화가 발생하자 벼슬을 내놓고 낙향하였다가 1534년 이전에 다시 조정에 불려와서 성균관 생원직과 평시서 봉사를 지냈던 것이다. 만약 이백록이 기묘사화로 인해 역적이 되었다면 살아있는 동안에 다시 관직을 얻는 것도 불가능하고, 그 손자인 이순신이 무과에 응시할 수도 없다.

만약 이백록이 기묘사화에 연루되어 처벌을 받았음에도 불구하고 무사히 살아남았고 평시서 봉사라는 벼슬까지 지낼 수 있었다고 한다면 이유는, 그가 조광조를 주축으로 한 사림파의 적극적인 일원이 아니었기 때문일 것이다. 이제까지의 통설에 의하면, 이백록은 조광조와 함께 조정을 개혁해 보려는 큰 꿈을 품고 활동하다가 기묘사화로 인해 억울한 죽임을 당했다고 알려져 있지만, 이는 전혀 사실이 아니다. 만약 그가 사림파의 거물급 인사였다면 기묘사화 때 벌써 처형당했어야 하지만, 그렇지 않았다. 이백록은 단지 조광조로부터 추천을 받았을 뿐이니, 그와 조광조 간에 무슨 대단한 연관성이 있는 것 마냥 추측한다는 것은 너무도 무책임한 발상이다.

결론을 내린다면, 이백록은 기묘사화 때 죽임을 당하지 않았고, 그로 인해 이순신 가문이 역적의 굴레를 쓴 적도 전혀 없었다는 것이다. 작금의 여러 소설과 드라마, 그리고 각종 서적에서 다루어진 '이백록 사화설(士禍說)'과 '이순신 역적 가문설'은 조금만 살펴보면 그 뿌리부터 완전히 잘못된 허구이다.

그러면 도대체 어떤 경로로 이백록이 기묘사화 때 죽었다는 낭설이 이토록 많이 퍼지게 되었을까? 아마 〈용호한록(龍湖閒錄)〉에서 이백록이 기묘사화 때 처벌(사실은 굉장히 가벼운 수준이어서 처벌이랄 수도 없지만)을 받았다고 한 말이 잘못 와전되어 그가 사약을 받고 죽은 것처럼 인식되어 버린 것이 아닐까?

사실이 이런데도 불구하고 이백록이 기묘사화 당시 사약을 마시고 죽은 것처럼 묘사한 KBS 대하드라마 〈불멸의 이순신〉은 기초적인 조사도 제대로 하지 않은 엉터리 드라마이다.

어떤 사람은 "기묘사화 때 처형당한 이백록(李百祿)과 기묘사화 이후 오랫동안 살아남아 평시서 봉사직을 지낸 이백록(李百祿)은 동명이인(同名異人)이 아닐까?"라고 생각할지도 모른다. 그러나 어느 사료에도 이백록이 기묘사화 때 처형당했다는 기록은 전혀 없으며, 무엇보다 '이백록 동명이인설'이 맞다면 기묘사화로 죽었다는 이백록의 아들 이정(李貞)과 국상 기간에 잔치를 벌였다는 이정(李貞)도 동명이인이 되어야 한다. 아버지와 아들 2대 간에 걸쳐 동명이인이 된다는 것은 지나친 우연의 남발로서 현실에선 있을 수 없는 일이다. 따라서 '이백록 동명이인설(同名異人說)'은 설득력이 없는 공허한 가설에 불과하다.

(4) 출발부터 부정으로 얼룩진 원균

〈조선왕조실록〉과 〈징비록〉, 〈난중잡록〉 등의 사료를 보면 원균의 외모에 대하여 재미있는 묘사를 하고 있다. 원균은 평소에 한 끼 식사로 밥 한 말, 생선 다섯 마리, 닭과 꿩 서너 마리를 먹어치우는 대식가여서 체구가 비대하고 배가 무거워서 제대로 뛰지도 못했다고 하였다.

약간의 과장은 있겠지만, 원균은 삼국지에 나오는 동탁처럼 매우 비만한 체형의 소유자였던 것으로 여겨진다.

여기서 한 가지 의문이 생긴다. 배가 뚱뚱해서 잘 뛰지도 못하는 사람이 어떻게 무과에 합격해서 무관이 되었을까? 실록에 그 수수께끼를 풀 수 있는 기록이 나온다. 원균이 25세 되던 1564년, 그는 과거에 응시하는데 심상치 않은 의혹에 휩싸인다. 〈명종실록〉의 명종 19년 6월 21일 기사를 보자.

「사인(舍人) 최옹(崔顒)이 삼공의 뜻이라고 하면서 보고하였다.

"함경북도병사 곽흘(郭屹)·평안도병사 이택(李澤)·경상우도병사 원준량(元俊良)이 그들의 자제들이 무과(武科) 초시(初試)에 응시하도록 허락한 일은 지금 조사(推考) 중에 있습니다. 신들이 듣건대, 과거에 관하여 문과의 경우에는 상세하게 규정되어 있는데 무과의 경우에는 정해진 규정이 없기 때문에 그 자제들로 하여금 전례에 따라서 군관(軍官)으로 응시하도록 허락한 것입니다. 법을 어기고 거짓으로 응시한 경우와는 다르지만, 위에서 참작하여 결정하는 것이 어떻겠습니까?"

임금이 대답하였다. "알았다."」

—명종실록 명종 19년(1564년) 6월 21일—

원준량의 자식들 중에서 당시 과거에 응시할 수 있는 연령에 든 자는 단 둘, 즉 장남 원균(元均)과 차남 원연(元淵)뿐이었다. 이들 중에서 차남 원연은 문과에 응시하였다. 그렇다면 무과에 응시한 자식은 누구였을까? 당연히 원균이다.

여기서 모두들 상식적으로 생각해 보자. 아들이 시험을 보는데 아버지가 시험관이라면 과연 그 시험이 공정하게 치러지겠는가? 또, 시험관인 아버지는 아들을 낙방시키려 하겠는가? 어떻게든 아들을 합격시켜 주려고 하는 것이 인지상정이지 않겠는가. 더구나 원균의 아버지 원준량은 부정부패에 물들어 있는 탐관오리로서 전혀 양심적인 관리가 아니었다. 결국 원균은 속된 말로 아버지의 '빽'으로 무과에 부정 응시한 것이고, 당연히 그는 합격되었다.

조선시대에는 '상피(相避)' 제도라는 것이 있었다. 관직 중에서 서로 연관 있는 자리에 친인척을 같이 임명할 수 없다는 제도이다. 또한 지방관으로는 연고가 있는 자에게는 지방관으로 보내지 않았다. 이는 서로 연계하여 부정을 저지르지 못하도록 하기 위해서였다. 과거에서도 마찬가지여서, 친인척이 시험관이면 응시하지 못하도록 하였다.

이순신의 아들 회(薈)의 경우, 임진왜란 때 한산도에서 몇 차례나 임시 무과시험이 열렸지만 아버지 이순신이 통제사로 있었기 때문에 응시조차 못하고 나이 서른이 넘도록 일개 군졸로서 종군하였다. 상피 제도는 사실 그다지 엄격하게 지켜지지도 않았지만, 이순신은 철저하게 지켰던 것이다.

그러나 원균과 그의 아버지는 그렇게 하지 않았다. 이 차이 하나만 가지고도 이순신과 원균의 본바탕이 얼마나 차이가 나는지 짐작할 수 있지 않은가. 그 인생이 출발부터 부정으로 얼룩진 원균. 이것은 장차 그가 저지르게 될 무수한 부정(不正)과 불의(不義), 곧 오욕(汚辱)의 예고편에 불과하였다.

3. 원균이 북방의 맹장이라고?

몽골, 또는 여진 계열의 북방 민족들이 착용했던 투구.
세월의 무게 속에서도 빛을 잃지 않는 은상감(銀象嵌) 용(龍) 문장이 아름답다.

(1) 원균이 여진족들에게 공포의 대상이었다는데…

원균 옹호론의 핵심 중 하나가 바로 원균은 북방에서 용맹을 떨친 맹장이었다는 주장이다. 고정욱의 〈원균 그리고 원균〉에서는 여진족들이 원균을 '엉규이' 라고 부르며 두려워했고, 김탁환의 〈불멸〉에서도 원균은 여진족들을 상대로 한 싸움에서 한 번도 패하지 않은 용장으로 묘사된다.

그래서 원균은 육상 전투에서 뛰어났지만 바다에서는 싸워본 적이 없어서 용감히 싸웠으나 어쩔 수 없이 왜군에게 패했으며, 그와는 반대로 이순신은 해전에 능했기에 큰 전공을 거두었다고 한다.

그러나 이순신의 전적을 조금만 살펴보면 이 주장은 가당치도 않은 헛소리임이 드러난다. 애초에는 이순신도 원균처럼 북방에서 여진족과 싸운 육상 전투를 담당하던 장수였지, 수군으로 출발한 인물이 아니었다. 아니, 당시에는 육군 장수, 수군 장수라는 병과의 구별 자체가 없었다.

더구나 이순신은 여진족을 상대로 벌인 전투에서 무훈을 거두어 선조와 대신들로부터 순서를 무시하고 발탁하여 중용할 명장으로 추천을 받았으나, 원균은 그런 추천 대상에 이름이 오른 적도 전혀 없었다는 사실을 원균 옹호론자들은 애써 무시한다. 똑같은 육전 담당 장수가 누구는 해전에 능하고, 누구는 해전에 불리하다는 설정이 타당할까? 그렇다면 정말 원균은 북방의 맹장이기는 하였을까?

소설가 김탁환은 원균이 녹둔도 전투에서 큰 공을 세워 '육진의 수호신' 이라는 별명을 얻었으며, 이순신이 녹둔도에서 패전하여 처형당하게 되었을 때 원균이 그의 목숨을 구해주었고, 그런 원균에 대해서 이순신은 평생 동안 열등감을 안고 살아갔다고 자신의 소설 〈불멸〉에서 주장하고 있다.

〈불멸〉에서는 원균이 녹둔도에서 여진족 3백 명을 무찌른 대승을 거둔 후, 여진족들이 녹둔도에 쳐들어오지 않아 육진 중에서도 가장 안전한 곳이 되었으며, 그로 인해 둔전을 짓게 되었다고 나온다. 또한 이순신은 육진에 근무하던 시절에 원균을 우상처럼 우러러 보았으며, 원균이 있다는 사실만으로도 여진족들이 겁을 먹어 압록강을 넘어오지 못했다고 말한다. 그리고 한 술 더 떠서 녹둔도에서 패전한 이순신이 참형을 당하려는 순간, 원균이 나타나서 그를 살려주었다는 것이다.

녹둔도 사건 이후로, '원균은 이순신의 목숨을 구해준 생명의 은인'이란 말이 〈불멸〉 전 4권 도처에 나온다. 원균이 이순신을 두고 "동향 선배이자 육진에서 목숨을 살려준 생명의 은인에게 이게 무슨 짓인가? 의리도 용기도 없는 인간!"이라고 분노하는 장면까지 나올 정도다. 또한 이순신 스스로도 "원균은 나의 목숨을 구해준 은인"이라고 자주 되뇌고 있다. 이런 표현들은 〈불멸〉 곳곳에서 나온다.

그러면 이제부터 원균이 녹둔도에서 대승을 거두었다는 주장의 진위를 살펴보자.

선조 치세 기간 동안, 북방 국경 지대에서 난폭하기로 악명을 떨친 두 여진족 족장이 있었는데, 한 명은 울지내(迂乙知)이고 다른 한 명은 니탕개(尼湯介)이다. 이 중에서 니탕개는 회령 부근에서 부족들을 거느리고 웅거하고 있었는데, 선조 16년인 계미년(서기 1583년) 1월, 종성(鍾城) 부근에 살던 율보리(栗甫里)라는 다른 부족장과 연합하여 조선의 북쪽 변경을 침범하였다. 니탕개가 지휘하는 여진족들은 경원성(慶源城)에 이어 안원보(安遠堡)마저 함락시키고 말았다.

이 소식은 2월 9일 조정에 전해졌으며, 전란의 소식을 들은 선조는 그날로 즉각 "성을 지키지 못한 책임을 물어 경원부사 김수(金璲: 원균의 전임자인 경상우수사 김수〈金睟〉와는 동명이인)와 판관 양사의(梁士毅)의 목을 군진 앞에서 베어서 군율을 진작시키라."는 명을 내린다.[선조실록 선조 16년 (서기 1583년) 2월 9일].

그런데 김수와 양사의의 목을 벨 선전관이 미처 출발하기도 전에 다시 북병사의 장계가 당도하여 "1월 28일의 싸움에서 김수가 고군분투하여 적의 머리 40여 급을 베었다"는 승첩을 알렸다. 그러자 비변사에서는 그 공을 들어 김수를 살리기 위해서 "속죄하기에는 부족하지만, 김수의 사형집행을 연기하고 다시 논의하는 것이 좋겠다"고 선조에게 건의했으나 즉각 단호하게 거부되었고, 결국 선전관이 내려가서 2월 26일에 두 사람의 목을 베었다(〈선조실록〉 선조 16년 2월 5일). 니탕개 무리는 5월에도 다시 대거 침공했는데, 당시 온성부사로 있던 신립(申砬)이 대승첩을 거두면서 난을 평정했다.

〈선조실록〉 16년 5월 17일 기사에 따르면, "아군(我軍)은 사람 하나 없는 듯이 모두 성에 올라가 지키고만 있다가 오랑캐들이 앞 다투어 성 아래로 몰려왔을 때를 이용하여 급히 총통(銃筒)을 난사하여 철환(鐵丸)이 비 오듯 쏟아지니, 오랑캐들이 모두 퇴주(退走)하기 시작하였다."고 한다. 여기에 나오는 총통은 승자총통(勝字銃筒)인데, 총이라는 단어가 들어간다고 해서 우리가 떠올리는 조총이나 소총과 같은 것은 전혀 아니다. 승자총통은 대포를 작게 축소하여 개인이 들고 다니면서 사용할 수 있도록 만든 무기로, 헐리우드 영화 '람보'에서 나왔던 바주카포를 생각하면 될 것이다. 신립(申砬)은 이 승자총통을 대거 동원하여 니탕개의 반란을 진압하였던 것이다.

니탕개의 난이 평정되고 나서 조정에서 파견된 순찰사 정언신(鄭彦信)은 1583년 12월 1일, 두만강 하구 쪽에 있는 녹둔도에 둔전을 설치할 것을 조정에 건의하였고, 이 제안이 승인되어 녹둔도에 목책을 둘러치고 군사를 두어 땅을 개간하게 하여 둔전이 운영되기 시작하였다.

〈경흥 녹둔도에 둔전을 실시하다.
이해에 경흥(慶興) 녹둔도(鹿屯島)에 둔전을 실시하였는데, 이는 순찰사 정언신(鄭彦信)의 건의를 따른 것으로 부사(府使) 원호(元豪)가 주관하였다.〉

—〈선조수정실록〉 선조 16년 (서기 1583년) 12월 1일

이 녹둔도 둔전은 조산만호 이순신이 녹둔도 둔전관을 겸하고 있을 때인 정해년(1587) 추수철에 갑자기 추장 우을지(迂乙知)가 이끄는 여진족들이 쳐들어와서 큰 피해를 입은 뒤 조정의 명에 의해 둔전이 폐지되었기에, 불과 4년 동안만 운영되었다. 이때의 녹둔도 침입에 대한 응징으로 다음 해인 무자년(1588) 1월에 북병사 이일(李鎰)은 왕명을 받들어 함경도 군사 및 서울의 군사들까지 동원한 대군을 이끌고 두만강을 건너가서 여진족의 근거지인 시전부락(時錢部落)에 대한 토벌을 감행한다.

그렇다면 북방 변경의 여진족 토벌과 원균의 관계는 어떠한가. 사료를 고찰해보면, 원균과 이순신 모두 계미년과 무자년에 단행된 여진족 토벌 작전에 참여하였음을 알 수 있다. 여기서는 먼저 원균의 경우를 〈원균행장록〉과 〈선조실록〉의 기록을 통해 살펴본다.

우선 〈원균행장록〉을 보면, 원균은 "무과에 급제하고 선전관을 거쳐서 조산만호로 있을 때 번호(藩胡: 변경의 오랑캐)를 토벌하는 데 공이 있으므로 부령부사로 초배(超拜: 2등급 이상 승진시켜 임명함)되었다가 이내 종성부사로 자리를 옮겼고, 병사 이일(李鎰)을 따라서 시전부락을 격파하였다."라고 나온다.

또한 선조 29년(1596)에 경연석상에서 선조가 신하들과 여러 장수들의 됨됨이에 관해 이야기를 나누던 중에 원균에 관한 이야기도 나왔었는데, 그때 오갔던 이야기가 〈선조실록〉에 이렇게 기록되어 있다.

「이원익: "전투에 임할 때와 평상시와는 같지 않습니다. 원균(元均)과 같은 사람은 성질이 매우 거칠어서 상사(上司)와 문서로써 보고하고 지휘를 받을 때에는 반드시 서로 다투기는 합니다만, 전투에 임해서는 제법 기용할 만하다고 합니다."

선조: "원균에 대해서는 계미년부터 익히 들어왔다. 국사를 위하는 일에 매우 정성스럽고 또한 죽음을 두려워하지 않는다고 한다."

원익: "원균은 전공(戰功)이 있기 때문에 인정하는 것이지 그렇지 않다면 결단코 기용해서는 안 되는 인물입니다."

김순명(金順命): "충청도(忠淸道)의 인심이 대부분 (원균을) 불편하게 여긴다고 합니다."

선조: "(원균이) 마음은 순박한데 고집이 세기 때문이다."

이원익: "원균에게는 군사를 미리 주어서는 안 되고, 전투에 임해서 군사를 주어 돌격전을 하게 해야 합니다. 평상시에는 군사를 거느리게 하면 반드시 원망하고 배반하는 자들이 많을 것입니다."

선조: "전일에 원균은 탐학질하고 부패한 인물이라고 한 사간원의 의론(臺論)이 있었다. 원균은 지극히 청렴한데 탐학질하고 부패하다고 하는 까닭은 무엇인가?"

김수: "전에 조산만호(造山萬戶)로 있었을 때에는 어사(御史) 성낙(成洛)이 장계하여 포상(褒奬)을 받기까지 하였습니다."

이원익: "원균이 어찌 지극히 청렴하기까지야 하겠습니까."

조인득(趙仁得): "소신이 일찍이 종성(鍾城)에서 그를 보니, 비록 만군(萬軍)이 앞에 있어도 마구 쳐들어가려는 의지가 있었고, 행군(行軍)도 매우 소박하고 충실하였습니다. 탐학질하고 부패한지는 모르겠습니다."

선조: "이와 같은 장수는 많이 얻을 수 없다."」

-〈선조실록〉 선조 29년 (서기 1596년) 10월 21일-

원균 옹호론자들이 원균의 용맹성을 강조하기 위하여 많이 인용하는 기사이다. 위 기사대로라면 원균은 정말 맹장 같아 보인다. 그러나 조인득의 말은 "그 녀석 참 똑똑하다."라는 식의 의례적인 평가 수준이지 구체적인 전공이라든가 평가의 기준이 담겨져 있지 않다.

특히 유념해야 할 것은, 이날의 대화는 조선의 임금과 신하들이 일본인 첩자 요시라의 간계에 빠져서 이순신을 삼도수군통제사에서 끌어내리고 대신에 원균을 그 자리에 앉히기 위한 준비공작을 하기 위하여 개최한 회의에서 오간 대화라는 것이다. 이미 이순신을 내치려는 임금의 의중을 파악한 대신들이 어떻게든 원균을 추켜 올리는 일에 발벋고 나선 상태에서 오고간 대화이므로 발언의 객관성에 의문이 간다.

먼저 선조가 먼저 원균을 띄우기 위하여 그에 대해 좋은 말을 하는 분위기에서 당대의 명신 중 한 명인 이원익은 선조의 장단을 어느 정도 맞춰주는 듯하지만, 전공이 없었으면 기용해서는 안 될 자이다(그나마 전공이라는 것도 조작 내지는 이순신을 따라다니며 수급을 챙긴 덕분이다), 평상시에 군사를 거느리게 하면 반드시 원망하고 배반하는 자들이 많을 것이다(아무리 장수라도 전투 시에만 군사를 거느릴 수는 없는데 저런 말이 나오는 것은 무엇을 의미하는가? 원균이 전투가 없는 평소에는 휘하 장병들로부터 신망을 받지 못했다는 증거다), 선조와 김수가 원균을 칭찬하는 말을 듣고는 어떻게 그를 지극히 청렴하다고 말할 수 있겠는가(나중에 보면 알겠지만 원균은 지극히 부패했다), 등으로 말하면서 원균을 두둔하는 선조를 은근히 반박하고 있다. 원균 옹호론자들은 이런 부분은 무시해 버리고 조인득의 발언만 뚝 잘라서 인용한다.

그러면 원균을 칭찬한 조인득은 어떤 인물이었는가? 역시 실록의 한 부분을 인용해 보자.

「유근(柳根)을 한성부 판윤으로, 심희수(沈喜壽)를 도승지로, 심우승(沈友勝)을 동부승지로, 조인득(趙仁得)을 황해 병사로 삼았다.

【사신은 논한다. 조인득은 한 지역을 위임받은 신하로서 그가 위임받은 지방을 버리고 적을 피하여 해도(海道)로 들어가 방백(方伯: 지방 수

령)의 직위에서 교체되었는데 이런 자를 곧바로 병사(兵使)로 삼았으니, 사람을 기용하는 것이 이와 같아서야 어떻게 나라를 다스리겠는가.】」 -〈선조실록〉 선조 26년 (서기 1593년) 1월 28일-

이처럼 조인득은 임진왜란 당시 왜군을 두려워하여 섬으로 도망쳤다가 그 벌로 벼슬을 빼앗긴 비겁한 인물이었다. 그런데도 다시 병사의 직책을 얻어 기용되었다는 것은, 그의 인사이동에 최고 권력자인 선조의 입김이 강력히 작용하였음을 암시한다.(인사이동의 제안은 신하들도 할 수 있으나, 그것을 최종적으로 결정하는 장본인은 국왕이다.) 그래서 조인득은 자신을 살려준 선조의 눈치를 보느라 원균을 옹호한 것이 아닐까?

김수가 "(원균이) 전에 조산만호로 있었을 때에 어사 성낙(成洛)이 장계하여 포상을 받았다"라고 말한 부분도 살펴보자. 김수의 말로는 분명히 어사 성낙이 원균에 대한 전공을 장계로 올렸다고 하였는데, 〈선조실록〉과 〈선조수정실록〉 어디를 보아도 성낙이 원균에 대한 장계를 올렸다거나 선조 임금이 그에 대해서 포상을 내렸다는 부분은 찾을 수 없다. 국왕이 장계를 받거나 장수에게 포상을 내렸다는 부분은 반드시 실록에 남아있어야 하는데도 말이다. 원균이 포상을 받았다면 왜 그 내용에 대하여 실록은 침묵하고 있을까? 아니, 정말로 성낙이 장계를 올렸거나 원균이 포상을 받기나 하였을까? 혹시, 김수가 선조의 비위를 맞추기 위하여 지어낸 말은 아닐까?

또한 김순명이란 대신이 원균에 대해서 "충청도(忠淸道)의 인심이 대부분 (원균을) 불편하게 여긴다고 합니다."라고 언급한 부분은 그가 충청병사로 있으면서 저지른 온갖 탐학과 부정부패로 인해 충청도 사람들이 그를 매우 싫어하고 있음을 나타낸 것이다. 보다 자세한 내용은 이 책의 5장을 참조하기 바란다.

말이 길어지다 보니 잠시 논점이 빗나갔는데, 본론으로 돌아와서 〈원균행장록〉과 실록을 비교분석해 보면, 원균은 계미년인 선조 16년(서기 1583년)에 조산만호로 있으면서 니탕개의 난 토벌전에 참가하여 공을 세워 부령부사로 승진하였고, 종성부사로 있을 때 시전부락 토벌전에도 참가하였다고 한다.

과연 어느 것이 사실이고 거짓일까?

선조 당시의 장수들은 선조 즉위 이래 첫 전투였던 니탕개의 난 토벌 작전을 통해서 처음으로 장수로서의 역량과 명성을 세상에 알렸다. 계미년인 1583년 이전에는 외적과의 전투 자체가 전혀 없었기 때문에 무공을 떨쳐 이름을 낼 일 자체가 없었던 것이다. 그래서 선조가 원균을 두고 "계미년부터 익히 들어왔다(自癸未年熟聞之矣)"고 말한 것이다. 즉, 1583년 이전에는 원균 역시 외적과 싸운 일이 전혀 없었음이 선조의 언급으로 명확하게 증명된다.

그런데 김탁환은 이 사실을 이상하게 비틀어 놓았다. 그의 소설 〈불멸〉에서는 원균이 녹둔도에서 여진족의 침공을 맞자 홀로 목책을 뛰어 넘어 적진으로 돌격하여 여진족 3백 명을 무찔렀으며, 그 활약상으로 인하여 병사들로부터 '육진의 수호신'이라는 별명을 얻었다고 나온다.

그러나 원균이 조산만호로 있을 계미년 1583년에는 녹둔도에 여진족이 쳐들어온 일이 전혀 없었다. 녹둔도에 여진족이 쳐들어 온 해는 선조 20년인 1587년이 처음이었으며, 그 이전까지 녹둔도에는 전란이 전혀 없었다. 〈조선왕조실록〉을 비롯한 어느 사서를 보아도, 심지어 〈원균행장록〉을 보아도, 원균이 녹둔도를 지키고 있다가 쳐들어온 여진족과 싸워 3백 명을 죽였다는 언급은 전혀 없다. 〈원균행장록〉에서도 '조산만호로 있을 때에 변경 오랑캐를 토벌하는 데 공이 커서……' 라고 애매하게 언급하고 있을 뿐이다.

어떤 사람들은 원균을 미워하던 실록 편찬자들이 원균이 녹둔도에서 거둔 전공을 일부러 삭제하였을 수도 있지 않느냐고 반문할지도 모른다. 하지만 그렇게도 볼 수 없는 것이, 〈선조실록〉의 편찬자들은 원균이 임란 초기에 세운 전공도 (사실은 세운 적이 없는 거짓 전공기록이지만) 기록해 두었다. "원균이 왜선 10척을 격침시켰다.", "원균이 왜선 30여 척을 부수었다."라는 장계들은 다름 아닌 〈선조실록〉에 그대로 실려 있다.(개전 초기 원균이 해전에서 승리했다는 이런 주장들의 진위 여부는 다음 4장에서 가려낼 것이다.) 이런 정황으로 볼 때, 원균의 녹둔도 전공을 실록에서 고의로 삭제했다는 가설은 설득력이 없다.

그렇다면 결론은 뻔하다. 원균의 녹둔도에서의 전공을 〈실록〉에 실어 주려고 하여도 전공 자체가 없었기 때문에 실을 수가 없었던 것이다. 결코 억측이 아니다. 원균이 녹둔도에 쳐들어온 여진족과 맞서 싸워 3백 명을 참수했다는 김탁환의 소설 〈불멸〉의 내용은 〈조선왕조실록〉이나 〈한국군제사〉, 〈제승방략〉, 〈징비록〉, 〈연려실기술〉 등 기타 어느 사서에도 찾아볼 수 없다. 심지어 원균 후손들이 원균을 추켜세우기 위하여 만들어낸 문서 〈원균행장록〉에서조차 원균이 녹둔도에서 대승을 거두었다는 얘기는 전혀 보이지 않는다.

선조가 즉위한 이래, 선조 16년(서기 1583년) 계미년 1월에 돌연 경원부로 침공하여 경원성을 함락시켰던 니탕개 무리를 응징하는 대규모 토벌전이 실시되기 전에는 조선의 무장들과 여진족과의 사이에서 전투가 전혀 없었다. 당연히 원균이 생애 최초로 참여했던 실전은 '계미년 이전의 녹둔도 전투'가 아니라 '계미년의 니탕개 토벌전' 이었다. 그리고 원균은 거기서 공을 인정받아 부령부사로 승진했다는 것인데, 단편적인 언급만 있을 뿐 그와 직접 관련된 상세한 자료는 아무데도 없다. 당시 니탕개 토벌전에서 대승리를 거두어 명장이란 평가를 받게 된 장수는 원균이 아니라 신립이었다.

김탁환은 자신의 소설 〈불멸〉 1권에서 계미년인 1583년 봄부터 여름까지 여진족 추장 니탕개가 두만강을 넘어 쳐들어오자, 온성부사 신립과 경원부사 이일과 부령부사 원균이 용감하게 출정하여 격퇴시켰다고 묘사했지만, 이것은 대부분 사실이 아니다.(신립이 온성부사로 있었다는 점 하나만 맞고.)

계미년(1583년) 1월에 니탕개의 난이 벌어졌을 당시의 경원부사는 이일(李鎰)이 아니라 니탕개에게 경원성을 함락당한 죄로 왕명에 의해 처형된 김수(金璲)였다. 경원부사 김수가 조정에서 내려간 선전관에 의해 처형되어 죽은 날이 2월 26일, 그 후임으로 4월 7일자로 새로 임명된 경원부사가 이일이었다. 임명 당시 이일은 전라수사였으며, 그가 실제로 함경도에 부임한 날은 그로부터 훨씬 뒤였다.

또한 니탕개의 난 당시 원균은 조산만호였으며, 부령부사가 아니었다. 그때의 부령부사는 장의현(張義賢)이었고, 그는 니탕개의 난 토벌에서 공을 세워서 가자(加資: 품계를 올려주는 일)되면서 〈선조실록〉에 이름이 기록되었다.

선조 16년 2월에 니탕개의 난이 일단 평정된 뒤에, 선조가 승전원에 전교하여 토벌전에서 공을 세운 장수들에 대한 포상을 지시했는데, 거기에 부령부사이던 장의현에 대한 부분이 보인다.

「임금이 지시하였다.

"신립은 가자하는 것이 옳으니 교서를 지어 하유(下諭)하도록 하고, 그의 어미에게 쌀과 콩을 합하여 20석을 내려주라. 부령부사 장의현은 따로 건원(乾原)을 지키면서 적도들이 와서 포위하자 외로운 군사들로 혈전 끝에 적을 물리쳤고, 훈융첨사(訓戎僉使) 신상절(申尙節)은 적들이 와서 포위했을 때 힘을 다하여 막았을 뿐만 아니라 또 용기를 내어 출병하여 신립과 합세하여 적을 쳐부수고 돌아왔으니, 이 두 사람의 공도 작지 않다. 장의현은 품계를 높여줄 것이며, 신상절은 품계 넷을 뛰어넘어 어모(禦侮: 정삼품 당하관의 품계)로 삼고 준직(準職: 당하관으로서 가장 높은 당하 정삼품의 벼슬)을 제수하라."」

-〈선조실록〉 선조 16년(서기 1583년) 2월 14일-

진상이 이러함에도 불구하고, 김탁환은 원균을 옹호하기 위하여 역사를 엉망진창으로 왜곡시켜 버렸다.

1583년 니탕개의 난 이후, 4년 동안은 변방이 조용하였다. 그러다 선조 20년인 정해년(서기 1587년) 가을이 되자 여진족이 다시 침략을 해 왔고, 이해 9월에 이순신이 조산만호로서 녹둔도 둔전관을 겸하고 있을 때 겪었던 녹둔도 전투가 발발한다.

1583년에 니탕개의 난 평정을 지휘하였던 순찰사 정언신의 건의로 녹둔도 땅을 개간하여 둔전을 시작한 지 4년째인 선조 20년, 그해에 처음으로 둔전에 풍년이 들었다. 곡식이 익은 9월 경, 녹둔도에서는 한창 추수하는 일에 여념이 없었다.

이때 갑작스럽게 녹둔도를 침입한 여진족들은 조선 군사 11인을 죽이고 160여 명에 달하는 군사와 민간인을 납치해갔다.

둔전관인 이순신은 이미 전부터 군사의 수효가 너무 적어서 녹둔도 방어 상태가 매우 취약하다는 점을 걱정하여 함경북도의 군정을 관할하는 최고책임자인 북병사(北兵使) 이일에게 공문을 보내어 군사를 증원해 줄 것을 요청하였으나 받아들여지지 않은 상황에서 적의 침입을 당한 것이다.

〈충무공이순신전서〉에 실린 이순신의 〈행록〉과 〈선조수정실록〉에 실린 기록을 보면, 당시 적들이 군사들을 이끌고 와서 울타리를 포위하고 붉은 모전을 입은 자 몇 명이 앞장서서 지휘를 하며 달려오자 이순신이 활을 연달아 쏘아 명중시켜 붉은 옷 입은 자들이 모두 땅에 쓰러지자 적들이 달아나기 시작했는데, 이순신이 이운룡과 함께 추격하여 사로잡혀 가던 자 60명을 도로 빼앗아 돌아왔다고 한다.

이 사건은 즉각 조정에 보고되었고, 이순신은 이 사건에 대한 처벌로서 "백의종군하면서 공을 세우라"는 왕명을 받고 백의종군하다가 다음해 1월에 단행된 시전부락 토벌전에 참가하여 공을 세운 결과 백의종군 처분을 면제받았다.

그런데 김탁환은 이 사건을 이상하게 비틀어 놓았다. 〈불멸〉1권을 보면, 이순신과 이경록은 두만강 부근의 북병사가 설치되어 있는 종성으로 소환되어 이일의 심문을 받고 처형될 위기에 놓였는데, 이때 원균이 나서서 이순신을 비호하여 결국 살려주었다는 것이다.

그러나 녹둔도 전투 당시, 북병사의 병영은 두만강 쪽의 종성이 아니라 동해 쪽의 경성(鏡城)에 있었다. 당연히 이순신과 이경록이 소환되어 간 곳은 종성이 아니라 경성이었다. 그때 종성부사였던 원균은 멀리 경성의 북병영에서 있었던 북병사의 심문자리에 참가할 수 없었음은 당연한 일이다.

또한 김탁환은 '지난여름 무산 전투에서 원균이 이일의 목숨을 구해 주었다' 고 〈불멸〉 1권에서 주장하고 있으나, 지난여름(1586년)에 무산은 물론 육진 전체에서는 아무런 전투도 없었으며, 당연히 원균이 북병사 이일의 목숨을 구해준 일도 없었다. 더욱이 이일이 이순신과 이경록을 심문하던 곳은 경성이었음에도 불구하고, 김탁환은 〈불멸〉에서 이일이 이순신을 심문하던 장소가 원균이 군정을 맡고 있는 종성 땅이어서 이일이 원균의 말을 존중했다는 전혀 엉뚱한 주장을 하고 있다.

그리고 이 녹둔도 사건으로 인하여 우리가 익히 아는 대로 이순신은 백의종군 처분을 받는다.

「북병사가 급보하였다.

"적 오랑캐들이 녹둔도의 목책을 포위했을 때 경흥부사 이경록과 조산만호 이순신이 군사 기회를 그르쳐서 전사 10여 명이 피살되고 106인의 인명과 15필의 말이 잡혀갔습니다. 국가에 욕을 끼쳤으므로 이경록 등을 잡아 가두었습니다."」

-〈선조실록〉 선조 20년(서기 1587년) 10월 10일-

「비변사에서 이경록과 이순신 등을 잡아오는 문제에 대하여 들어가 보고하자, 임금이 지시하였다.

"전쟁에서 패배한 것과는 다르다. 병사(兵使)로 하여금 장형(杖刑)을 집행하게 한 다음 백의종군 시켜서 공을 세우도록 하라."」

-〈선조실록〉 선조 20년(서기 1587년) 10월 16일-

(2) 백의종군(白衣從軍)의 의미는 무엇인가?

이순신의 일생을 얘기할 때 빠지지 않고 등장하는 것이 바로 이 '백의종군' 처분이다. 이순신은 이때의 녹둔도 사건과 훗날 왜인 첩자 요시라가 던져준 거짓 첩보 때문에 두 번 백의종군 처분을 받게 된다.

우리는 '백의종군' 이란 말을 굉장히 가혹한 중벌인양 인식하고 있다. 그래서 그런지 김탁환의 〈불멸〉에는 이순신이 녹둔도 패전으로 백의종군 처분을 받은 뒤 크게 수치스러워하며 열등감을 지니게 되었으며, 백의종군을 하고 있는 이순신에게 예전의 부하들이 마구 반말을 하고 이순신을 막 대하는 것으로 나온다. 과연 사실일까?

아래는 순천향대 이순신연구소가 주최한 학술대회(2004. 4. 28.)에서 소설가 송우혜씨가 발표한 백의종군 관계 내용이다.

「조선 시대에서 죄를 범한 무장에게 가했던 처벌은 여러 종류가 있는데 각각 차등이 있었다. 가장 중형이 장수에 대한 '처형' 이었고, 그 아래로는 귀양을 보내는 '유배' 가 있고, 그보다 약한 처벌은 '파면' 이었다.

백의종군은 '파면' 보다도 더 미약한 아주 가벼운 처벌로서, 정확히 말하자면 '보직 해임' 의 처벌이었다. 그래서 백의종군의 처분을 받으면 흰옷을 입고 자신이 근무하는 곳에서 계속 근무해야 했는데, 실제 사례를 고찰해 보면 보직을 해임당한 상태로 흰 옷을 입고 근무하는 경우도 있고, 경우에 따라서는 보직을 그대로 지니고 근무하면서 옷만 백의를 입게 하는 사례도 있는 등 이것은 일종의 '정서적 처벌'로 활용되었다.
입고 있는 옷으로 그 사람의 신분과 위계를 표시하는 신분사회였던 조선시대에, 관리로서 관복이 아닌 '백의'를 입고 집무하게 한다는 것은 사실 충분한 징계 효과가 있는 처벌 방식이었다. 〈난중일기〉를 고찰해 보면, 이순신이 백의종군하는 동안 자신의 종을 거느리고 다니고 그가 묵는 곳에 각급 관리들이 와서 현안을 보고하고 다량의 녹봉을 받고 있음을 알 수 있으니, '백의종군'의 실상을 알려주는 산 자료이다.」

실제로 1587년 6월 9일 난중일기를 보면 이순신은 백의종군을 당한 상태인데도 불구하고 노마료(奴馬料: 종과 말을 거두는 데 드는 비용)를 받는다.

「비변사가 아뢰기를, "전일 행궁의 시위(侍衛)가 너무 적어 체모가 말이 아니었기 때문에, 궐내의 시위 장사와 의금부 관원 등을 모두 백의종군시키는 벌을 주었습니다."」

–〈선조실록〉 선조 25년(서기 1592년) 5월 22일–

「양사(兩司: 사헌부와 사간원)가 아뢰었다.
"사변이 일어난 뒤로 군율이 해이해졌습니다. 잘못을 저지른 장수를 일일이 벌주기가 어려워 매양 백의종군하도록 하였기 때문에 이미 극도로 구차스럽게 되었습니다."」

–〈선조실록〉 선조 25년(서기 1592년) 8월 18일–

「 "한산도 해전에서 패배한 이후 군율을 위반한 변방 장수(邊將)들과 수령들을 군법에 따라 처벌하지 않았을 뿐만 아니라 그들로 하여금 그대로 본직을 맡게 하였습니다. 백의종군을 시키는 것도 형벌을 감해 주는 것인데, 더구나 그대로 본직에 머물러 있게 해서야 되겠습니까?"」

-〈선조실록〉 선조 30년(서기 1597년) 8월 15일-

〈 "더구나 삭탈관직을 하는 것은 미세한 허물을 간략하게 다스리는 율(律)이고 백의종군(白衣從軍)시키는 것은 공을 세우고 앞일을 책임지우는 거조인데…"〉

-〈인조실록〉 인조 5년 (서기 1627년) 4월 29일-

〈 "파직을 하면 보고 듣는 사람들이 불만스러워 할 것이니, 삭탈관직을 하고 놓아주어 백의종군(白衣從軍)을 하도록 하고 도제조(都提調) 및 중군으로 하여금 군병을 영솔토록 하는 것이 좋겠습니다."〉

-〈현종실록〉 현종 10년 (서기 1669년) 3월 18일-

이상의 기록에서 알 수 있듯이, 백의종군이 무슨 어마어마한 중벌은 아니었다. 그런 의미에서 본다면 선조가 이순신에게 백의종군 처분을 내린 것은 다음과 같은 사유로써 설명할 수 있다.

선조가 이순신에게 내린 백의종군은 무장에 대한 처벌 중에서 가장 가벼운 처벌이었다. 이를 뒷받침하는 사료로서 〈중종실록〉의 중종 7년 5월 7일자 기사에 "조종조로부터 변방의 백성들 중 한 사람이라도 납치되면 주장(主將)은 곧 그 도에서 백의종군하도록 하였다"라는 내용이 보인다. 그런데 녹둔도 사건에서는 11명의 군사가 전사하고 160여 명이 납치된 대사건임에도 불구하고, 선조는 이순신에게 변방 백성 한 사람이라도 납치되었을 때 적용하는 가장 가벼운 처벌인 백의종군의 처분을 내린 것이다.

다시 〈왕조실록〉의 기사를 보자.

「비변사에서 들어가 이경록과 이순신 등을 잡아오는 문제에 대한 보고를 하자, 주상께서 지시하였다.

"전쟁에서 패배한 것과는 다르다. 병사(兵使)에게 장형(杖刑)을 집행하게 한 다음 백의종군하여 스스로 공을 세우게 하라."」

-〈선조실록〉 선조 20년(서기 1587년) 10월 16일-

11명의 군사들이 전사하고 백 명이 넘는 백성들이 납치된 전투였음에도 불구하고, 선조는 "전쟁에서 패배한 것과는 다르다" 라며 이순신이 패전한 전투가 아니라는 판정을 내렸다. 그리고 '백의종군하여 스스로 공을 세우게 하라.' 고 격려의 말까지 남긴다. 후에 가서 임진왜란이 터지자 연달아 대승을 거두어 백성들의 추앙을 받던 이순신을 못 잡아먹어 안달하는 모습과는 너무나 대조적이어서 의아할 정도다.

(3) 시전부락 토벌과 각 장수들의 논공행상

이순신이 백의종군 처분을 받은 지 석 달 만인 선조 21년 무자년(서기 1588년) 1월, 조정에서는 여진족의 녹둔도 침공을 응징하기 위하여 함경 북병사 이일(李鎰)로 하여금 함경도의 군사뿐만 아니라 서울의 군사까지 포함된 도합 2천 7백 명의 군대를 거느리고 두만강을 건너 여진족의 근거지인 시전부락을 치게 하였다.

이 시전부락 토벌전을 기록한 〈장양공정토시전부호도(壯襄公征討時錢部胡圖)〉(장양공(壯襄公)이란 함경도 북병사였던 이일의 시호이다.)라는 기록화가 현재 육군박물관에 소장되어 있는데, 이 그림에 따르면, 시전부락 토벌전에 이일을 따라 신각과 서예원, 원호, 이순신, 원균 등이 참가했다고 한다.

여기서 한 가지 짚고 넘어가야 할 점은, 통설과는 달리 이순신은 백의종군을 당한 일반 병졸의 신분이 아닌 장수의 신분이었다. 당시 해임되어 현직이 없었던 이순신은 과거에 급제한 사람임을 가리키는 '급제(及第)' 라는 칭호 아래 24명으로 이루어진 우위(右衛) 소속의 좌화열장(左火烈將)이었으며, 원균과 동급의 장수였다.

(*시전부락 토벌작전에 참가한 신각은 임진왜란이 벌어졌을 때, 경기도 양주에서 흩어진 군사들을 모아 서울로 침입한 왜군을 기습 공격하여 70여 명의 수급을 베는 전과를 거둔 인물이다. 개전 이래 패배만 거듭해 왔던 조선 육군 최초의 승리인 셈이다. 그러나 왜군이 한강을 건너는 것을 막지 못하고 도망친 도원수 김명원은 자신의 패전 책임을 신각에게 돌리는 거짓 장계를 올렸고, 이를 그대로 믿은 선조는 그만 신각을 죽이라는 선전관을 보냈다. 결국 신각은 승리를 했음에도 불구하고 목숨을 잃게 되는 비극적인 운명에 처해진다.)

조선군은 2천 7백 명의 군사를 세 부대로 나눠서 토벌전을 벌였다. 총지휘자인 대장 이일이 거느린 본대는 지휘부였고, 실제 공격은 좌위(左衛: 장수 22명, 위장-회령부사 변언수) 부대와 우위(右衛: 장수 24명, 위장-온성부사 양대수) 부대가 맡았다. 이순신과 원균은 이때 우위 부대를 지휘한 위장(衛將)인 온성부사 양대수(楊大樹)의 수하 장수들이었다.

1588년 1월 14일에 출진한 조선군은 어두운 시간대인 이경(二更: 밤 아홉 시부터 열한 시 사이)에 행군하고 삼경(三更: 밤 열한 시에서 새벽 한 시 사이)에 두만강을 건너서 15일 날이 밝을 무렵에 시전부락을 들이쳤다. 저녁에 군사를 이끌고 나선 것은 말할 것도 없이 적의 눈에 들키지 않기 위해서였다. 이 전투에 참여한 이순신도 이때의 경험을 되살려 임란 무렵에는 야간에 출정한다. 훗날 삼도수군통제사가 된 원균은 그와는 정반대로 행동했다가 큰 낭패를 보게 된다.

시전부락 토벌 당시, 원균의 보직은 우위 소속의 제1 계원장(一繼援將)이었다. 계원장이란 군대의 후방에 대기하고 있다가 적의 공격이 있으면 휘하 부대를 이끌고 지원하는 임무를 띤 직책이다.

각종 기록에 의하면, 시전부락 토벌전에서 이일이 이끈 조선 기병대는 새벽에 공격을 가해 순식간에 여진족들을 쓸어버리고 수급 380여 급을 거두었다고 한다.

「북병사(北兵使)가 보고하기를, "경원(慶源)의 변방 오랑캐들 중 녹둔도(鹿屯島)에 쳐들어와서 노략질을 한 시전부락(時錢部落)에 이 달 14일에 본도(本道)의 지방 병사 및 서울에서 내려온 장사(京將士) 2천 5백여 명을 거느리고 길을 나눠 들여보내, 이경(二更)에 행군하고 삼경에 강을 건넜다가, 15일 날이 밝아올 무렵에 그들의 궁려(穹廬: 오랑캐의 둥근 텐트) 2백여 개를 불 지르고, 적의 머리 3백 80급(級)을 베고 말 9필, 소 20마리를 빼앗아 전군(全軍)이 무사히 돌아왔습니다."고 하였다.」

—〈선조실록〉 선조 21년(서기 1588년) 1월 27일—

「다음해 무자년(戊子 1588 선조 21년) 1월에 길주진(吉州鎭) 이북 온성진(穩城鎭) 이남에 거주하는 1등 지방병사, 2등 지방병사와 행영(行營)의 군사와 서울에서 내려온 장사(京壯士)와 경흥진의 관할 하에 있는 4보의 군마 등 모두 2천 7백여 명을 징발하여, 회령부사(會寧府使) 변언수(邊彦琇)를 좌위장(左衛將)으로 삼고, 온성부사(穩城府使) 양대수(楊大樹)를 우위장(右衛將)으로 삼아, 군사와 병마를 부서로 나누어 편성한 다음에, 그들이 생각지도 못한 때를 틈타서 길을 나누어 모두 진군시켜, 군사를 숨겨 두만강을 건너가서 새벽녘에 적의 소굴을 습격하였는데, 오랑캐들이 모조리 무리를 지어서 나와서 장차 포위망을 돌파하고자 하였으나, 관군이 힘을 합쳐서 공격하고 힘껏 싸워서 모두 섬멸하였다. 적의 2백여 채의 집을 불태우고, 오랑캐의 머리 383급을 베었다.」

–제승방략(制勝方略) 무이보(撫夷堡)의 고사(故事)에서–

「1월. 북병사 이일(李鎰)이 순행하다가 경흥(慶興)에 이르러 우후 김우추(金遇秋)를 파견하여 기병 4백 명을 거느리고 언 강을 건너 새벽에 추도(楸島)의 오랑캐들을 습격하여 33급을 베었다. 이어 계속 길주(吉州) 이북 각 진의 기병 2천여 명을 동원하였는데, 회령부사 변언수, 온성 부사 양대수, 부령부사 이지시(李之詩)가 군사들을 통솔하였다. 적들이 모르게 강을 건너 밤에 시전(時錢)의 오랑캐들을 습격하여 가옥 2백여 채를 불태우고 3백 80여 급을 베었다.」 –선묘보감(宣廟寶鑑) 무자년(1588) 조(條)에서–

소설가 고정욱은 시전부락 토벌을 다룬 장계에서 원균이 보인 놀라운 용맹과 전공이 상세하게 기록되어 있으며, 전국적으로 명성을 떨치게 된 계기가 되었다고 그의 소설 〈원균〉에서 주장한다. 그러나 세 가지 기록 어디에도 원균이 세운 전공은커녕 그의 이름조차 언급되지 않고 있다. 고정욱은 〈선조실록〉조차 제대로 읽지 않은 모양이다.

이름이 나오지 않는다면 원균은 이 전투에서 아무런 공도 세우지 못했다는 얘기다. 그렇다면 결론은 이렇다. 당시 원균은 계원장(繼援將) 직책으로 그냥 뒤에서 대기만 하고 있었고, 그러는 동안 전투는 조선군의 일방적인 승리로 끝났던 것이다. 그렇다면 대체 원균 옹호론자들은 원균이 북방에서 무슨 공을 세웠기에 그를 '북방의 용장' 이니 '육진의 수호신' 이니 하고 추켜세우고 있는 것일까?

시전부락 토벌전이 승리로 끝나자 선조는 크게 기뻐하며 이를 경축하는 의미로 궁궐에서 승정원과 옥당과 한림원 주서 등 측근의 신하들에게 〈과녹둔도전장유감(過鹿屯島戰場有感: 녹둔도 싸움터를 지나면서 느낀다)〉이라는 제목을 주어 각기 칠언율시 2수씩을 지어 바치도록 하고, 가장 잘 지은 검열 한준겸에게는 상으로 아다개(阿多介: 털요)를 하사하고 그 이하도 차례대로 상을 내렸다.

이렇게 니탕개의 침입을 분쇄하고 시전부락을 토벌함으로써 북방의 근심을 해결한 선조는 시야를 남쪽으로 돌렸다.

시전부락을 토벌하기 바로 전 해인 1587년 2월, 왜구가 전라도 흥양과 가리포 해안에 침공하여 녹도 총관 이대원(李大源)을 죽이는 등의 변란을 일으켰는데, 이는 1555년 중종 무렵의 을묘사변(乙卯事變) 이후 32년 만에 재현된 왜란이었다. 선조는 앞으로 벌어질 왜구의 침입에 대비하기 위하여 시전부락 토벌 과정에서 용맹을 떨친 장수들을 선발하여 남방의 방위 체제를 새로이 정비하고자 하였다.

1589년 1월, 선조는 비변사에게 우수한 재능을 가진 장수를 불차탁용(不次擢用: 관직의 차례를 뛰어넘어 벼슬을 줌)하겠다면서 추천하라는 명을 내린다. 조정의 이름 있는 신하들은 각기 자신들이 평소 그 역량을 높이 평가하고 있던 무장들을 추천했다. 물론 장수들의 대부분은 작년의 시전부락 토벌전에서 전공을 세워 명성을 얻은 인물들이었다. 그 이름들을 소개하자면 다음과 같다.

「비변사에게 무신(武臣)을 불차탁용(不次擢用)하겠다고 하자, 이산해는 손인갑(孫仁甲)·성천지(成天祉)·**이순신(李舜臣)**·이명하(李明河)·이빈(李薲)·신할·조경(趙儆)을, 심수경(沈守慶)은 이경(李景)·신할·이용준(李用濬)·박진(朴晉)을, 유홍(俞泓)은 이혼(李渾)·왕경조(王景祚)·이용준·변응성(邊應星)·유몽경(柳夢經)·유연(俞淵)을, 정언신(鄭彦信)은 손인갑·성천지·**이순신**·이명하·이시언(李時言)·한인제(韓仁濟)·이언함(李彦諴)·정담(鄭湛)·김당(金鐺)을, 윤탁연(尹卓然)은 유희선(柳希先)·이종장(李宗張)·윤안성(尹安性)을, 강섬(姜暹)은 유염(柳濂)·정눌(鄭訥)·문몽헌(文夢軒)·김경로(金敬老)·정발(鄭撥)·정득렬(鄭得說)을, 변협(邊協)은 조경·신할·이복남(李福男)을, 이진(李戩)은 신할·김순(金侚)·변응성을, 최원(崔遠)은 이경·전협(田浹)을, 신립(申砬)은 최미수(崔眉壽)·변응성·변응정(邊應井)·이지시(李之詩)·정현룡(鄭見龍)·이범(李範)을 추천하였다.」

—〈선조실록〉 선조 22년(서기 1589년) 1월 21일—

이상이 각 대신들이 비변사에 추천한 무장들의 명단이다. 여기서 주목해야 할 부분은 이산해와 정언신 등 두 명의 대신이 이순신을 추천했다는 점이다. 정언신은 1583년 1월 선조 계미년에 벌어진 니탕개의 난 당시, 현지에서 토벌을 총지휘했던 순찰사였기에 참전했던 장수들의 사람됨과 역량을 가장 정확하게 파악할 수 있는 사람이었다. 그런 그가 왜 원균을 추천하지 않고 이순신을 추천했을까?

정언신뿐만 아니라 어느 대신도 원균을 추천하지 않았다. 심지어 원균과 친밀하다던 신립조차 원균을 추천하지 않았다! 정말 원균이 북방의 맹장이라면 어째서 한 사람도 그의 이름을 거론하지 않았을까?

이순신과 원균에 대한 판단은 임금인 선조도 마찬가지였다. 같은 해(선조 22년) 7월 28일에 좌부승지 황우한이 비변사에서 올린 밀계를 선조에게 아뢰었는데, 그것은 하삼도(下三道:충청/경상/전라의 삼도)의 병사와 수사를 잘 선택해서 올리라는 임금의 전교를 받은 비변사가 올린 답변 장계였다. 그 밀계에서 비변사가 '하삼도의 병사와 수사로서 적당한 사람'으로서 추천한 사람은 '서득운, 이옥, 이빈, 이혼, 신할, 이경, 조경'의 7명이었는데, 선조는 비변사의 밀계에 대한 대답으로 내린 전교에서 "이경록과 이순신 등도 중용하고자 하니, 아울러 참작해서 의논하여 보고하라."고 다시 지시하였다. 물론 여기서도 원균의 이름은 일체 등장하지 않는다.(〈선조실록〉 선조 22년(서기 1589년) 7월 28일)

국왕인 선조조차 이순신을 '중용할 유능한 장수'로 인정한 것이다. 훗날 임진왜란을 겪으면서 선조는 이순신이 연달아 엄청난 전공을 세워 그에 대한 백성들의 신망이 높아지자 이를 시기하고 경계하게 되었으나, 이 당시만 해도 그는 이순신을 무장으로서 매우 높이 평가하고 있었음을 저 기사를 통해서 알 수 있다. 반면에, 이순신과는 정반대로 후에 가서 선조의 절대적인 신임을 받았던 원균은 이때까지는 무장으로서의 능력을 누구로부터도 인정받지 못하고 있었다.

원균이 정말로 북방에서 용맹을 떨친 맹장(?)이라면, 어째서 시전부락 토벌 직후에 벌어진 회의에서 그를 추천하는 대신이 한 명도 없었을까? 또, 그 후의 기회에서도 원균은 누구의 추천도 받지 못했다. 어째서 그가 북방에서 세웠다는 전공이 국가의 공식기록인 〈조선왕조실록〉에는 전혀 나오지 않는 것일까? 여진족이 침입해 와서 아녀자와 가축 몇 마리를 잡아갔다는 사소한 일까지 전부 기록하고 있는 실록이 말이다.

또한 〈불멸〉에서는 이순신이 당한 녹둔도 패전을 작품의 첫머리에 집중적으로 부각시켜 이를 이순신이 겪은 가장 큰 치욕으로 설정해놓아, 독자들로 하여금 은연중에 이순신을 폄하하는 인상을 심어놓고 있다. 그러나 이순신이 녹둔도 전투 직후 추적에 나서 여진족들에게 보복공격을 감행하고 포로로 잡혀갔던 백성 60여 명을 구해냈던 사실이나, 그가 시전부락 토벌전에서 전공을 세워 선조와 조정 대신들로부터 세 번이나 추천을 받은 사실 등은 전혀 거론하고 있지 않다. 더구나 앞에서 이미 거론한 대로, 녹둔도 패전의 책임을 지게 된 이순신을 구명해 준 장본인은 국왕인 선조인데도 불구하고 김탁환은 엉뚱하게 원균이 이순신을 살려주었다고 새빨간 거짓말을 하고 있다. 반면에 원균에 대한 김탁환의 애정은 〈불멸〉 곳곳에 흠뻑 배어 있다. 어떤 사료에도 없는 "원균이 녹둔도를 지키고 있다가 쳐들어온 여진족 3백 명을 죽였다."라는 점을 누누이 강조하고, 심지어 죽은 여진족의 시체를 물어뜯고 인육을 먹는 섬뜩한 장면을 태연하게 묘사한다. '비겁하고 겁 많은 졸장 이순신'과 '용감하고 호탕한 맹장 원균'이 김탁환이 주지하고 있는 관점이다. 기본적인 역사적 사실마저 무시하는 이런 엉터리 서술에 화가 나다 못해 어이가 없을 정도이다. 김탁환의 〈불멸〉은 참으로 고약한 역사 왜곡이 아닐 수 없다.

고정욱의 〈원균〉도 이와 다를 바 없는데, 〈원균〉에 따르면, 시전부락 토벌의 포상으로 원균이 전라좌수사가 되었다고 한다. 그러나 시전부락 토벌은 1588년의 일이었고, 원균이 전라좌수사로 발탁된 것은 그로부터 3년 후인 1591년의 일이다. 무슨 포상이 공을 세운 지 3년이나 지나고서야 내려진단 말인가? 그것도 전라좌수사로 임명되자마자 대간들의 반대 상소로 그 임명이 취소되었는데도. 이는 지나친 견강부회가 아닐 수 없다.

결국, 원균은 북방에서 공을 세운 일이 전혀 없었거나 있어도 실록에 기록될 수 없을 만큼 미미한 것이라고 봐야 하지 않을까?

김탁환의 〈불멸〉에는 원균이 니탕개의 난과 시전부락 토벌전을 거치면서 신립과 이일과 함께 단짝이 되어 서울에 와서까지도 극도로 친밀하게 지내는 부분이 나오는데 전혀 근거 없는 설정이라 하겠다. 앞서 내용에서 보아서도 알 수 있듯이, 신립은 원균을 추천하지 않았다. 친밀했다는 부분은 뒤로 젖혀 두고라도, 신립이 원균의 장수로서의 재질을 그다지 높이 보지 않고 있었다는 증거이다.

그리고 시전부락 토벌전으로부터 3년이라는 시간이 흐르는 동안, 원균은 이리저리 옮겨 다니다가 전라좌수사가 된다. 그러나 곧 파직당한다. 고을 수령으로 있을 때의 근무성적 평가가 하등(居下: 下之下)이라는 사간원의 지적 때문에 말이다.

「사간원이 직급을 초월하여 임명된 전라 좌수사 원균의 교체를 청하였다.

사간원이 보고하기를, "전라좌수사 원균(元均)은 전에 수령으로 있을 적에 근무성적 평가(考績)가 하등(居下: 下之下)이었는데 겨우 반년이 지난 오늘 변경 장수로 직급을 뛰어넘어 임명(超授)하시니, 이는 근무성적 평가를 통하여 내치고 승진시키고 권면하고 징계하는(黜陟勸懲) 뜻이 없으므로 사람들이 마음으로 마땅치 않게 여깁니다. 교체시키라고 명하시고 나이 젊고 무략(武略)이 있는 사람을 각별히 골라서 보내소서."

대답하기를, 보고한 대로 하라고 하였다.」

-〈선조실록〉 선조 24년(서기 1591년) 2월 4일-

원균이 근무성적 평가에서 하등(居下)을 받은 지 반년밖에 안 됐는데도 변경의 장수직(전라좌수사)에 임명하는 것은 부당하다는 사간원의 건의는 개인의 능력 부족보다는 규정상 임용해선 안 된다는 뜻이다. 즉, 인사고과에서 거하(居下), 즉 하등 평가를 받으면 해당자는 당상관일 경우 즉각 파직, 당상이 아닐 경우에는 적어도 인사고과 평가 2회 기간 동안은 승진할 수 없다.

그런데 여기서 유의해서 봐야 할 것이 초수(超授), 직급을 초월하여 승진했다는 언급이다. 하등 평가를 받고서도 승진을 했다면, 이 인사가 정상적으로 이루어지지 않고 누군가의 입김이 작용했음을 알 수 있다. 그것이 누구였을까? 이때로부터 바로 1년 후, 원균은 경상우수사로 임명된다. 그렇다면 원균의 인사이동을 좌우했던 '누군가'는 상당히 강력한 권력자일 것이다. 국왕인 선조나 아니면 그에게 영향력을 행사할 정도의 고관대작임이 분명하다.

어떤 사람들은 원균이 능력이 없었다면 어떻게 경상우수사가 될 수 있었겠느냐고 하는데, 전공도 없고 인사 고과 성적도 안 좋은 사람이 제대로 된 임무수행 능력이 있을까? 그 대답은 조정 대신들의 명단과 원균의 인맥을 살펴보면 알게 된다.

원균은 원주(原州) 원씨(元氏) 출신이다. 앞에서 언급한 그의 부친 원준량(元俊良)은 병마절도사를 지냈으며 윤두수, 윤근수 형제와는 동서지간이고, 윤두수의 맏손자는 선조의 부마(임금의 사위)이다. 그것도 선조가 가장 총애하던 인빈 김씨의 소생이었다.

이런 배경을 감안한다면 짐작이 가지 않는가? 원균은 자신의 인맥을 동원하여 경상우수사란 자리를 꿰어 찼던 것이다. 하긴, 민주화가 이루어진 현대의 한국 사회에서도 자신이 가진 능력보다는 인맥이나 배경의 힘으로 권력을 얻는 경우가 얼마나 많은가? 하물며 왕조 사회에서는 그런 부정 인사가 오죽하였겠는가?

실력이 아닌 뒷거래로 얻은 자리이니, 직책에 걸맞는 임무 수행을 할 리가 없다. 임란이 발발하자 원균은 자신의 본 실력이 어떤 것인지를 적나라하게 드러내고 만다. 개전 초기에 그가 얼마나 한심한 작태를 보였는지는 다음 장에서 상세하게 밝힐 것이다.

4. 원균은 왜 싸우지도 않고 함대를 침몰시켰을까?

조선 수군의 주력함이었던 판옥선. 우리가 흔히 떠올리는 거북선은 돌격용으로 국한되었으며, 그 수도 적었다. 판옥선의 화력과 방어, 선회 능력은 당시 일본 수군의 주력함이었던 아다케나 세키부네보다 훨씬 뛰어났다.

(1) 임진왜란의 전세는 바뀔 수도 있었다

1592년 4월 14일, 드디어 임진왜란이 발발하였다. 왜군의 선발대는 1592년 3월 13일, 나고야를 출발한 고니시 유키나카(小西行長)의 제 1군이었다. 그 뒤를 이어 가토 기요마사(加藤淸正)의 제 2군과 구로다 나가마사(黑田長政)의 제 3군 등이 속속 도착하여 대 조선 전선에 투입되었다.

지금까지 임진왜란의 원인에 대하여는 1백년 간의 내전을 겪고 있던 일본을 도요토미 히데요시(豊臣秀吉)가 통일하고 나서, 자신에게 불만을 가진 봉건 영주들의 세력을 약화시키기 위하여 그들을 전쟁터로 몰아넣었다는 설이 유력했다. 그러나 당시 일본의 국내사정을 감안한다면 그런 주장은 설득력이 없어 보인다.

실제로 히데요시는 자신에게 가장 위협적인 존재였던 도쿠가와 이에야스(德川家康)와 그보다는 못 미쳐도 역시 강력한 대 영주였던 마에다 토시이에(前田利家)를 끝끝내 조선에 보내지 않았다. 또한, 동북지방에서 독자적인 세력을 형성하고 한때 히데요시에게 맞섰던 다테 마사무네(伊達政宗)는 정유재란 말기에 잠깐 조선에 갔다가 곧바로 되돌아 온 것이 전부였다.

만약 히데요시가 정말로 자신에게 반기를 들 가능성이 있었던 지방 영주들을 약화시키고 싶었다면 저들부터 보냈어야 이치에 맞는 일이다. 그러나 히데요시는 저들에게 출정을 강요하지 않았다.

이에 반해, 우리에게도 그 이름이 익숙한 고니시 유키나가와 가토 기요마사 및 구로다 나가마사와 우키다 히데이에(宇喜多秀家) 등은 열렬한 히데요시의 추종자들이었다. 자신의 친위 세력을 전쟁에 투입하면 이기든 지든 군사력이 소진될 텐데, 히데요시는 어째서 그들을 보냈던 것일까?

임진왜란을 일으킬 당시, 왜국의 사회제도는 이러하였다. 무사들은 주군에게 충성을 바치고 전쟁이 일어나면 기꺼이 나가 결코 물러서지 않고 용감하게 싸운다. 주군은 그 대가로 무사들이 생계를 꾸릴 수 있도록 영지(領地)를 나눠주어야 한다. 만약 이를 제대로 하지 못하면 무사들은 아무런 거리낌 없이 기존의 주군을 버리고 자신들에게 영지와 봉록을 제공할 수 있는 새로운 주군을 찾아 떠난다. 왜국의 무사들에게 '결코 두 주인을 섬기지 않는다' 라는 충(忠)의 사상이 자리 잡은 시기는 도쿠가와 이에야스가 집권하고 나서 평화가 정착된 에도 막부(江戶幕府: 1603~1867)때에 와서이다.

그런데 1백 년 동안이나 끌어왔던 내전이 히데요시의 등장으로 갑자기 종결되었다. 그리고 왜국의 사람들은 모두 히데요시 한 명만을 주군으로 섬겨야 했다.

하지만 전쟁이 끝나 버렸으니, 수많은 봉건 제후들과 무사들에게 더 이상 나눠줄 영지가 없다. 영지를 받지 못하게 되면 무사들은 히데요시에게 충성을 바치지 않을 것이고, 이는 어렵게 이룩한 평화가 다시 깨어지고 전국의 난세가 다시 시작함을 뜻한다.

내전이 벌어지면 모처럼 세운 자신의 권력이 흔들리게 된다. 히데요시는 이를 방지하는 것은 물론, 아울러 해외의 영토를 정복하여 이를 영주들과 무사들에게 나눠줌으로써 자신의 권력을 더욱 튼튼히 다

지려고 하였던 것은 아닐까?

1591년 3월 9일, 히데요시는 오사카(大阪)에서 왜국의 모든 영주들을 모아놓고 조선과 명나라로 출병할 것을 선언했다. 그리고 '조선 따위는 한 걸음에 정복하고 곧바로 명나라로 들어가 그곳의 풍습을 바꿔버린 연후에 저 멀리 인도까지 쳐들어갈 것이다.' 라고 자신만만하게 외쳤다. 그 이후의 역사를 아는 우리들은 미친 자의 헛소리라고 비웃는다. 그러나 당시의 일본 군사력을 감안한다면 허풍이라고 가볍게 무시할 수만은 없다.

16세기 말의 일본은 약 1백년에 걸친 치열한 내전이 막 끝난 상태였다. 오랜 세월 동안 전시체제에서 지낸 덕분에 왜인들은 상무(尙武)의 기질이 농후했으며, 용맹한 자를 우대하고 나약한 자를 경멸하는 사회 풍토가 자리 잡았다. 거기에 서양에서 들어온 조총까지 갖추어 기존의 전력이 대폭 향상되었다.

풍부한 전투 경험과 우수한 무기로 무장한 일본의 군사들은 무려 30만 명이나 되었으며, 동아시아를 통틀어 이만한 상비군을 가지고 있던 나라는 어디에도 없었다. 조선은 물론이고, 명(明)나라조차 그 정도의 대군을 보유하지 못했다.(물론 명나라 조정의 장부상으로는 동원 가능한 병력이 3백만 명이나 된다고 하지만, 그것은 서류상 숫자에 불과했다. 명나라의 국운이 걸렸던 사르후 전투에서도 명나라의 군사는 고작 6만 명에 불과했다.) 더구나 일본과는 달리 조선과 명은 오랜 평화를 거치는 동안 군사력이 약화될 대로 약화된 판국이었다.

이런 국제 정세를 히데요시는 비교적 정확히 꿰뚫어 보고 있었다. 허약한 조선과 명을 향해 1백년의 전국(戰國)시대를 거치면서 쌓아올린 왜국의 강력한 군사력을 쏟아 붓는다면, 과연 그들이 버텨낼 수 있을까? 그의 천재적인 두뇌는 버텨내지 못할 것이라는 결론을 내렸다.

역사에 가정은 없다고 한다. 그러나 만약 이순신의 활약이 없이 왜군의 해상 보급이 무사하게 이루어졌다면 임진왜란의 전황은 어떻게 되었을까? 소름이 끼치는 일이지만, 히데요시의 개전 선언이 결코 허풍으로 끝나지는 않았을 것이다.

다시 본론으로 돌아간다. 잔혹한 피의 7년 전쟁은 그 막을 올렸다. 바다를 건너오는 왜군이 맞닥뜨린 첫 번째 상대는 경상우수영의 조선 수군이었다. 그리고 그 경상우수영의 수사(수군 사령관)는 바로 원균이었다.

임진왜란 초기, 즉 전라좌수영 함대가 경상도 해역으로 출전하기 전에 원균이 지휘하는 경상우수영 함대가 과연 왜군과 싸웠는지에 대하여는 당시에도 여러 가지 의견들이 엇갈렸다.

원균을 옹호하는 조정 대신들의 주장에 따르면, 임란 초기에 경상도 해역으로 침범하는 일본 함대를 맞아 경상우수영 함대가 단독으로 싸워 전공을 세웠으나, 결국 중과부적으로 패하였다고 한다. 그러나 이것은 원균의 일방적 주장에 불과하고, 원균이 임란 초기에 왜선 10척 또는 30척을 불태웠다는 주장도 싸움을 한 때와 장소를 밝히지 않은 허구의 전과일 뿐이다.

대표적인 원균 옹호 소설인 〈원균 그리고 원균(소설 원균)〉에서 작가 고정욱은 원균이 3척의 배로 70여 척의 왜군 전선을 막아내었고, 그러다 왜군의 배가 600여 척이나 몰려오자 수적으로 불리해 이길 수 없다고 여겨 이순신에게 도움을 청했으나, 옹졸한 성품의 이순신이 도움을 거절했고, 결국 원균은 도망칠 수밖에 없었다고 주장한다. 과연 사실일까?

유성룡의 〈징비록〉에 따르면, 원균은 왜군의 대선단을 보고 겁에 질려 전함 1백 척과 무수한 화포와 군기를 바다에 처넣고 군대를 해산시켜, 그 휘하의 수군 1만 명이 모두 뿔뿔이 흩어져 달아났다. 그리고 자신도 도망가려고 하자 부하 이영남이 "공(원균)의 임무는 이기든 지든 적과 싸워 나라를 지키는 데 있습니다. 당장에 적의 숫자가 많음에 당황하여 나머지 부대마저 해산시키고 도망친다면 임금께서는 필히 이에 대해 문책하실 게 분명합니다. 청컨대 전라좌수사 이순신에게 도움을 요청하는 게 최선책일 듯합니다."라며 말렸다고 한다.

유성룡은 임진왜란 당시 조정의 영수인 영의정이었던 관계로 국내외의 각종 고급 정보들을 접할 수 있었다. 그가 지은 징비록(懲毖錄)은 뛰어난 사실성과 표현력을 갖춘 저서로서 일본에서도 수입해 갔으며, 1712년에서는 조정에서 해외유출을 금지할 정도로 귀중한 사서였다.

여기에 원균 옹호론자들은 유성룡은 이순신과 친했던 인물이어서 그가 쓴 징비록은 의도적으로 이순신을 추켜세우기 위하여 원균을 깎아내린 것이므로 믿을 수 없다고 주장한다.

〈징비록〉의 사실 여부를 떠나서 임란 초기인 1592년 4월에 경상도 해역에 해전이 벌어졌던가? 그 증거는 어디에도 없다. 심지어 임진년 5월 이후 조선 수군에게 줄줄이 패했다고 고백한 일본 측 기록에도 4월에 경상우수영 수군을 상대로 교전을 벌였다는 기록은 일체 없다. 패배한 기록은 있는데 승리한 기록이 없다니, 이게 말이 되는가? 만약 해전을 통해 경상우수영의 함대를 격파했다면, 전공을 세워야 출세할 수 있는 숭무주의(崇武主義) 사회에 살고 있었던 일본 장수들은 반드시 기록을 남겼을 것이다. 그러나 그런 전공은 일본의 어느 사료에도 보이지 않는다.

원균 옹호론자들이 들고 나와 항변하는 자료가 또 있다. 〈선조실록〉의 선조 25년(1592년) 5월의 기사이다.

1592년 4월 하순에 경상도에 내려갔던 선전관 민종신(閔宗信)이 5월 10일에 평양 행재소의 어전에 나가 복명하는 중에 원균에게서 들은 말을 전하느라고 "원균은 바다에 나가 적선 30여 척을 격파했다고 하였습니다."라는 구절이 나온다. 당시 원균이 스스로 주장했던 이 구절들이 훗날 뜬소문의 형태로 전해졌는데, 김탁환은 이 구절을 그대로 인용하여 〈불멸〉에서 원균이 왜선 30여 척을 격파했다고 주장한다.

그러나 원균이 임진년 4월에 왜선 30척을 격파했다는 설은 오로지 위에 언급한 짧은 단편적인 문장들뿐, 전투 자체에 대한 상세한 근거가 전혀 없다. 무엇보다 원균 자신이 경상우수영을 무너뜨린 직후의 대혼란기에 단지 두 번, 아무런 근거도 대지 못한 채 그렇게 주장했을 뿐, 그 후로는 이순신과 치열하게 공을 다투던 시절에조차 원균은 그런 주장을 전혀 입 밖에 내지 못했다. 왜 그랬을까? 만약 원균이 정말로 임란 초기에 그런 공을 세웠다면 당연히 다시 거론해야 하지 않았을까?

원균을 치켜세우면서 이순신을 마구 폄하하던 정유재란 초기의 어전회의에서도 '원균이 임진왜란 발발 당시 수전에서 최초의 승첩을 거두었다' 는 주장은 원균의 지지자들도 전혀 하지 않았다.

결정적인 판별 기준이 또 있으니, 전란이 모두 끝난 후에 원균의 군공을 심사하던 공신도감의 기록이다. 심사 초기, 원균을 일등공신으로 올리라는 선조의 특별지시를 거부했던 공신도감에서 선조에게 그 이유로 댄 것이 "원균은 처음에는 군사가 없는 장수(無軍將)로서 해상 전투에 참가했고, 뒤에는 패하여 수군을 모두 잃었다"는 것이었다.(*元均初以無軍將, 得參海上大戰, 而其後有敗衄舟師之失. 難可與李舜臣·權慄并列.) (〈선조실록〉, 선조 36년 6월 26일.)

그런데도 원균 옹호론자들은 원균이 이순신과 합류하기 전에도 왜선을 많이 격침시킨 명장이라고 우긴다. 불행히도 1994년, KBS에서 제작하여 방영했던 역사 다큐멘터리는 첫 장면을 원균이 왜선 10척을 용감하게 격파하는 장면으로 시작했다. 물론 앞에서 살펴본 대로, 근거 없는 억지 추측에 불과하다.

만약 원균이 정말로 개전 초기에 전투를 벌여 왜선 10척(또는 30척)을 쳐부수었다면 어째서 적의 수급은 하나도 보내지 않았을까? 이순신을 따라다닐 때에는 그렇게도 수급 거두기에 급급했던 원균이 말이다. 70척이 넘는 전선을 가지고 있었을 때는 제대로 싸워보지도 못하고 달아나던 자가, 고작 4척의 배를 가지고 있게 되자 갑자기 용감해져서 왜군을 격파했단 말인가? 도무지 이치에 맞지 않는다.

다시 본론으로 돌아가서, 경상우도 초유사 김성일(金誠一)이 올린 장계에서는 당시 원균의 행적이 더욱 적나라하게 드러난다. 김성일은 장계에서 왜군이 쳐들어오기도 전에 원균은 진영을 불사르고 겨우 판옥선 한 척만을, 그것도 병졸은 하나도 없이 격군만을, 거느리고 있다고 보고하였다.

그래도 자신의 임지인 경상우수영을 지키라고 김성일이 두 번씩이나 독촉을 하자 성으로 돌아가던 원균은 1백 명의 왜군이 육로로 침입하자 곧바로 도망쳐 버린다. 겨우 1백 명의 왜군을 보고 겁이 나서

도주하던 원균이 어떻게 왜선 10척을 불태워 버릴 수 있었겠는가.

임진왜란 초기 일본 수군은 대마도와 부산포를 오가며 육상 병력을 호위하느라 바빠서 낙동강 서쪽 해역은 침범하지도 않았다. 김탁환 같은 원균 옹호론자들은 원균이 배 4척을 가지고 왜군을 상대로 게릴라전을 벌였다고 주장하는데, 일본 측 사료에는 이순신 이전에 조선 수군과 싸웠다는 내용 자체가 없으며, 왜군의 수송 활동은 아무런 방해도 받지 않고 순조롭게 진행되었다. 정말로 원균이 왜군을 상대로 사소한 전투라도 벌였다면 이런 일이 있을 수 있겠는가? 결국 전라좌수영 함대가 구원하러 오기 전에 벌어졌던, 조선군과 왜군의 해상전투는 전혀 없었음이 분명하다.

또한 어떤 사람은 원균이 소집령을 내렸으나 군사들이 명에 따르지 않았다고 하는데, 과연 그럴까?

경상좌수사 박홍(朴泓)은 병사들을 소집했다. 고니시 유키나가의 공격을 받고 부산포, 다대포, 경상좌수영이 함락되었어도 박홍은 병력 소집령을 내렸고 1,500여 명의 병사를 당일에 소집하는 데까지는 성공하였다. 그런데 동래로 구원하려 가보니 왜군의 수가 너무 많아(고니시 유키나가가 지휘하는 1진 전투병은 18,700명) 박홍은 전의를 잃고 달아났다. 결국 구원군이 오지 않는 상황에서 동래성은 함락되었다.

왜군의 직접적인 침입을 받은 경상좌수영도 병력 소집이 가능했는데 침입을 받지 않은 경상우수사 원균이 당시 병력을 소집하려면 충분히 할 수 있었다. 비단 경상좌수영이 아닌 진영에서도 병사들을 소집한 전례가 있다.

경상좌병사 이각(李珏)의 밀양에 모인 13읍의 군사, 대구에 모인 문경 이하 여러 읍의 군사, 전라좌수영 이순신의 수군, 도순변사 신립이 충주에서 지휘한 군사 등등을 보면, 이일과 신립이 서울에서 직할 병력을 모으기에 어려웠다는 이야기는 있어도 지방에서 동원 예정 병력이 집결하지 않았다는 이야기는 전혀 없다. 병력은 모였는데 이각처럼 장수가 도망가거나, 이일처럼 서울에서 장수가 늦게 내려와 병력이 해산했다는 사료는 있지만, 소집령이 내려지면 해당 병역자원 상당수는 제대로 집결하였다.

다소 황당한 사례이지만, 임란 초기에 경상도에서 조선군이 같은 조선군을 공격한 사건이 있었다. 용궁현감(龍宮縣監) 우복룡(禹伏龍)이 영천 길가에서 점심을 먹는데 하양(河陽) 군사 수백 명이 인사도 하지 않은 채 말을 타고서 지나가자 괘씸하다는 이유로 하양 군사들을 모두 죽여 버렸다. 그리고 우복룡은 다른 지방 관리들이 도망가는 와중에 자신만 홀로 왜군에 맞서 싸워 승리를 거두었다고 거짓 보고를 하여 포상을 받고 안동부사(安東府使)로 승진하기까지 하였다. 물론 그 증거로 조정에 제출한 '왜군'의 수급은 모두 우복룡에게 죽임을 당한 하양 군사들의 수급이었다.

여기서 용궁현은 상주 인근, 하양군은 경산 인근에 있다. 하양 군사들은 지휘하는 장수가 없는데도 병사들이 집결하여 지정된 위치로 제대로 움직이고 있었다. 이는 유사시 조선 행정기관의 병력동원 체계가 제대로 작동하고 있었다는 사실을 보여준다.

(*한편, 억울하게 죽임을 당한 병사들의 유족들은 조정에 수차례나 항의했으나 우복룡은 조정에 뒷줄을 대고 있었기 때문에 무사하였다. 다행히 광해군 때에 그가 저지른 비행 사실이 밝혀져서 파직당한다.)

그리고 병력은 고을 단위로 집결하여 이동한다. 군사들 각자 개별

이동이 아니기 때문에 고을 단위라면 몰라도 개인 단위로는 빠지기가 어렵다. 또한 각 고을에서는 할당된 숫자를 채워서 집결지로 보낸다. 그렇지 않으면 고을 수령이나 병방(兵房)이 처형당한다. 실제로 임란 중인 1594년 1월, 빠진 수군 병사들이 많다는 이유로 남평과 남원 도병방(都兵房)이 처형당한 사례도 있다.

어느 고을 병력은 며칠까지 어디로 집결해서 누구의 지휘를 받고 등등 이런 증거자료들이 있는데, 구태여 경상우수영만 병력 동원체계가 제대로 작동하지 않았다는 것은 이치에 맞지 않는다.

병력 동원체계가 실제로 작동했는가 하는 문제는, 열거한 사례에서 보다시피, 실제로 작동하였던 것은 분명한 사실이다. 위에서 열거한 예들에서 보듯이, 경상좌수영, 경상좌병영, 경상순변사 지정 병력은 분명 소집에 응하여 제대로 움직이고 있었다.

그런데 경상우수영 병력만 소집에 응하지 않았다고? 그것보다는 경상우수영만 소집령을 내리지 않았다거나, 소집령을 내려서 병력이 집결했으나 이후에 흩어졌다고 보는 편이 더욱 합리적이지 않겠는가. 경상우수영 관할 지역 사람들만 특별히 겁이 많다거나, 명령에 반항하는 반골 기질을 가진 사람들이라고 볼 수는 없을 테니 말이다. 경상우수군, 즉 지역민들에게 책임을 묻기 전에 경상우수사 원균에게 어떤 문제가 있었는지를 확인해야 할 것이다.

원균 옹호론자 중 일부는 〈선조실록〉 자체의 신빙성을 문제 삼고 당시 기록 전체를 부정하려고 하면서도, 〈원균행장록〉만은 철석같이 믿는다. 그러나 〈선조실록〉의 편찬 책임자인 총재관은 이항복(李恒福)이었으며, 원균과 같은 당파인 서인(西人)이다. 총재관은 후에 북인 기자헌(奇自獻)으로 바뀌었다. 서인이나 북인이나 다들 남인 유성룡의 반대 당파였다. 그러나 〈선조실록〉에서도 남인의 영수인 유성룡이 추천한 이순신에 대한 사관들의 평가는 결코 나쁘지 않다.

원균이 경상우수사로 부임한 지 3개월 만에 전쟁이 터졌기 때문에 미처 준비가 되지 못했다는 주장도 있다. 그러나 부임한 지 3개월이면 수사 임기 2년에서 벌써 8분의 1이 지난 때이다. 재임 기간이 짧아 경상우수영이 아직 전쟁 준비가 안 됐다는 것은 절대 핑계가 될 수 없다. 더구나 원균의 전임수사 김수는 열심히 전쟁에 대비했다. 이를 뒷받침하는 〈선조수정실록〉의 기사를 보자.

「호남 · 영남의 성읍을 수축하였다. 비변사가, "왜적은 수전에 강하지만 육지에 오르면 불리하므로 오로지 육지의 방어에 힘써야 할 것입니다."라고 청하니, 이에 호남 · 영남의 큰 읍과 성을 증축하고 수리하게 하였다. 그런데 경상 감사 김수(金睟)는 더욱 힘을 다해 봉행하여 축성을 제일 많이 하였다.

영천(永川) · 청도(淸道) · 삼가(三嘉) · 대구(大丘) · 성주(星州) · 부산(釜山) · 동래(東萊) · 진주(晋州) · 안동(安東) · 상주(尙州) · 좌우 병영(左右兵營)에 모두 성곽을 증축하고 참호를 설치하였다. 그러나 크게 하여 많은 사람을 수용하는 것에만 신경을 써서 험한 곳에 의거하지 않고 평지를 취하여 쌓았는데 높이가 겨우 2~3장에 불과했으며, 참호도 겨우 모양만 갖추었을 뿐 백성들에게 노고만 끼쳐 원망이 일어나게 하였는데, 식자들은 결단코 방어하지 못할 것을 알고 있었다.」

—선조수정실록 24년(1591년 19년) 7월 1일—

또한 〈선조수정실록〉 25년(1592년) 3월 3일자 기사를 보면, 김수(金晬)가 '성을 쌓는 역사에 대해 도내(道內)의 사대부들이 번거로운 폐단을 싫어한 나머지 이의(異議)를 제기하는 바람에 저지되고 있다.' 라는 장계를 올리기도 하였다.

이처럼 경상감사 김수는 성과 요새를 축성하는 등의 방어태세 대비에 열정적으로 노력을 기울여 백성들의 원망을 들을 정도였다. 그는 여기에서 그치지 않고 자신의 관할 하에 있던 경상우수영의 전함과 무기, 군량과 병사 등을 모두 점검해 완벽하다는 판정을 내렸다. 그런데, 그가 떠난 지 고작 3개월 만에 경상우수영의 전력이 몽땅 사라지기라도 했단 말인가? 말이 안 된다.

비단 김수뿐만이 아니다. 왜국에 통신사를 보낸 이후로 조선 조정은 왜란이 일어날 것을 예측하고 사전에 방어태세를 갖추는 데 열중했다. 조선이 아무런 방비도 없이 가만히 있다가 졸지에 왜란을 당했다는 통설은 잘못된 것이다.

다시 본론으로 돌아가서, 임란 당시 남해의 수영 중에서 특히 경상우수영과 전라우수영이 가장 규모가 컸다. 관할 해역이 낙동강 서쪽부터 남해현까지인 경상우수영에 소속된 수군 진포는 전쟁 중에 변동이 조금 있지만 대략 8관(官) 16포(浦)였으며, 전라좌수영의 5포에 비해 훨씬 많은 규모이다. 또한 경상우수영에는 판옥선 44척, 협선 29척 등 모두 73척의 전함과 1만 2천 명의 수군이 주둔하고 있었다.

그런데 이 막강한 전력을 원균은 제대로 활용해 보지도 않고 그대로 폐기시켜버렸다. 그는 판옥선 40척, 협선 27척 등 모두 67척의 전함을 전부 불태워 버리고, 대포와 군량미 등 막대한 군수물자를 바다에 버린 뒤 자신은 판옥선 4척, 협선 2척 등 6척만 거느리고 도망쳐버렸다. 1만 2천 명의 병사 대부분도 달아나 버려 경상우수영은 순식간에 와해되고 말았다.

이러한 원균의 한심한 작태에 대해 역시 〈징비록〉에서 유성룡은 이렇게 탄식한다.

「경상우수사 원균은 비록 물길이 멀다고는 하지만 거느리고 있는 전함이 많았고, 왜군의 전선이 단 하루 동안에 총집결을 하지 않았으므로 단 한 번이라도 조선 수군이 위세를 보이면서 응전했다면, 왜군은 뒤를 걱정하여 육상 공격을 지연시켰을 것이나, 그는 한 번도 교전하지 않았다.」

원균이 도망가면서 스스로 군영과 전함을 불태웠다는 이야기는 다른 기록에서도 확인된다.

「**우수영(右水營)은 수사(水使: 원균)와 우후(虞候)가 스스로 군영을 불태우고서 우후는 간 곳을 알 수 없고**, 수사는 배 한 척을 타고서 현재 사천(泗川) 해포(海浦)에 틀어박혀 있는데 격군(格軍) 수십 명 이외에는 군졸은 한 명도 없습니다.

신이 보건대, 고성(固城)이 비록 함락되었지만 왜적이 이미 돌아갔고 군량도 있으니, 만약 수사가 성에 들어가 버티며 지킨다면 무너져 흩어진 인민들이 반드시 안집(安集)할 것이기에 두 차례나 수사에게 통문(通文)을 보냈더니 수사가 지난 19일 성으로 들어가 지킬 계획으로 고성현 지경에 배를 대자, 전날의 왜적 1백여 명이 적에게 붙어 버린 백성들을 거느리고 재차 와서 성을 점거하였으므로, 결국 들어가지 못하였습니다.」

–〈선조실록〉 선조 25년(1592년) 6월 28일, 김성일의 장계–

「김수가 급보하였다.

“수영(水營)의 조라포(助羅浦) · 지세포(知世浦) · 율포(栗浦) · 영등포(永登浦) 등 진이 이미 텅 비었는데 거제 현령 김준민(金俊民)만이 홀로 외로운 성을 지켜 죽음으로써 기약하고 있습니다. 【준민이 계미년 북도(北道)의 싸움에 며칠 길을 걸어서 들어가 싸웠는데 용맹이 삼군(三軍)에서 으뜸이었다. 원균(元均)은 준민이 즉시 수군(水軍)으로 달려 나오지 않는다고 하여 준민을 간사하게 여겼으니 잘못이다.】 원균은 수군(水軍) 대장으로서 여러 장수들을 거느리고 내지(內地)로 피하고, **우후(虞候) 우응신(禹應辰)을 시켜 관고(官庫)를 불태우게 하여 2백년 동안 저축한 물건들이 하루아침에 없어져 버리게 하였습니다.**」

–〈선조실록〉 선조 25년(1592년) 6월 28일, 김수의 장계–

이상의 자료들은 모두 당시의 장계에 나오는 문장들이다. 전투 현장에서 멀리 떨어진 곳에서 떠도는 풍문을 듣고 기록한 개인 문집에 기록되어 있는 것이 아니다. 왕에게 직접 올리는 장계는 절대 거짓을 쓸 수 없는 문서이고, 그 안에 의도적인 것은 물론 몰랐거나 부주의로 거짓을 썼다면 응분의 처벌이 따르는 공문서들이다. 이래도 믿을 수 없다면 국가에서 작성한 공식기록인 〈선조수정실록〉을 보도록 하자. 원균의 경상우수영 자침(自沈) 사건은 분명히 확인된다.

「전라 수군절도사 이순신(李舜臣)이 경상도에 구원하러 가서 거제 앞 나루에서 왜병을 격파하였다. 왜병들이 바다를 건너오자 경상우수사 원균은 대적할 수 없는 형세임을 알고 전함과 전구(戰具)를 모두 물에 침몰시키고 수군 1만여 명을 해산시키고 나서 혼자 옥포만호(玉浦萬戶) 이운룡(李雲龍)과 영등포만호(永登浦萬戶) 우치적

(禹致績)과 남해현 앞에 머물면서 육지를 찾아 적을 피하려고 하였다. 운룡이 항거하여 말하기를 '사또가 나라의 중책을 맡았으니 의리상 관할 경내에서 죽는 것이 마땅하다. 이곳은 바로 양호(兩湖: 전라도와 충청도)의 요해처로서 이곳을 잃게 되면 양호가 위태롭다. 지금 우리 군사가 흩어지기는 하였지만 그래도 모을 수 있으며 호남의 수군도 와서 구원하도록 청할 수 있다.' 고 하니, 원균이 그 계책을 따라 율포만호(栗浦萬戶) 이영남(李英男)을 보내어 순신에게 가서 청하게 하였다.」

-〈선조수정실록〉 선조 25년(1592년) 5월 1일-

이런 무수한 증거 사료들이 있는데도 원균이 대규모의 왜군 선단을 보고 겁에 질려 스스로 군영과 전함을 폐기하고 도망쳤다는 기존의 학설을 수정해야 할까?

만일 개전 초기에 원균이 경상우수영의 병력을 규합하여 보다 침착하게 일본군과 맞서 싸웠다면 어떻게 되었을까? 임진왜란의 양상은 크게 달라졌을 것이다.

여기에 반론을 제기하는 사람도 있을 것이다. 당시 1군이었던 고니시의 병력을 수송하는 데 동원된 왜선이 자그마치 6~7백여 척인데, 이렇게 많은 함대를 어떻게 원균 혼자서 상대하란 말이냐고 말이다.

그러나 고니시의 병력은 1만 8천7백 명이었다. 평균적으로 계산해 보면 한 척당 승선 인원이 약 26명에서 31명이다. 31명 이내의 인원을 태울 수 있는 배란 어떤 것일까? 결국은 대부분 소형선이란 얘기밖에 안 된다. 조선 수군의 주력함이던 판옥선이 승선 인원이 190명이었던 것에 비하면 훨씬 작은 크기다. 물론 왜군에도 대형 선박이 있기는 했으나 개전 초기 왜군 함대의 절대 다수는 소형 세키부네와 고바야(小早) 등으로 구성된 수송함대들이었다.

이 중에서 고바야는 8개부터 30개의 노를 가지고 있는 배로 최대 승선 가능한 전투원이 12명에 불과했다. 이런 종류의 배는 뱃머리를 뾰족하게 만들어서 물살을 잘 갈라 속도는 빨랐으나, 배를 방어할 수 있는 구조물은 거의 없는 거나 마찬가지여서 적의 공격에 매우 취약했다. 세키부네도 크게 다르지 않았다.

더구나 당시 일본 수군의 주무기는 기껏해야 조총과 화살인데, 이 정도로는 조선 수군의 대포에 맞설 수 없다. 조선군의 대포는 조총이나 화살보다 사정거리나 위력 면에서 비교가 안 될 정도로 우수했다. 이순신의 함대가 왜군과 싸워 연전연승했던 이유는 원거리 무기의 화력에서 조선군이 왜군을 압도했기 때문이다. 물론, 임진왜란 후기에 가면 왜군도 배에 대포를 싣지만, 일본의 함선은 배 밑바닥이 뾰족한 협선이어서 대포를 쏘다가는 그 반동을 배가 견디지 못하고 기울어 버려 자칫하면 침몰할 수도 있다. 그래서 왜군 함대는 임란이 다 끝나가도록 포격전을 제대로 하지 못했다.

또한, 우리가 상상하는 것처럼 왜군 15만 명이 한꺼번에 부산에 상륙한 것도 아니다. 4월 13일, 부산포에 상륙한 왜군은 고니시가 이끄는 1만 8천 7백 명의 제 1군뿐이었다. 2군인 가토 기요마사의 부대 1만 8천 명은 4월 20일이 되어서야 부산에 상륙했다. 나머지 병력은 고니시와 가토군이 타고 온 수송선단이 나고야까지 되돌아가서 4월 말에서 5월 말까지 실어온 것이다.

소형선으로 이루어진 일본군의 수송 선단에 원균이 즉각 동원 가능한 판옥선 40여 척, 그리고 소집령을 내려서 동원한 100여 척의 판옥선으로 대포를 퍼부으며 맞섰다면 어떻게 되었을까? 대부분의 일본 병력은 조선에 상륙하기도 전에 격침되어 사라졌을 테고, 조선의 저항이 만만치 않음을 알게 된 히데요시는 일본군의 투입을 머뭇거리며 고심했을 것이다. 설령, 일본군이 막대한 손실을 감당하면서까지 원균의 공세를 버텨 내고 살아남은 병력들이 상륙한다고 해도, 이미 예봉이 상당부분 꺾인 상황이니 전쟁은 크게 확대되지 않았을 것이다.

이런 인식은 이순신도 다르지 않았다. 그는 첫 출전을 앞둔 1592년 4월 30일, 조정에 올린 장계에서 다음과 같이 한탄했다.

「지난날 부산, 동래 연해안 여러 장수들이 만약 배와 노를 잘 정비하여 바다 가득히 진을 치고 있다가 왜적의 배들을 들이칠 위세를 보이면서 정세와 힘을 잘 살피고 헤아려서 적절히 병법대로 나아가고 물러남으로써 적들이 뭍으로 기어오르지 못하게 했더라면, 나라를 욕되게 하는 우환(걱정)이 이렇게까지 되지는 않았을 것입니다.」 -부원경상도장(赴援慶尙道狀: 1592년 4월 30일)-

그러나 원균은 이러한 가능성을 스스로 포기했으니 어찌하겠는가. 결국, 아무리 생각해도 원균은 많은 수의 대선단을 보고 겁이 나서 도망갔다는 결론에 도달할 수밖에 없다. 자기 임지를 버리고 도망친 원균이 그 후 어떻게 행동했는가? 〈난중잡록〉의 내용 중 일부이다.

「경상도 연해의 왜적이 거제도로 향하니 **원균은 우후(虞侯)한테 군영을 지키게 하고는 백천사(白川寺)까지 달려갔는데, 우리나라 어선을 보자 왜적의 배인 줄로 생각하고 창황히 달아나 노량(露梁)으로 물러났다.** 우후가 그 소식을 듣고 나가길 독촉하니 온 성 안의 늙은이와 어린이들이 어지러이 길을 꽉 메웠다. 그러자 우후는 다 함께 피하지 못할 것을 두려워한 나머지 활을 당겨 마구 쏘아 대자 임신한 두 여인이 화살에 맞았는가 하면, 그 밖에도 무고하게 죽은 자가 많았고, 온 섬의 장병들이 모두 소문만 듣고도 흩어져 버렸다.

남해 현령 기효근(奇孝謹)은 창고를 불사르고 달아났는데, 왜적은 아직 남해 땅을 범하지도 않았다는 것이다.」

고작 어선을 보고 왜선으로 착각하여 도망가는 원균의 작태…… 원균 옹호론자들이 말하는 대로 원균이 정말로 용감한 맹장이었다면 이런 우스꽝스러운 일을 벌일 수 있었을까?

〈연려실기술(燃藜室記述)〉에도 이와 비슷한 대목이 나온다.

「처음 적병이 한 방향으로 거제를 향하였다. **경상 우수사 원균이 우후를 시켜 병영을 지키게 하고 백천사(白川寺)로 달려가서 관망하다가 우리나라 어선을 적선인줄 알고 당황하여 노량(露梁)으로 물러났다.** 우후가 그 소문을 듣고 성중 노약자(老弱者)들을 나가라고 독촉하니 죽은 자가 많았다. 어느 섬의 군사가 그 형세를 보고 모두 흩어졌다.

남해 현령 기효근(奇孝謹)은 창고를 불태우고 달아났다. 원균은 적이 여러 성을 연달아 함락시켰다는 말을 듣고 수군(舟師)을 인솔하고 가덕도(加德島)로 향하다가 적선이 바다를 뒤덮으며 오는 것을 보고 퇴각하여 돌아오니 여러 장수들도 차차 흩어져 갔다. 원균이 육지에 올라 적의 칼날을 피하려고 하였다. 기문(記聞)에는 전선

100여 척과 화포와 군기를 다 바다에 빠뜨리고 홀로 비장(裨將)을 데리고 곤양으로 달아났다고 하였다.」

위의 글에 따르면, 원균은 겁을 먹고 도망가는데 참모장인 우후가 백성들을 피난시키면서 뒷수습을 했다. 그러나 총수인 원균이 도망갔음을 안 모든 병사들은 다 흩어졌다. 문제는 그 다음의 행적인데, 〈경상순영록〉에 따르면 김성일이 도망치면서 허둥대는 원균을 윽박질러서 다시 성으로 돌려보낸다.

그리고 다음과 같은 사료가 나온다.

「이에 앞서 경상 우수사 원균(元均)은 왜적들이 여러 성을 연달아 함락시켰다는 소식을 듣고 해군 함대를 이끌고 가덕도로 향했는데, 왜적의 배가 바다를 뒤덮고 있는 것을 보자 마침내 퇴각하여 돌아오고, 여러 장수들도 점점 흩어져 가버렸다.

원균은 아군의 전함을 다 침몰시키고는 육지에 올라가서 왜적을 피하려고 하였으나, 옥포만호(玉浦萬戶) 이운룡(李雲龍)이 안 된다고 하여 마침내 중지하였다. 원균이 이운룡 등의 몇 척의 배와 함께 노량(露梁)에 퇴각해 있는데 적병이 뒤따라 좇아오자, 이운룡이 전라도의 수군에 구원을 청하고자 곧 작은 배 하나를 타고 달려갔다.」

도망쳤던 원균은 슬그머니 남은 병사들과 배를 수습하여 출동했다가 왜군의 대선단을 보고는 겁이 나서 도망쳐 전함들을 다 자침(自沈)시켰고, 그것을 본 많은 장수들은 다 뿔뿔이 흩어져 달아났다. 이 한심한 작태를 보다 못한 장수 이운룡이 나서서 이순신에게 구원을 청한 것이다.

또 한 가지 유념해야 할 것은, 임란 발발 직후 참전한 일본 장수들 중에서 수군을 보면, 그들이 조선에 온 것은 4월 25일 이후라는 것이다. 일본 수군의 대부분은 모리 요시나리(毛利吉成)의 4군 1만 4천 명과 후쿠시마 마사노리(福島正則)의 5군 2만 5천 명에 소속되어 있었다. 그런데 그들은 아무런 방해도 받지 않고 유유히 일본과 조선을 오갔다. 말할 것도 없이 원균이 자기 임무를 내팽개치고 도망쳤기 때문이다. 오죽하면 그런 경상우수영의 한심한 작태를 본 일본 수군들이 조선 수군들은 모두 달아나고 전혀 없는 것처럼 인식했을까.

그 이후, 원균은 이순신과 만난다. 다음은 〈은봉전서(隱峰全書)〉에 나오는 대목이다.

「5월 초하루 고성 땅 사량(蛇梁)에 이르렀다.

이때 적의 세력은 매우 급박하여 영남 연해의 여러 진들은 군사를 정비할 겨를도 없어 두렵고 겁이 나서 어쩔 줄을 몰랐으며, 모두들 스스로 그 전선을 바다에 가라앉히고 말았다.

원균 또한 협선 하나를 타고 가서 적량도에 숨어 엎드려 있다가 이순신이 당도했다는 말을 듣고 삼천포(三川浦)로부터 와서 순신을 만났다.

그가 울면서 말하기를 "영공, 영공! 저는 정말로 공을 만나기를 고대하고 있었습니다. 제게는 이제 전선이 한 척도 없으니 '이런 한심한 장수'가 무엇을 할 수 있겠습니까!" 하였다.

이순신이 그를 위로하고 말하기를, "지금이야말로 신하된 자 보국(報國)을 위하여 몸과 마음을 다 바칠 때입니다."라고 하였다. 드디어 군사를 하루 동안 머물게 하였다.」 -은봉전서(隱峰全書)-

이렇게 해서 이순신과 합류하게 된 원균은 1592년 5월 7일부터 옥포해전에 참가하게 된다. 그런데 왜군을 보고는 겁에 질려 자기 함대와 무기를 모두 바다에 처넣고 도망갔던 졸장이 과연 전투에 참가해 얼마나 잘 싸울 수 있었을까? 다음 장에서 보도록 하자. 그가 옥포해전에서 어떤 일을 벌였는지……

(2) 이순신이 원균의 공을 가로챘다고?

이 책의 핵심적인 주제는 어디까지나 '원균' 이므로, 이순신이 거둔 승전에 대해서는 필요 이상으로 상세히 서술하지 않겠다. 다만 원균이 이순신과 함께 행동하면서 어떻게 행동했는지는 짚고 넘어가야겠다. 그렇지 않으면 원균 옹호론자들이 주장하는 '용감하게 왜군과 싸운 명장 원균' 이라는 허상을 깨부수기가 어렵기 때문이다.

옥포해전 당시, 원균이 이끄는 경상우수영 함대는 판옥선 4척과 척후선 2척만으로 구성된 함대였다. 원균은 임란이 발발하자 판옥선과 군사를 다 없애고 1척만으로 이순신에게 왔고, 그 후에 숨어있던 3척이 합류하여 4척이 되었다. 그러나 병사들 대부분이 도망쳐버려 전투원의 수가 적었다.

5월 7일 새벽에 이순신의 전라좌수영 함대 24척과 원균의 경상우수영 함대 6척 등 총 30척으로 이루어진 연합 함대가 동시에 출항하여 왜군이 있다는 가덕도 쪽으로 향했다. 그러던 중 정오 무렵에 거제도 남쪽 옥포 앞바다에 이르렀을 때 우척후장인 사도첨사 김완(金浣)이 선창에 30여 척의 배를 정박하고 있는 왜군을 발견했다. 그는 신기전을 쏘아 올려 이 사실을 알렸다.

이때 왜군들의 대부분은 배에서 내려 육지에 올라가 약탈을 하는데 정신이 팔려 있었다. 조선에 건너온 이후로 아직 제대로 된 전투 한 번 치러 보지 못하여 마음의 긴장이 헤이해진 상태였다. 아무런 저항도 못하고 스스로 함대를 불태우고 나서 정신없이 도망갔던 경상우수영의 원균 함대를 보고는 조선 수군을 업신여기고 있었다.

여기서 우리가 주목해야 할 사실이 있다. 만약 원균 옹호론자들이 말하는 대로 원균이 왜군과 무슨 전투라도 벌였다면 왜군이 저렇게 경계도 게을리한 채 약탈을 하는 무방비한 상태로 있었을까?

왜군들은 약탈을 벌이던 중 갑자기 나타난 조선 수군의 공격을 받게 되었으니 혼비백산하며 어쩔 줄을 몰라 했다. 그나마 배에 남아 있던 왜군들이 6척의 배를 이끌고 과감하게 조선 함대를 향해 돌진하였으나, 이순신이 절묘하게 펼친 학익진의 집중타격을 받고 모두 격침되었다.

왜군의 공세를 가볍게 저지한 이순신은 물 위에 떠있는 오리 떼처럼 오밀조밀하게 몰려있는 형국으로 포위된 왜군 함대를 향해 일제히 화포와 불화살과 대장군전을 퍼붓도록 명령했다. 여기서 말하는 불화살은 화살촉에 불만 붙인 화살이 아니라, 화살 끝에 작은 화약통이 달려있어서 물체에 닿으면 폭발하는 무기이다. 그리고 대장군전은 길이가 3미터에 이르는 거대한 목제 화살로 대포에 넣고 화약의 힘으로 발사하는 무기이다. 일본 측의 기록에 따르면, 이 대장군전을 맞은 왜선의 갑판과 방패가 모두 파괴되었다고 한다.

수천 발의 포탄과 화살이 왜 선단을 향해 빗발치듯 쏟아졌다. 여기저기서 엄청난 폭음과 함께 외마디 비명이 왜군 진영을 휘몰아쳤고, 왜선들은 각종 살탄 공격으로 순식간에 고슴도치가 되었다.

모든 것이 눈 깜짝할 사이에 일어났다. 이 광경을 이순신은 그의 장계에서 '대포를 쏘고 화살과 살탄을 쏘아대기를 마치 바람처럼, 천둥처럼 했다.' 고 기록해 두었다.

그런 상황에서도 미처 배에 오르지 못하고 육지에 남아 있던 왜군들과 후미 함대의 왜군들은 조총을 쏘아대며 응전했으나, 조선 함대는 조총의 유효 사정거리를 훨씬 벗어나 있었으며, 조선 수군의 판옥선은 워낙 두꺼운 소나무로 만들어져 있어 조총 사격은 아무런 효과를 거두지 못했다.

왜군들은 아무리 총을 쏘아대도 조선 수군이 전혀 타격을 입지 않자 심한 좌절감을 느꼈는지 저항을 멈추었다. 이순신은 이 광경을 '적들도 조총과 화살을 쏘아대다가 기운이 지쳐서' 라고 표현했다.

적이 공세를 멈추고 주춤하자, 이순신은 최후의 결정타를 날린다. 그는 선상 위에 적의 원거리 공격을 막기 위해 방패를 빽빽이 세우고 현자포와 산탄으로 무장한 협선들을 왜 선단 가까이 접근하도록 명령했다. 협선들은 탈출을 시도하는 왜선들을 향해 현자포로 산탄 세례를 퍼부었다.

결국 더 이상 버틸 수 없게 된 왜군들은 배를 버리고 바다로 뛰어든 다음, 포구 쪽 육지를 향해 죽을힘을 다해 헤엄치는 수밖에 없었다. 30여 척의 왜선 중, 간신히 살아남아 도주한 4척의 전선에는 대장 도도 다카도라(藤堂高虎)도 있었다. 그는 멀리서 이 믿어지지 않는 패배를 보며 자신의 무력함을 실감했다. 도도 다카도라는 일본으로 돌아가서 자신의 눈으로 본 전쟁 기록인 '등당기(藤堂記)' 를 남긴다.

5월 7일 옥포 앞바다에서 벌어진 이 '옥포해전' 에서 이순신은 왜수군의 대선 13척, 중선 6척, 소선 2척 등 총 26척을 격침시켰으며 왜군 2,860명을 사살하였고, 포로로 잡혀 있던 조선인 3명을 구출해 냈다. 당시 왜 수군의 대선은 한 척당 180명의 승선이 가능한 대형선이었으며, 중선은 80명, 소선은 20여 명 내외의 인원이 탈 수 있는 배였다.

이에 반해 조선군의 손실은 부상자 한 명이 전부였다. 개전 이래, 조선군이 거둔 최초의 통쾌한 승리였다. 이는 두말할 나위 없이 전란이 일어날 것을 미리 예측하고 그에 대한 대비를 만반 갖춘 이순신의 통찰력과 뛰어난 전쟁 수행능력과 판옥선의 우수한 화력 및 성능 덕분이었다.

그런데 문제의 사료 〈원균행장록〉에서는 옥포해전을 다음과 같이 묘사하고 있다.

「5월 6일에 이르러 비로소 이순신이 전함 24척을 거느리고 우수사 이억기와 함께 거제 앞바다로 모였고, 7일 새벽에 삼도의 수군들이 일제히 옥포 앞바다로 진격하니, 진을 치고 있는 적선이 개미떼와 같이 몰려 있었다.

공이 북을 높이 울리며 곧바로 진격하여 적의 중앙을 공격하고, 이순신 등이 일시에 승세를 타고 공격하여 적을 무너뜨리니, 불태워버린 적선이 100여 척이고, 불에 타서 죽은 자와 물에 빠져 죽은 자는 헤아릴 수 없이 많았다.

빼앗은 적선 중에서 둥근 금부채 한 자루를 얻었는데, 부채면 한가운데 6월 8일 수길(秀吉)이라고 쓰여 있고, 바른쪽 가에는 우시축전수(羽柴筑前守)라고 다섯 글자가 쓰여 있었다. 이는 필시 풍신수길이 우시축전수라는 왜장에게 내려준 것이 틀림없으며, 이날 목을 벤 적장은 곧 우시축전수가 틀림없었다.
공이 적진으로 돌격을 잘하여 적은 병력으로 능히 많은 적을 격파하니, 공이 향하는 곳에는 대적할 적이 없었다.」

〈원균행장록〉은 원균 옹호론자들의 성전(聖典)이다. 그들이 말하는 '멋진 원균'은 여기에 다 들어 있다. 그러나 조금만 자세히 살펴보면 이 〈원균행장록〉은 온통 오류투성이다.

'우수사 이억기와 더불어'라고 했는데, 잘못된 기술이다. 이억기는 옥포해전에 참가하지도 않았다. 이억기는 다음 전투인 당포해전에서야 처음으로 연합 함대에 참가하여 싸웠다.

또 '공이 적의 중앙을 공격하고, 이순신 등이 일시에 승세를 타고'라고 했다. 이는 원균이 먼저 돌격에 나서자 비로소 이순신 쪽도 용기를 얻어 사격전에 나섰다는 뜻인데 '원균 두둔하기와 이순신 깎아내리기'를 하고 있다. 이 기록대로 해전도를 그려보면, 원균 함대는 앞에는 왜군의 선단과, 뒤로는 조선 함대에 둘러싸인 꼴이 되고 만다.

이때는 전라좌수영 함대가 학익진 대형을 펼치고 옥포 하늘에 장대비를 퍼붓듯 왜 선단을 향해 각종 총포탄과 크고 작은 살탄 세례를 퍼붓고 있었으므로, 원균의 함대는 공격은 고사하고 아군의 탄환에 맞아 심각한 타격을 받았을 것이다.

'불태워버린 적선이 100여 척'이라고 한 것도 과장되었다. 옥포해전에서 조선군이 격파한 적선의 수는 총 26척이다. 과장이라고 해도 100여 척이라니, 너무 심하다. 〈원균행장록〉은 원균을 위해서 전과를 3배나 부풀리고 있는 것이다.

그리고 금부채는 당포해전 때 전라좌수영 함대가 노획한 것인데 옥포 해전에서 원균 함대가 노획했다고 하고 있으니, 이 역시 잘못된 설명이다.

우시축전수(羽柴筑前守)는 히데요시의 다른 이름이다. 그런데 죽은 왜장이라고 했으므로 잘못된 것이다. 우시축전수란 이름을 가진 왜장이 조선에 건너온 적은 없다.

오늘날 원균을 두둔하는 서적이나 드라마에서는 '공이 적의 중앙을 공격하고' 라는 대목을 인용하여 마치 원균이 왜선에 충돌도 하고 또 백병전을 한 것처럼 설명하고 있다. 그러나 실제로 그렇게 했다면 왜선의 층루에서 쏘는 조총탄에 맞아 원균 쪽의 갑판은 피바다가 되었을 것이고, 왜 선단은 학익진의 일시집중타를 맞아 화염에 휩싸여 있었기 때문에, 원균 함대도 함께 불탔을 것이다.

그러면 옥포 해전에서 원균은 어떻게 행동했을까?

옥포 해전을 끝내고 난 후인 1592년 5월 10일, 이순신은 조정에 〈옥포파왜병장(玉浦破倭兵狀: 옥포에서 왜병을 격파한 보고서)〉이라는 장계를 올려 보낸다. 이 장계는 5월 23일, 선조가 피난 가 있던 평양에 도착한다.

「접전할 때 순천 대장선(代將船)의 사부(射夫)이자 순천부의 정병(正兵)인 이선지(李先枝)가 왼쪽 팔 한 군데에 화살을 맞아 조금 상한 것밖에는 부상당한 군사가 없었습니다.

우수사 원균은 단지 3척의 전선만을 거느렸는데, 신의 여러 장수들이 잡은 왜적의 배를 심지어 활을 쏘아대면서까지 빼앗으려 하는 통에 두 사람이 화살에 맞아 부상을 당했습니다. 주장으로서 부하 단속을 하지 못함이 이보다 더 심한 경우는 없다고 할 것입니다.
그리고 또 같은 도 소속 거제 현령 김준민(金俊民)은 멀지 않은 바다에서 연일 싸움이 벌어지고 있는데도 그 주장인 원균이 빨리 오라고 재촉하는 공문을 보냈는데도 끝내 나타나지 않았으니, 그 소행이 심히 해괴합니다. 조정에서 조처해 주시기를 바랍니다.」

여기서 3척의 전선이란 판옥선만을 이야기한다. '단지 3척의 전선만을 거느렸는데' 라고 했는데, 5월 5일~6일에 양쪽 함대가 만날 때는 판옥선 4척이었다. 그 후에 병사와 격군을 갖추다 보니 3척만 참전한 것이 아닐까?

나라의 운명이 풍전등화의 처지에 놓인 마당에 원균 휘하의 장수들은 아군 병사들에게 활까지 쏘아가면서 아군이 잡은 왜적의 배를 빼앗으려 했다니 참으로 놀랍다. 정작 적과의 싸움에서는 1명밖에 부상당하지 않았는데 이런 과정에서 2명이 부상을 당하는 사고가 발생한 것이다.

〈선조실록〉을 보면, 거제 현령 김준민은 그 무렵 경상감사 김수의 명령에 따라 육전에 참가하고 있었다. 그런데 원균은 이를 모르고 계속 독촉을 했던 것 같다. 원균의 독촉 공문을 가져간 군사가 그러한 사실을 보고하고자 했으나 원균이 이곳저곳으로 도망을 다니느라 보고를 받지 못했던 것은 아닐까? 김준민의 거제읍 행정관아와 원균의 가배량 군영은 인접한 곳이었는데도 서로 간의 정보가 불통되어 일어난 사건이다. 그 결과 이순신은 김준민에 관하여 나쁜 인식을 갖게 되었던 것이다.

옥포 해전이 끝난 후, 원균은 물에 빠져 죽은 시체를 건지고 다른 수군들에게 수급을 조금씩 얻어서 오히려 다른 장수들보다 많은 수급을 조정에 바친다. 그러자 수군 병사들은 "한 숟갈씩 얻은 밥이 온 공기보다 더 많다"며 원균을 비웃을 정도였다.

안방준(安邦俊)이 지은 〈은봉전서(隱峰全書)〉에도 이와 비슷한 내용이 실려 있다. 참고로 안방준은 당시 충청도와 경상도 지방에서 활동한 의병장이었으며, 그는 원균과 같은 당파인 서인이었다. 보통의 다른 기록자들과는 달리 현장에서 직접 활동했던 사람이기에 그 기록은 상당히 신빙성이 높다. 또한 안방준은 원균과 친인척 사이이다. 그런 그가 원균에 대해 있지도 않은 험담을 지어낼 가능성은 거의 없다.

> 「원균은 전후의 전투에서 공이 전혀 없었다. 그리고 여러 장수들이 적을 쳐부수고 있을 때 원균은 그 뒤를 따라 다니면서 적의 수급을 취하였고, 또 여러 장수들이 각기 그 얻은 것을 나누어 원균에게 주었으므로, 원균이 얻은 수급이 여러 장수들 중에서 가장 많았다. 그래서 그때 진중에서는 "한 숟갈씩 얻은 밥이 온 공기의 밥보다 더 많다"는 말이 있었다.
> (*元均則於前後之戰. 頓無尺寸之功. 而當諸將破賊之時. 隨後取. 諸將又各以其所獲. 分載於均. 均之所得. 最多於諸將. 故其時陣中. 有收匙飯多本飯之說.)」

어쨌든 이런 상태에서, 이순신은 옥포에서 26척, 창원군 합포에서 5척, 충무군 적진포에서 13척 등 도합 44척을 쳐부수는 전과를 거둔다. 임란 발발 이후 첫 번째 해전을 눈부신 승리로 장식한 것이다. 수천 명이 넘는 적을 사살한 데 반해, 조선군의 피해는 전사자가 없고 부상자 몇 명에 그쳤다.

옥포 해전 이후, 원균은 이순신에게 사정하여 승전 장계를 공동 명의로 올릴 것을 요구하지만 이순신은 이를 거절하고 단독으로 장계를 올린다. 고정욱은 이 사료를 근거로 이순신이 원균의 공을 가로챘다고 주장하지만, 이것 역시 터무니없는 허튼 소리이다.

왜 원균은 공동 장계를 요구했을까? 〈선조수정실록〉 25년(1592년) 6월 1일(기축)의 기사를 살펴보자.

> 「처음에 원균(元均)이 이순신에게 구원병을 청하여 적을 물리치고 연명(聯名)으로 장계를 올리고자 하였다. 이에 순신이 말하기를 "천천히 합시다." 하고는 밤에 자신이 연유를 갖춰 장계를 올리면서 원균이 군사를 잃어 의지할 데가 없었던 것과 적을 공격함에 있어 공로가 없다는 상황을 모두 진술하였으므로, 원균이 듣고 대단히 유감스럽게 여겼다. 이로부터 각각 장계를 올려 공을 아뢰었는데 두 사람의 틈이 생긴 것은 이때부터 시작되었다.」
>
> —〈선조수정실록〉 25년(1592년) 6월 1일(기축)의 기사 —

원균은 옥포 해전에서 스스로 세운 공이 없었고, 앞에서 언급한 것처럼, 다른 장수들이 거둔 수급을 얻어가고 아군에게 활을 쏘기까지 했다. 이런 잘못들을 들키지 않기 위해서 공동장계를 올리자고 제안했던 것이다.

그러나 이순신은 옥포 해전에서 원균이 저지른 잘잘못을 낱낱이 장계에 적어 조정에 올렸고, 그 때문에 원균과의 사이가 벌어졌다. 그리고 이순신은 하급 군관 시절부터 타인의 부정이나 잘못을 그냥 참아 넘기지 못하고 꼬치꼬치 따져 묻는 성품이었다. 혹시나 해서 덧붙이는데, 전쟁 전에도 이순신과 원균이 친하게 지냈다는 기록은 어디에도 없다. 〈불멸〉 같은 허무맹랑한 소설을 제외하면.

그러면 이순신만 원균을 싫어했을까? 아니다. 이억기, 구사직 등 다른 수사들은 물론 하다못해 원균의 부하인 이영남과 이의득도 전쟁이 터지자, 원균이 겁에 질려 허둥대는 꼴을 보고 경멸하게 되었다. 특히 이영남은 원균에게 깊은 환멸을 느껴 이순신을 만날 때마다 자주 원균의 비리를 털어놓을 정도였다.

장계(狀啓)의 문제로 넘어가면, 임진년 초반 통제사가 없을 때에는 각 수사들이 각기 따로 장계를 올렸다. 연합작전을 하는 경우라도 단독장계였다. 한산해전에 대한 충무공의 장계! 외에 원균의 장계도 있었다. 당시 전라좌수사였던 충무공의 장계 내용을 보면 다른 수영에서 작전한 내용은 총괄적인 언급에만 머물렀다. 전라우수사나 경상우수사가 따로 장계를 보낼 것을 감안했기 때문이다.

여기서 당시의 장계 제도가 어떻게 운영되었는지 살펴보자.

장계의 문제로 넘어가면, 임진년 초반 통제사가 없을 때에는 각 수사들이 각각 따로 올렸다. 연합작전이라도 단독장계를 올렸다. 한산도 대첩 사건만 해도 이순신이 보낸 장계 외에 원균이 별도로 보낸 장계도 있었다. 당시 전라좌수사였던 이순신의 장계 내용을 보면 다른 수영에서 작전한 내용은 총괄적 언급에만 머물렀다. 전라우수사나 경상우수사가 따로 장계를 보낼 것을 감안하였기 때문이다.

그런데 김탁환의 〈불멸〉에서는 이순신이 원균이 세운 공을 빼앗기 위하여 원균 몰래 장계를 보냈고, 원균이 이순신에게 그가 작성한 장계의 초본을 보자고 하자, 이순신은 초본이 없다고 거짓말을 하며 숨기고, 분노한 원균은 "당신(이순신)이 쓴 장계는 한 달 안에 내 손 안에 들어올 것이니 그때 가서는 결코 용서하지 않겠다."고 하면서 으름장을 놓는 장면들이 나온다.

이런 부분을 읽다보면, 마치 장계가 임금에게 도달할 때까지 장계를 쓴 사람만 그 내용을 알 뿐 다른 사람은 일체 알 수 없는 것으로 착각하기 쉽다.

그러나 사실은 전혀 그렇지 않았다. 그 당시의 각종 사료들을 보면, 누구나 자신이 쓴 장계의 내용을 즉각 인근 지역 책임자들에게 통보하였음을 쉽게 알 수 있다. 1592년 4월 30일, 이순신이 선조 임금에게 보낸 장계인 부원경상도장(赴援慶尙道狀: 경상도로 구원 나가는 장계)에서는 원균이 작성한 공문의 내용을 그대로 인용하고 있다.

〈삼가 사변에 대비하는 일로 아뢰나이다.

이달 4월 29일 정오에 경상수사(원균)의 회답 공문에서 말하기를 "왜적의 배 5백여 척이 부산, 김해, 양산강, 명지도(鳴旨島: 김해군 명지면) 등 여러 곳에 정박한 후 뭍으로 올라가서 제멋대로 날뛰고 있으며, 연해안 각 고을과 포구의 우리 병영(兵營)과 수영(水營)들은 거의 다 적의 수중에 떨어졌고 성들도 함락되었으며 봉화까지 끊어져버려 지극히 통분합니다.(이하 생략)"라고 하였습니다.

—부원경상도장(赴援慶尙道狀) 1592년 4월 30일자.

위의 장계 내용을 보면 먼저 원균은 자신이 쓴 장계의 내용을 선조에게 보내기에 앞서 이순신에게 보냈고, 이순신이 다시 그것을 자신의 장계에 넣어 선조에게 보고하였음을 알 수 있다. 보고를 받는 선조의 입장에서 본다면 한 가지 사안을 여러 갈래로 서로 교차하고 검증하여 확인할 수 있게 된다.

이런 장계 제도를 만든 이유는 사실과 다른 허무맹랑한 말이 아무도 모르게 장계로 올려질 경우에 발생할 행정적인 혼란과 착오를 막기 위해서이다. 그래서 서로 장계를 비교하여 확인해 봄으로써 보다 정확한 사실 확인이 가능하도록 고안한 것이다.

이순신이 첫 승첩인 옥포해전 뒤에 원균이 요구한 연명 장계를 거부한 까닭은, '연명'이란 형식 때문이었다. 그것은 연명한 사람들이 함께 장계의 내용이 사실인 것으로 보증하는 것이기 때문에, 원균이 주장하는 내용에 동의하지 않는 한 연명 장계는 올릴 수 없는 것이다. 따라서 원균이 옥포해전에서 저지른 행태에 대하여 불만이 많았던 이순신은 연명 장계를 거절하고 따로 자신이 보고 겪은 바를 그대로 기록한 장계를 보내었고, 그 일로 두고두고 끈질기게 원균의 원망을 받았다.

그러나 이순신이 그렇게 한 이유는 김탁환이 주장하고 묘사한 것처럼 장계의 내용을 원균 몰래 보내기 위해서가 결코 아니었다. 아무도 그 내용을 모르게 장계를 보낸다는 것은 제도상 전혀 가능하지가 않았기 때문이다.

또한 이순신이 선조에게 단독으로 장계를 보낸 것은, 원균의 비행을 고발하기 위함이지 결코 원균의 공을 가로채기 위한 것이 아니었다. 원균이 옥포해전에서 무슨 공을 세웠단 말인가? 그가 한 일이라고는 전라좌수영 함대 뒤에서 어슬렁거리고 있다가 이순신이 포격을 퍼부어 왜군 선단을 와해시키자, 그제야 적진으로 뛰어들어 시체나 다름없는 상태에 놓여 있는 왜군들의 목을 벤 것에 지나지 않는다. 그뿐인가. 자신이 거둔 적의 수급이 적을까봐 다른 장수들이 거둔 수급마저 사정하여 얻어냈을 정도다.

그렇다면 원균의 연명장계(連名狀啓) 요청에 대하여 이순신이 "천천히 합시다."라고 말한 본 뜻은 이런 것이 아니었을까. 원균으로서야 함께 장계를 올림으로써 이순신이 세운 공로에 편승하고 싶었을 테지만 당시 그런 의중을 정식으로 요구할 수 있는 처지도 못 되었다. 그래서 아마도 자신의 그런 의중을 넌지시 비치자, 이순신이 매정하게 거절하지 않고, 임금이 피난을 떠난 국가 최대의 위기 상황에서도 개인적인 공로 챙기기만 몰두하는 원균의 태도가 한심스럽게 느껴진 나머지, "그 일은 천천히 생각하자."라는 정도의 말로 완곡하게 거절했을지도 모르는 일이다.

그런데 원균은 그 거절의 말을 제멋대로 승낙의 말로 해석하고 기다렸다면, 그런 착각은 또한 어디까지나 원균 자신의 잘못이라 하겠다. 원균 같은 사람이라면 이런 착각을 했을 수도 있는 일이지만.

〈불멸〉에 나오는 이순신 폄하 장면 중 대표적인 것으로서, 이순신이 왜적의 간자(첩자)를 사칭한 사기극을 벌였다는 것이다.

〈불멸〉 2권에 따르면, 이순신은 부하들과 몰래 짜고서 남해현의 무기고와 곡물창고를 태운 뒤에 이를 왜군의 소행으로 위장하고 왜군의 간자가 불을 질렀다는 헛소문을 퍼뜨린다. 그러나 원균은 용케 목격자를 찾아내서 데리고 이순신을 찾아가서 사건의 진실을 날카롭게 추궁한다. 목격자의 증언 때문에 이순신이 할 수 없이 자신이 한 일임을 인정하자 원균은 이순신을 향하여 '천벌을 받을 것이다. 하늘이 두렵지 않느냐? 왜놈보다 더 비열하고 간악하다.' 라며 마구 고함을 지르고 멱살을 잡지만, 이순신과 그의 부하들은 아무 말도 못하고 당하고 있는 것으로 묘사된다.

그러나 사실은 전혀 다르다. 남해현은 경상우수영에 속한 지역으로 이순신이 담당한 전라좌수영의 바로 이웃 고을이다. 옥포해전을 치르기 직전인 1592년 4월 29일, 이순신은 휘하 수군을 이끌고 경상도를 구원하러 가던 때, 먼저 남해현에 "현령이 군선과 함께 중로까지 나와서 전라도 수군을 맞이해 달라"라는 통고를 연락병을 통해 보냈다. 이는 낯선 경상도 바다의 해로를 안내해 달라는 요청이었다.

그런데 남해현에 보냈던 연락병이 돌아와서 "남해현은 '적이 급하게 쳐들어온다' 는 소문에 사람들이 모두 도망쳐버려 성 안에 인적이 없고 곡식창고와 병기창고의 문도 열려 있었습니다"라고 보고하였다. 그래서 이순신은 왜군이 남해현에 들어가 주둔하면 가까운 전라도 지역까지 위험해지는 사태를 막기 위해서 군관 송한련에게 "정말 남해현 성 안이 모두 비어 있으면 왜군의 손에 넘어가지 않도록 곡식창고와 무기창고를 불사르라"는 명령을 내렸고, 송한련은 그대로 남해현에 가서 창고들을 불태우고 돌아왔던 것이다.

이순신은 이 일을 자신의 〈난중일기〉에 명확하게 기록해 놓았을 뿐만 아니라, 불태운 바로 다음 날인 4월 30일자로 임금에게 올린 장계에 그 전말을 상세하게 기록해서 보고하였다.(〈경상도로 구원 나가는 장계(二)〉임진년 4월 30일 참조:〈충무공이순신전서〉(박기봉 편역) 제1권 p.147). 그런데도 김탁환은 이 사건을 악의적으로 왜곡한 것이다. 도대체 무슨 심산으로 이순신과 그의 부하들을 그토록 비루하고 추악하게 묘사했을까.

옥포 해전 이후, 이순신과 원균은 서로를 미워하며(이순신은 원균의 비행을, 그리고 원균은 자신의 치부를 이순신이 들춰낸 것에 대해서) 대립하게 된다.

(3) 원균이 보인 해전의 활약상(?)

1592년 6월 14일에 벌어진 당포해전에서 원균은 또다시 엽기적인 일을 저지른다. 다음은 이순신이 당포해전을 마치고 조정에 보낸 장계인 〈당포파왜병장〉에서 발췌한 내용이다.

「6월 1일 새벽, 경상우수사 원균이 신(臣: 여기서는 이순신)에게 말하기를, "어제 맞붙어 싸울 때 남겨둔 적의 배 2척이 도망을 갔는지도 알아보고, 겸하여 화살에 맞아 죽은 왜적들을 찾아 그 목을 베어 오겠다"고 하였습니다.
원균은 이전 싸움에서 패하여 군사들을 잃은 후 군사 없는 장수가 되어 지휘 통솔할 일이 없었기 때문에, 맞붙어 싸운 곳들을 찾아가서 화살이나 탄환에 맞아 죽은 왜적들을 찾아내어 그 목을 베어 왔습니다.
그날 오전 8시경(辰時) 그곳을 다녀와서 하는 말이 "왜적들은 육지로 해서 멀리 도망갔고, 그래서 남겨둔 배만 불태웠는데, 죽은 왜놈의 목을 세 개 베었고, 나머지는 숲이 울창해서 다 찾아내지 못했다"고 하였습니다.」

당시 원균과 그 휘하 장병들이 해전장에서 주로 무엇을 했는지를 알게 해주는 기록이다.

혹자는 "이순신이 원균에게 군사를 빌려주고 함께 싸울 수도 있었지 않느냐?"고 생각할 수도 있겠지만, 제도상 이순신이 임의로 그런 결정을 내릴 수는 없었다.

수사에게 작전권은 있었지만 타도의 수사에게 자기 관할하의 각 단위 함대들을 지휘하도록 위임할 권한은 없었기 때문이다. 아울러 전선 역시 빌려줄 수 없었는데, 그 이유는 전선의 소유권이 후방의 고을에 있었기 때문이다. 이는 현대전에서도 어떤 사단장이 휘하의 병력을 잃었다고 해서 다른 사단장이 자신의 병력을 빌려줄 수 없는 것과 같은 이치다.

그러나 훗날 선조는 이순신을 억누르고 원균을 편들면서 '원균은 늘 삼국지의 장비와 같은 용맹으로 적을 뒤쫓아 수급을 많이 베었다.' 고 주장하였다. 그리고 이를 근거로 후에 원균을 삼도수군통제사로 임명하게 된다.

더 나아가서, 〈당포파왜병장〉에는 이런 부분도 기술되어 있다.

「6일 새벽, 방답첨사 이순신(李純信: 충무공 이순신과는 동명이인. 충무공 휘하에서 용전분투했다.)은 전날 당항포에서 산으로 올라간 적들은 틀림없이 남겨둔 배를 타고 새벽녘에 몰래 나올 것이라고 생각하고는 그가 거느리는 배를 이끌고 바다 어귀로 나가서 그들이 나오기를 기다리고 있다가 결국 그 배들을 전부 다 잡고는 급보를 보내왔는데 그 내용은 이러했습니다.

"오늘 새벽에 당항포 바깥 어귀에 도착하여 조금 있으니 왜선 한 척이 과연 바다 어귀로부터 나오므로 첨사가 불시에 들이쳤습니다. 한 배에 타고 있는 놈들이 거의 1백여 명이나 되었는데, 우리 배가 먼저 지자·현자 총통을 쏘는 한편 장편전·철환·질려포·대발 화포 등을 연달아 쏘고 던지자 왜군들은 당황하여 어쩔 줄을 몰라 하다가 도망치려고 하기에 갈고리를 사용하여 바다 가운데로 끌어내니, 왜적들은 절반 이상이 바다에 뛰어들어 익사했습니다.

그 중에서 왜장은 나이가 대략 24,5세쯤 되어 보였으며, 용모는 건장했고 복식은 화려했으며, 칼을 잡고 홀로 서서 남은 부하 8명을 지휘하여 대들어 싸우면서 끝내 무서워하지 않았습니다. 그래서 첨사가 힘껏 활을 쏴 맞추니 칼을 잡고 서 있던 왜장이 화살을 10여 대나 맞고서야 비명을 지르고 바다로 떨어지기에 즉시 목을 베게 했으며, 다른 왜적 8명은 군관 김성옥 등이 힘을 합쳐 활로 쏴 목을 베었습니다.

그날 오전 8시 경에 적선을 불태울 때, **경상우수사 원균과 남해 현령 기효근 등이 뒤늦게 그곳에 와서는 물에 빠져 죽은 왜적들을 돌아다니며 찾아내어 건져서는 목을 베었는데, 50여 개나 되었습니다.**”」

이 글은 방답첨사 이순신이 상관인 충무공 이순신에게 보고하는 장계를 충무공이 자신의 장계에 포함시켜 조정에 보낸 것이다.

방답첨사의 함대가 왜선을 불사르고 바다에 빠진 왜군의 수급을 모으고 있을 때 원균의 함대가 나타났다. 그리고는 건져낸 시체에서 적의 수급(목)을 50여 개나 베었다.

원균 쪽은 지금까지 수급을 베는 역할을 전문적으로 맡아 왔다. 따라서 그 방면에는 기술과 장비, 그리고 전문성(?) 면에서 앞서 있었을 것이다.

장계를 보면 원균은 이순신의 양해도 없이 현장으로 달려간 것 같고, 건진 수급이 50여 개나 되었다면 방답 함대가 벤 수인 9개보다 더 많았음은 물론 전날 좌수영 함대가 벤 전체 수급 43개보다도 많은 것이 된다. 원균은 이렇게 모은 수급에 대하여 어떤 내용으로 조정에 장계를 올렸을까?

원균도 이순신과 같은 직급의 수사였기 때문에 해전 때마다 장계를 올릴 권한과 의무가 있었다. 당시는 수급의 수에 의해 전과가 평가되던 시대였다.

원균은 이렇게 모은 수급을 올리면서 '이순신은 겁이 나서 대충 싸우고 나서 기지로 귀항했고, 자신은 용감하게 적을 추격하여 수급을 많이 얻었다.' 라고 보고했던 것은 아닐까? 실제로 후에 가서 이순신을 죽이기 위한 조정의 모의 과정에서 이런 내용의 주장들이 조정 대신들의 입에서 나오고 있다.

이순신 함대는 해전이 끝나고 나면 곧바로 그 자리를 떠났다. 물에 빠진 시체는 어느 정도 시간이 지나면 수면 위로 떠오른다. 원균은 이순신 함대가 전라도로 귀항한 후에도 그 자리에 남아서 왜군들의 시체 건지기에 전력했던 것 같다.

사족(蛇足)이지만, 내가 대학에 다닐 때 학교 도서관에서 두 권짜리 이상한 소설책을 본 적이 있다. 그 책에서는 임란 때의 해전을 "이순신은 겁이 나 뒤에서 대포만 쏘아대었고, 원균은 용감하게 적진으로 돌진하여 백병전을 벌여 이겼다."라고 묘사하고 있었다. 그리고 그것을 '당파전술' 이라고 당당히 명명하고 있었다.

그러나 위의 장계 내용을 보면, 원균의 '당파전술' 의 실체가 무엇인지 확연히 드러난다. 원균은 이순신이 힘들게 쳐서 격파한 적함에 들어가서 다 죽어가는 왜군들의 시체에서 수급만 베어냈고, 그것을 자신의 전공으로 포장했던 것이다.

원균이 얼마나 수급 챙기기에 열중했는지를 보여주는 사례가 하나 더 있다. 훗날 낙동강 7백리 전선에 있었던 조선 의병과 왜군 간의 싸움에서 많은 수의 시체가 원균의 관할 해역까지 떠내려 왔다. 원균은 이렇게 얻은 수급들을 조정에 올려 보내면서 "이순신과는 별도로 싸워 승첩을 거두었다."라고 거짓 장계를 올린다.

이에 원균의 편을 들었던 조정 대신들은 "출동 때는 원균이 수십 번 통곡을 하면서 애걸복걸하자 이순신은 겁이 났지만 마지못해 출전을 했고, 해전에서도 겁이 많아 항상 원균의 뒤만 따라다니며 대충대충 싸우다 돌아갔기 때문에, 원균의 공이 더 많은 것이다."라고 주장하게 되었다.

이러한 모함을 구분할 능력이 없었던 선조는 원균을 두둔하는 말에 귀가 솔깃해졌고, 후에 원균을 삼도수군통제사로 삼게 된다.

이순신에 대한 모함은 선조의 어전회의에서 무려 3년 동안이나 계속되었고, 그 회의록은 〈선조실록〉에 고스란히 기록되어 전해져 온다. 뒷부분에 가서 어느 기록이 맞고 왜 이런 모함이 등장했는지, 어째서 선조가 이런 모함에 귀를 기울이게 되었는지 자세히 살펴보기로 한다.

여기서는 우선 이순신의 기록들을 보면서 원균의 상식 이하의 행동들을 지켜보았을 전라좌수영 수군들의 원균에 대한 평가가 어떠했을지 생각해 보자. 또한 조정이 수급을 기준으로 경상우수영 장수들에게 큰 벼슬을 내렸을 때, 전라좌수영 소속 수군들의 심정이 어떠했을지도 생각해 보자.

이러한 과정들을 보면, 원균이 삼도수군통제사가 되었을 때 전체 병력의 80%를 차지하는 전라 좌·우도 수군들이 과연 원균의 명령에 순순히 복종할 수 있었을지 의심하지 않을 수 없다. 친부모 못지않게 섬겼던 이순신을 모함해서 옥에 갇히게 하고 사형 언도가 내려지게 했던 장본인이 바로 원균이었기 때문이다.

이런 원균이 훗날 삼도수군통제사에 부임하자 조선 수군은 커다란 내분에 휩싸이게 된다. 원균의 승진이 실력으로 이루어진 게 아니라 주워 모은 수급의 숫자와 당쟁의 힘으로 된 것이었으니 지휘관으로서의 역량 발휘에 커다란 문제가 생길 수밖에 없었다. 참고로 원균의 처(妻)는 당시 조정에서 서인의 영수이던 윤두수의 일족이다. 처가 쪽으로 원균은 윤두수와 인척 관계가 된다. 윤두수는 물론 원균의 열렬한 정치적인 후원자였다.

〈당포파왜병장〉의 내용을 좀 더 살펴보자.

「불태워 버린 왜적의 배는 72척(사천포 해전에서 율포 해전까지)이며, 왜적의 머리를 벤 것이 88개인데, 왼쪽 귀를 잘라서 소금에 절여 궤짝 속에 넣어 올려 보냅니다.

신은 당초에 여러 장수와 군사들에게 약속하기를, 전공을 세워 이익을 얻으려 탐을 내어 적의 머리를 서로 먼저 베려고 다투다가는 자칫하면 도리어 해를 입어 죽거나 다치는 자가 많이 생긴다. 그러므로 쏘아서 죽인 뒤 비록 목을 베지 못하더라도, 논공을 할 때 힘껏 싸운 자를 으뜸으로 할 것이라고 거듭 지시했기 때문에, 이제까지 네 번 맞붙어 싸울 때 활에 맞아 죽은 왜적들이 매우 많았지만 목을 벤 숫자는 많지 않았습니다.

그러나 경상우수사 원균은 접전한 다음날 협선들을 나누어 보내어 왜적의 시체를 거의 다 거두어 목을 베었습니다.
경상 연해안의 포작(鮑作: 포작은 어느 고을에도 속하지 않은 독립적인 어민들로서, 이들은 전쟁이 나면 자신들의 어선과 함께 수군에 자동적으로 편입되었다.)들도 화살에 맞아 죽은 왜적의 머리를 많이 베어 왔는데, 신은 다른 도의 대장으로서 그것을 받는 것은 온당치 못하다고 생각하여 원균에게 갖다 주라고 말하고 보냈습니다.
원균과 이억기 등 여러 장수들이 벤 왜적의 목이 거의 2백 개나 되고, 혹은 왜적의 시체가 바다에 떠내려가 가라앉거나, 혹은 목을 베었으나 물에 빠뜨려 버린 것도 그 수가 많았습니다.」

옛 싸움에서 적의 수급 베기와 전리품 노획은 항상 말썽의 원인이 되었다. 수급을 얻으려다 적절한 공격 시점을 놓치기 일쑤였고, 주의가 산만해져서 오히려 역습을 당하기도 했다. 그래서 명나라 장수 이여송(李如松)도 평양성을 공격할 때 적의 수급을 베지 말라고 지시했고, 의병장 곽재우(郭再佑) 장군은 자기 군관이 왜적의 목을 베려다가 시체 밑에 숨어있던 왜군의 저격을 받고 죽자 다음과 같이 탄식하였다.

「내가 왜적의 목을 탐내지 말라고 얼마나 타일렀더냐. 그러나 네가 그 목을 탐하다가 죽고 말았구나. 아깝고 분하다!」

–곽망우당집(郭忘憂堂集)–

이순신은 적의 수급을 기준으로 하는 예로부터 내려오는 공로평가 제도에 문제가 있음을 알고 있었다. 또 자신이 새로 개발한 해전법은 수급을 기준으로 한 논공행상 방식과 맞지 않았으므로 나름대로 20세기에 와서나 볼 수 있는 종합평가 제도를 만들어 1등, 2등, 3등 하는 방식으로 공로를 평가했다.

그러나 새로운 제도가 정착되려면 많은 노력과 시간이 소요된다. 때문에 이순신은 해전 때마다 수급 베기에 욕심을 내지 말고 전체적으로 잘 싸워주기를 강조했다.

당시는 적의 수급 하나가 쌀 2섬에 거래될 정도였고, 일반인이 그것을 나라에 바치면 병역을 면제받을 수 있는 수준이었다. 뿐만 아니라 전쟁이 길어지자 조정에서는 아예 왜군의 수급을 바치면 벼슬을 주는 극단적인 포상책까지 시행할 정도였다.

그렇지만 이순신은 병사들에게 적의 목을 베기보다는 활로 쏘아서 죽일 것을 명했고, 휘하 장수들과 병사들은 그에 따랐다. 그렇다 보니 언제나 얻은 수급은 많지 않았다.

이에 반해 원균은 종래의 방식대로 수급 모으기에 열심이었다. 그래서 전체 함대 수는 고작 3~4척에 지나지 않은 원균의 함대가 25척이 넘는 이순신의 함대보다 더 많은 수급을 얻을 수 있었고, 그 수급의 양만 보고 선조와 대신들은 원균의 공이 이순신보다 더 크다, 원균이 이순신보다 더 용감하다, 라는 착각에 빠진 것이다. 전공의 평가 부분에서 원균의 중세기적인 전공평가 방식과 이순신의 현대적인 평가방식이 서로 충돌하고 있는 단면이기도 하다.

'원균은 접전한 이튿날 협선들을 나누어 보내어' 라고 하였는데, 당항포 해전 이튿날(6일) 아침 9시경에 달려와서 방답 함대가 깨뜨린 적선의 왜군 시체들을 건져 올려 그 목을 베었고, 그 길로 다시 당항포와 두호리 쪽으로 가서 죽은 시체들의 목을 베었다.

물에 빠진 시체는 상당한 시간이 지난 후에야 떠오른다는 점을 감안하면, 원균의 협선들은 한동안 그곳에 머물러 있었을 가능성이 크다. 그래서인지 7일에 있었던 율포해전에서는 원균 쪽에서(참전하지 않아서) 공을 세웠다는 기록이 없다. 다만 소비포 권관 이영남만이 공을 세웠는데, 이영남은 이순신과는 먼 인척관계였다. 원균의 수하였지만 이영남은 이순신을 흠모했고, 노량에서 이순신 함대의 휘하에 들어가 분투하다가 이순신과 함께 장렬히 전사한다.

여하튼 당포와 그 뒤의 당항포(1592년 6월 5일), 거제도 율포(1592년 6월 7일)에서 거둔 해전의 잇따른 승리로 임진왜란은 큰 전환점을 맞이하기 시작했다.

남해안에서는 왜군들의 두 번째 침공이 좌절되어 조선의 곡창지대인 전라도가 지켜졌으며, 그 무렵까지 명나라에서 조선과 일본이 야합하여 명나라를 치려고 한다는 의구심을 말끔히 털어내었고, 왜군들의 침략에 숨죽이고 살던 백성들에게 희망을 주어 의병의 봉기를 불러 일으켰던 것이다. 이것은 전적으로 이순신과 연합 함대의 공이었다.(그러나 원균은 이에 기여한 바가 전혀 없었다.)

(※임진왜란이 터지기 전까지, 조선은 명나라에게 '만만치 않은 나라'라고 여겨졌다. 옛날, 수(隋)나라와 당(唐)나라를 물리친 고구려의 여광이 남아 있었던 데다, 세계 최강의 제국인 몽골에게도 무려 40년 동안이나 저항을 했던 나라이니, 그런 착각이 들 만하였다. 오죽하면 조선이 일본과 연합하여 명을 공격하려 한다는 소문이 명의 조정에서 떠돌았을까?

그러나 조선의 파병 요구에 응하여 직접 군대를 이끌고 들어간 명(明)나라 장수들은 조선의 적나라한 실체를 알게 되었다. 조선은 명을 위협하기는커녕 일본의 침공으로부터도 제대로 국가를 지켜내지 못할 만큼 피폐해진 나라였으며, 임금부터 대신들까지 모든 지배층이 명(明)에 절대적으로 복종하여 명나라에 반항하는 일은 꿈도 꾸지 못하는 상태였다.

임진왜란이 끝나자 명(明)은 조선을 완전히 우습게보기 시작한다. 그래서 예전에는 삼가왔던 대규모의 공물을 강요하고, 조선의 내정에도 적극적으로 간섭한다.

선조가 죽고 광해군이 즉위하자, 명에서 오는 사신들은 조선에서 막대한 양의 은(銀)을 챙겨갔다. 심지어는 명나라 사신이 오는 길을 전부 은으로 깔라는 요구를 할 정도였다. 만약, 청(淸)나라가 일어나지 않았다면 명은 조선을 더욱 가혹하고 모질게 착취했을 것이다.)

1592년 7월 8일, 한산도에서 벌어진 대접전에서 와키자카 야스하루(脇坂安治)가 이끄는 왜군 함대는 불과 2~3시간 만에 궤멸되었던 반면, 조선 함대는 사망자가 고작 10여 명에 불과할 정도로 완승을 거두었다. 일본 측 기록에 따르면 70척의 함대를 잃었고, 약 9천 명의 병사가 죽거나 행방불명되어 본대로 돌아오지 못했다고 한다.

이 승리로 말미암아 제해권은 완전히 조선 수군에게 들어왔으며, 왜국 본토에서 소식을 전해들은 도요토미 히데요시는 경악하여 일본 수군에게 조선 수군과의 교전 자체를 피하라고 명령을 내릴 정도였다. 일본에서 출판된 〈근세 일본국민사〉라는 책에서는, 도요토미 히데요시의 조선 정복의 야망이 이 한산도 대첩으로 인하여 사형선고를 받았다고 표현하고 있다.

여기서 한산도 해전의 양상을 요약해 보자.

이순신이 이끄는 조선 함대 60척은 1592년 7월 6일, 노량에 이르렀고 다음날인 7월 7일, 적함 70여 척이 견내량에 머무르고 있다는 정보를 받고는, 7월 8일 아침 견내량으로 진공했다.

그런데 견내량의 지세는 포구가 좁고 암초들이 많아서 주로 판옥선(板屋船)으로 구성된 조선함대에게 불리했으며, 반면에 일본군에게는 위급하면 육지로 도망갈 수 있는 길이 열려 있었다. 따라서 이순신은 견내량으로부터 일본군을 유인하여 한산도 앞바다로 이끌어낼 계획을 세웠다.

그리하여 먼저 판옥선 약간으로 일본의 함대를 유인하여 한산도 앞바다로 이끌어내고는 급히 뱃머리를 돌려 학익진(鶴翼陣)을 쳐서 일본 함대를 둥글게 감쌌다. 그리고는 격렬한 포격전을 퍼부어 왜선 59척을 쳐부수고 9천여 명의 왜군을 섬멸하는 전과를 올렸다. 이순신 함대의 사망자는 고작 10여 명에 불과했으니, 눈부신 완승이었다.

왜군의 수군 총사령관인 와키자카 야스하루는 갑옷과 투구를 벗고 바다에 뛰어들어 부서진 배의 조각들에 의지하여 헤엄을 치다 무인도에 상륙했다. 와키자카 가문의 기록에 따르면, 그는 며칠 동안 미역을 뜯어먹으며 연명하다가 왜군에 구조되어 간신히 탈출했다고 한다.

그의 후손들이 현재 일본에 살고 있는데, 아래는 와키자카 야스하루의 15대 후손인 와키자카 겐지(脇坂源氏) 씨와의 인터뷰 장면이다. 2003년 6월 14일 KBS 1TV의 'KBS 역사 스페셜' 에서 방영되었다. 그 내용의 일부를 여기에 싣는다.

와키자카 겐지 씨는 자신의 선조인 와키자카 야스하루가 한산도에서 대패했다는 사실을 알자, 매년 6월 5일부터 미역만 먹으며 옛날의 역사를 되새기려고 했다고 한다.

「와키자카는 간신히 탈출했으나 그의 이름난 부하 장수인 와키자카 사베에(脇坂佐兵衛)와 와타나베 시치우에몬(渡邊七右衛門)은 전사했으며, 마나베 사마노조(眞鍋左馬允)는 한산도에 상륙했다가 패배한 굴욕감을 이기지 못하고 할복자살해 버렸다. 조선군의 포격에서 무사했던 왜군 전선은 대열의 뒤에 위치해 있던 14척뿐이었고, 그들은 본대가 무참히 난타당하는 모습을 보자 겁에 질려 뿔뿔이 흩어졌다. 조선군의 학익진에서 간신히 살아남은 왜군의 패잔병 4백 명은 한산도로 도주했다.」

전라좌수영과 우수영 함대의 완벽한 포위망으로 인해 왜군들은 원균이 있던 학익진의 후방까지는 접근조차 하지 못하였다. 그래서 이번에도 원균은 왜선을 단 한 척도 침몰시키지 못했다. 그러나 원균은 자신의 공적을 세우는 데 몰두한 나머지 왜군의 시체를 건져 올려 많은 수급을 얻었고, 이를 조정에 보내서 자신의 공이 이순신보다 더 크다고 보고하였다.

한산대첩 이후, 이순신은 해전 막바지에 은근히 한산도 쪽을 향한 포위망을 풀어주어 왜군이 한산도로 기어오르도록 했다. 그리고 이순신은 한산도에 가둔 왜군들을 원균으로 하여금 처리하도록 넘겨주었다. 수급 챙기는 것을 좋아하는 사람이니, 이왕 잘 챙기라고 밥상을 차려준 것이다.

여기서 우리는 중요한 사실 하나를 알 수 있다. 만약에 이순신이 원균과 공을 두고 다투는 사이였거나, 원균을 질투하고 있었다면 과연 한산도에 고립된 왜군들의 처리를 원균에게 맡겼을까?

그와는 정반대로 원균을 제외시키고 자신이 모두 맡아서 처리했을 것이다. 한산도의 왜군 패잔병들을 죽이면 자그마치 4백 개나 되는 수급을 얻을 수 있고, 그것을 조정에 보내면 그만큼 공을 세웠다는 사실이 인정되어 더 큰 포상과 관작을 얻을 수가 있는데도 말이다. 그런데 이순신이 그렇게 하지 않았다는 것은 무엇을 의미하는가? 결국 이순신은 원균을 자기의 경쟁상대로 인식하지도 않았고 그를 전혀 질투하지도 않았던 것이다. 단지 그의 악행을 보고 인간적인 분노와 혐오감을 느꼈을 따름이다.

그러나 왜군 패잔병들을 감시하고 있던 원균은 다른 왜군들이 온다는 헛소문을 듣고 겁이 나서 철수해 버렸고, 얼마 후 왜군들은 깨어진 배의 판자조각으로 뗏목을 만들어 한산도에서 빠져나갔다. 차려준 밥상도 못 챙겨 먹는 원균의 아둔함을 뭐라고 설명해야 할까.

다시 전라 좌·우수영과 경상우수영의 연합 함대는 8월 24일부터 8일간 감행한 4차 출격에서는 낙동강 장림포에서 6척, 구미에서 5척, 다대포에서 8척, 동래 서평포에서 9척, 부산포에서 100척 등, 총 128

척의 왜선들을 격파했으며 셀 수 없는 왜군들을 수장시켰다. 이에 비해 아군의 피해는 전사 6명, 부상자 25명에서 그쳤으니 참으로 대단한 전과였다.

이순신은 주로 밤에 출정을 했는데, 이는 함대의 이동 상황을 적이 볼 수 없도록 하여 보안을 유지하기 위해서였다. (나중에 원균이 칠천량 해전을 벌일 때는 이와 반대의 상황이 된다.)

연이은 출병과 승전으로 인해 왜군은 전략에 큰 차질을 빚었다. 이미 고니시 유키나가가 이끄는 일본군 제 1대가 평양성까지 점령하고 조금만 더 나아가면 선조가 피신해 있는 의주까지 진격할 수 있는 상태였다. 그러나 군량미와 증원군을 실은 수송 선단이 이순신 함대에게 모조리 격침당하자 보급이 끊겨 더 이상의 진격을 할 수 없는 상태가 되고 말았다.

애초에 히데요시가 조선에 군대를 보내면서 뭐라고 했던가? 조선 따위는 한걸음에 점령하고 명나라마저 정복한 연후에 더 나아가 저 멀고 먼 인도에까지 진격하겠다고 큰 소리를 치지 않았던가?

그러나 이순신 함대의 활약으로 인해 그것은 더 이상 실현 불가능한 몽상이 되고 말았다. 오히려 왜군은 이제 자신들이 무사히 고국으로 귀환할 수 있을지나 걱정하는 처지에 놓였다.

이순신 함대가 거둔 연이은 전승의 효과는 꼬리를 물고 나타났다. 조선 각지에서 백성들의 자발적인 힘으로 왜군을 몰아내려는 의병들이 일어섰으며, 왜군의 대륙 침입을 막기 위해 명나라에서 4만 명의 군사를 보내어 조선을 돕도록 한 것이다.

조선의 반격과 식량 조달에 큰 차질이 생기자 기세 좋게 북으로 진격했던 왜군은 어쩔 수 없이 다시 남쪽으로 철수할 수밖에 없었다. 1593년 1월 9일, 고니시가 머물고 있던 평양성이 조명 연합군에 의해 탈환되었으며, 같은 해인 10월 1일에는 드디어 수도 서울에 다시 선조와 조정 대신들이 돌아왔다. 왜군들은 경상도 일대로 도망쳐 왜성을 쌓고 해안 지대에 머물며 조명 연합군의 동태를 살피는 것이 고작이었다.

경상도에 주둔한 왜군들이 부족한 군량을 조달하기 위하여 조선의 곡창지대인 전라도로 침범하려는 움직임을 보이자, 이순신은 그에 대한 대비책을 마련했다. 각 고을에 공문을 돌려 승려들과 병적에서 빠진 자 4백 명을 별도로 모아 구례와 광양 등지의 전라도로 들어오는 길목을 지키도록 하였다.

그리고 이순신은 여수로 피난 온 200여 호의 백성들을 돌산도로 옮겨서 살게 하고, 또한 그들에게 경작할 밭을 나눠 주어 식량을 자급자족하도록 조치했다. 이렇게 해서 백성들이 살 길이 마련되자 임진왜란 후기가 되면 이순신이 있는 군영 지역으로 수만 명의 피난민들이 몰려와 마치 한 나라를 이룰 정도가 되었다.

그렇게 임진왜란의 광풍으로 시작되었던 1592년이 끝나고 1593년이 되었다. 군대의 재정비에 한창 바쁘던 이순신에게 1월 25일, 조정에서 다시 출병을 하라는 명이 떨어졌다.

(개인적인 이야기이지만, 내가 운영자로 있는 다음 카페에서 어느 회원이 '용감한 돌격장 정운이 부산포 해전에서 전사한 이후, 이순신은 겁을 먹고 조정의 여러 차례 명령을 받았음에도 몇 년 동안이나 출정하지 않았다.' 라는 내용의 글을 올린 적이 있었다. 물론 이 사람은 사실과 다른 것을 잘못 알고 있었지만, 그런 오해를 하게 된 원인은 바로 1597

년 1월에 있었던 조정에서의 '이순신 모함을 위한 어전회의'에서 원균 측의 어느 한 대신이 그런 거짓말로 이순신을 모함한 말이 〈선조실록〉에 그대로 기록되어 있기 때문이다. 많은 사람들은 흔히 이순신을 떠올릴 때 임진년 전란과 명량, 노량해전만 기억하고 임진년 이후의 출정에 대해서는 잘 모른다. 이제부터 우리가 잘 모르고 있었던 이순신의 다른 전과들을 말하고자 한다.)

이에 이순신은 모든 휘하 함대를 이끌고 2월 6일 출격을 감행했으며, 다음날에는 견내량에서 원균과 합류했다. 2월 8일에는 이억기의 전라우수영 함대와 칠천량에서 합류해, 그날 전 함대가 출발하여 칠천도에 도착했고, 그 다음날까지 그곳에서 머물렀다.

2월 10일, 전 함대가 출발하여 일본 수군의 기지 중 하나인 웅포로 진격했다. 조선 침략의 총본영이 된 부산을 다시 공격하여 타격을 입히기 전에, 그 배후인 웅포의 적부터 쳐부숴야 했다. 웅포의 포구에는 왜선들이 줄지어 늘어서 있었으며, 포구의 양쪽 산기슭에는 새로 쌓은 왜군의 성체가 솟아 있었다.

이순신은 선봉선으로 하여금 포구 안으로 들어가 적선을 유인토록 하였다. 그러나 왜선들은 선봉선을 따라 포구 밖으로 나오다가 다시 포구 안으로 들어가 버려서 좀처럼 유인책에 걸려들지 않았다.

답답한 노릇이었지만, 그렇다고 이대로 막무가내로 적진 앞으로 들어갈 수도 없었다. 그랬다가는 포구의 양쪽 산기슭에 버티고 있는 왜군의 성채로부터 집중 공격을 받아 아군 함대가 매우 큰 피해를 입을 것이 분명했다.

주목해야 할 점은, 이때의 원균의 행동이 전혀 기록되어 있지 않다는 것이다. 만약 〈원균행장록〉같은 괴문서에 말하는 것처럼, 원균이 그토록 용맹스러운 장수였다면 한번 돌격을 해볼 만도 한데 그는 꿈

쩍도 하지 않았다. 나중에 원균은 이순신의 신중한 태도를 보고 겁이 많다고 비난하지만, 기실 자신이야말로 진정한 겁쟁이였던 것이다.

결국 어쩔 수 없이 이순신은 함대를 물려 철수했고, 12일에 다시 웅포로 진격하여 유인책을 썼으나 왜군은 응하지 않고 포구 안에 틀어박혔다. 결국 이순신은 연합 함대를 이끌고 칠천도로 철수했다.

웅포에 숨은 적을 소탕하기 위해서는 수군 단독의 힘만으로는 부족했다. 이순신은 경상우도 순찰사 김성일에게 육군을 이끌고 웅포로 와서 왜군을 함께 협공하자고 전갈을 보냈다. 그러나 김성일은 때마침 병을 앓고 있어서 나서지 못했고, 수륙 협공은 끝내 무산되었다.

18일, 이순신은 다시 연합 함대를 이끌고 웅포로 가서 유인책을 벌였고, 이번에는 왜군이 속아 넘어가 포구 밖으로 나왔다. 조선 수군은 적선 3척을 격침시키고 적군 1백 명을 사살했으나 왜군은 재빨리 포구 안으로 들어가 전투는 아쉽게도 끝나버렸다.

그런데, 1593년 2월 22일에 벌어진 웅천포 해전에서 예기치 못한 변고가 발생했다. 발포 소속 병선 두 척과 가리포 소속 병선 두 척이 명령도 없는 상태에서 무작정 돌입하다가 그만 얕고 좁은 해안가에 걸려버렸다. 그러자 왜군들이 재빨리 몰려와 배에 올라타서는 조선 병사들을 닥치는 대로 도륙하였다. 최소한 3백 명 정도의 수군 병사들이 목숨을 잃었다. 이순신은 1593년 2월 22일자 난중일기에서 이 사건을 가리켜 통분하여 가슴이 찢어질 것만 같다고 표현했다.

그리고 조선 수군의 불운은 거기서 그치지 않았다.

「1593년(癸巳) 2월 22일(양력 3월 24일). 새벽에 구름이 검더니 샛바람이 세게 불었다.

곧이어 진도 상선이 또 적에게 둘러싸여 거의 구할 수 없게 되었는데 우후가 바로 들어가 구원해 내었다. 경상좌위장과 우부장은 보고도 못 본 척하며 끝까지 돌아서서 구원해 내지 않았으니 그 어이없음은 이루 말할 수 없다. 참으로 통분하다. 이 때문에 경상수사(원균)에게 따져 물었지만, 가히 한탄스럽다. 오늘 통분한 것은 어찌 말로 다하랴. 이 모두가 경상우수사 때문이다.」

-〈난중일기〉-

원균 함대는 위기에 처한 아군의 상선을 보고도 못 본 체하며 끝까지 구해내지 않았다. 이순신은 그 어이없음을 통분해 했다. 그래서 급히 우후(李夢龜)로 하여금 '거북선+학익진 함대'를 이끌고 달려가서 산탄과 피령전, 편전 등을 빗발같이 쏘게 하여 진도의 기함을 구해냈다. 아무튼 이날, 조선 함대는 처음에는 이겼고, 후반에는 패했으며, 저녁에는 송진포까지 물러나서 사상자를 수습했다.

「1593년(癸巳) 2월 23일(양력 3월 25일). 흐렸으나 비는 오지 않았다.

원수사가 와서 보았다. 그 음흉함은 이루 말로 다할 수 없다. 최천보(崔天寶)가 양화(楊花: 고성 양화진)로부터 내려와서 명나라 군사들의 소식을 자세히 전하고 또 조도어사(調度御使)의 편지도 전해왔다.」

-〈난중일기〉-

'음흉'하다고 한 것을 보면 원균은 전일 자기 부하들의 잘못을 시정하겠다는 말은 하지 않고 이치에 맞지도 않는 변명만 늘어놓은 것 같다. 아무튼 계사년(1593년) 2월 22일과 23일자 〈난중일기〉를 보면 이순신은 원균의 문제점에 대해 메모해 놓고 뒷날의 경계로 삼았음을 알 수 있다.

정조 때 와서 〈난중일기〉와 〈임진장초〉가 〈이충무공전서〉에 수록되면서 원균의 문제점이 세상에 알려지게 된다. 만약 선조 때 세상에 알려졌다면 원균은 탄핵을 받았을 것이다. 그러나 이순신은 옥포해전의 장계 사건 이후, 더 이상 원균의 비행을 장계로 적어 조정에 보고하지 않았다. 원균과의 시시비비에 휘말리기를 원치 않았기 때문이다.

웅천포의 전투가 벌어진 지 닷새 후에 이순신은 더욱 괴이한 사건을 접하게 된다.

「1593년(癸巳) 2월 28일(양력 3월 30일). 맑으며 바람조차 없다.

「새벽에 떠나 가덕에 이르니, 웅천의 적들은 움츠러들어 나와서 항전할 생각도 못하는 것 같았다. 우리 배가 바로 김해강 아래쪽 독사리항(禿沙里項: 김해 제산면)으로 향하는데, 우부장(右部將: 金得光)이 변고를 알려왔으므로, 여러 배들이 돛을 달고 급히 달려가 작은 섬을 에워싸고 보니, 경상우수사(원균)의 군관의 배와 가덕첨사(田應麟)의 척후선 등 2척이 섬에서 들락날락하면서 태도조차 수상하므로 묶어서 원수사(원균)에게 보냈던바, 수사가 크게 성을 내었는데, 그것은 **그 본의가 군관을 보내어 어부들의 목을 베어 오는 데 있었던 까닭이었다.** 초저녁에 아들 염이 왔다. 사화랑에서 잤다.」

—〈난중일기〉—

위 기사를 잘 읽어보면 끔찍한 느낌을 받을 것이다.

이순신의 조치에 원균이 왜 화를 냈을까? 물론 자기 부하들을 다른 장수가 포박해서 보낸 것에 대해 분노한 것은 크게 이상한 일이 아닐 수도 있다. 그러나 그 뒤의 문장을 살펴보라.

원균의 본의는 부하들을 보내어 어부들의 목을 베어 오려다가 이순신의 부하들이 나타나서 들키는 바람에 하지 못하게 되었기 때문이다. 여기서 말하는 어부는 누구일까? 전쟁이 한창 벌어지고 있는 때에 일본의 어부들이 먼 조선의 바다에까지 몰려와서 고기를 잡을 리는 없다. 원균이 찾았던 어부들이란 전란을 당하여 인적이 드문 섬에 숨어 살면서 고기잡이로 생계를 이어가던 조선인 어부들이었고, 원균은 그런 어부들을 죽여서까지 수급을 얻으려고 했던 것이다.

만약 이순신에게 들키지만 않았다면 원균은 조선인 어부들을 죽여서 그 목을 왜군의 것이라고 속이고 조정에 바쳐서 많은 포상을 얻어냈을 것이다. 참으로 소름이 끼치지 않는가? 어떻게 자기 백성을 지켜야 할 군대가 그 백성을 고의로 죽일 수 있단 말인가? 원균의 이러한 만행은 뒤에 가서 다시 구체적으로 언급되니 잘 기억하라. 난중일기의 이 기사 하나만으로도 원균이 어떤 인간이었는지 분명해지지 않는가.

이런 원균의 파렴치한 행각은 그 휘하의 양식 있는 부하들에게도 큰 충격을 준 모양이다. 급기야는 원균의 부하들이 이순신에게 와서 상관의 비리를 이야기하는 사태까지 발생한다.

「1593년(癸巳) 3월 2일(양력 4월 3일). 온 종일 비가 왔다.

「배의 봉창 밑에 앉았노라니, 온갖 생각에 가슴이 치밀어 올라 회포가 어지럽다. 이응화를 불러다가 한참 이야기하다가 그대로 순천부사(권준)의 배로 보내어 병세를 알아보게 했다. 이영남, 이

여염(李汝恬)이 왔다. 그들로부터 원수사(원균)의 비리를 들으니, 한탄스럽다.」 -〈난중일기〉-

원균의 부장인 이영남과 이여염이 이순신에게 털어놓은 원균의 비리란 무엇일까?

첫째는 이순신을 모함한 일을 들 수 있다. 둘째는 해전장에서 지휘관으로서의 문제점(예컨대 2월 22일 벌어진 전투에서 이억기의 병선들이 위험에 처했는데, 바로 가까이 있었으면서도 구하지 않은 것)과, 셋째로는 군영을 이끄는 자로서 처신을 잘못하고 있는 것(자기 기함에 여자를 태우고 다니는 것. 나중에 또 거론된다.)과 그 밖에도 원균이 조선인 어부와 피난민들을 죽여 그 목을 왜군의 목이라 속이고 전공을 부풀리는 등의 행위가 아니었을까.

착잡한 심정을 가슴에 품은 채, 이순신은 3월 6일에 연합 함대를 이끌고 나가 다시 한 번 웅천포를 공격했다. 오랜만에 날이 개었기에 전투를 벌이기에 좋은 상황이었다. 왜군들은 겁을 먹고 육지로 도망쳐 산허리에 진을 쳤다. 이에 조선 함대는 대포와 편전을 소나기처럼 퍼부어댔고 순식간에 무수한 왜군들이 죽어나갔다. 그러나 적들이 모두 산허리에 소굴을 만들고 거기에 웅거하고 있어서 완전히 섬멸시킬 수는 없었다. 게다가 적이 고지에 올라가 있는 상황에서 무리하게 수군들을 상륙시켜 육전을 벌였다가는 역습을 받아 뜻하지 않은 피해를 입을 수도 있었다. 참고로, 웅천에 왜군들이 웅거했던 왜성은 해발 180미터의 가파른 산꼭대기에 축성된 건축물이다.

왜군에게 포로가 되어 사천에 살고 있던 조선 여인 한 명을 구해오는 것으로 전투를 마치고 물러났다.

이순신은 3월 10일에 다시 연합 함대를 이끌고 웅천포 공략에 나섰으나, 왜군들은 산성 요새에 틀어박힌 채 도무지 나오려고 하지 않았다. 적이 나오지 않자 이순신은 포구에 정박한 왜선들을 불태우려 했지만 곧바로 그 계획을 취소했다. 배를 잃은 왜군들이 주변 백성들에게 잔인하게 보복할 것을 우려했기 때문이다.

결국 3월 22일, 왜군의 정탐병 2병을 붙잡아 죽인 것을 끝으로 약 두 달 간에 걸친 웅천포 전투는 끝을 맺었다. 이순신은 4월 3일, 연합 함대를 해산하고 여수 좌수영으로 귀환했다. 농사를 지을 농번기에 계속 군사를 출정시킬 수만은 없었다.

5월 2일, 조정에서 다시 출정하라는 명령이 내려왔다. 이순신은 5월 7일, 다시 연합 함대를 이끌고 나섰다. 이때, 전라좌수영 함대는 전선 42척과 척후선 52척이었으며, 전라우수영의 함대는 전선 54척, 척후선 42척으로 202척의 대 함대를 이루었다. 병력은 대략 2만여 명 가량이었다. 그러나 경상우수사 원균이 이끌고 온 함대는 겨우 2척에 불과했다.

여기서 뭔가 이상한 점을 눈치 채지 못했는가?

1592년 9월 1일의 부산포 해전 당시에만 해도 원균은 10척의 전함을 이끌고 왔었다. 그런데 그로부터 6개월이나 지났는데도 오히려 원균의 함대는 80%나 더 줄어들었다. 대체 어떻게 된 일일까? 한 가지 확실한 사실은 그가 오랜 휴식 기간을 가졌음에도 불구하고 전력 양성에 게을리 했다는 점이다.

(*일부 연구가들의 추측에 의하면, 원균이 배에 관내의 곡식을 실어 나르며 장사치들과 밀거래를 하는 용도로 사용하느라 전장에는 2척의 배만 가지고 올 수밖에 없었다고 한다. 일찍이 그의 부친 원준량이 군사들에게 원망을 살 정도로 재물을 긁어모았고, 원균은 병사들이 굶어

죽을 정도에 이르렀는데도 군량을 풀어서 그들을 구호할 생각은 하지 않고 배에 기생을 태우고 다녔다는 사실을 감안한다면, 그가 군선을 사사로운 일에 쓰고 있었을 가능성도 있다.)

어쨌든 연합 함대는 5월 10일에 견내량까지 진출하여 함대를 점검하고 있었는데, 갑자기 조정에서 경솔히 움직이지 말고 명나라 장수 송응창을 기다렸다가 함께 왜군과 싸우라는 명령이 떨어졌다. 그러나 송응창은 오지 않았고, 결국 이순신의 두 번째 출정도 성과 없이 끝났다.

이순신은 7월 14일, 해군의 본영을 한산도로 옮겼다. 남해의 요충지인 한산도로 본영을 옮김으로써 왜군의 서해 진공을 차단하고 효과적으로 활동하기 위함이었다.

1593년 8월 1일, 조정에서는 그 간의 전공을 치하하고 전란을 겪으면서 확장된 수군을 좀 더 효율적으로 운영하기 위한 방안으로 이순신을 새로 신설한 직책인 전라좌수사 겸 삼도수군통제사(三道水軍統制使)로 임명했다. 충청도와 전라도, 경상도 3도의 수군을 총지휘하는 직책이었으나 사실상 조선의 해군 총사령관이나 다름없었다. 이로써 이순신은 지금까지 똑같은 계급이었던 다른 도의 수사들을 지휘하며 그들에게 명령을 내릴 수 있게 되어, 수군의 통솔이 더욱 원활해지게 되었다.

삼도수군통제사로 임명한다는 인사발령은 8월 1일에 있었지만, 그 명령이 하달된 날짜는 1593년 10월 9일이었다. 그때 이순신은 49세의 나이였다.

이순신의 통제사 취임에 전라우수사 이억기와 충청수사 최호는 매우 기뻐했으나, 원균은 노골적으로 불만을 드러냈다. 어째서 원균만 그러했을까?

이억기는 이순신보다 17세나 더 나이가 적었고 군 경력도 후배였다. 최호는 1536년생으로 네 명의 수사 가운데 가장 나이가 많았으나 이순신보다는 군 경력이 후배였다. 그는 이순신과 함께 해전을 하면서 그의 비범한 지휘와 전략에 깊은 감명을 받았다. 그리고 결정적으로 최호는 전투 중에 비리를 저지르다 이순신에게 들켜 곤욕을 치르는 일을 겪지 않았다.

이에 반해 원균은 이순신보다 5세나 더 연상이었고, 군 경력도 선배였는데 이순신에게 명령을 받는 부하가 되어버렸으니 기분이 좋을 리가 없었다. 게다가 전투에는 참가하지 않고(그럴 형편도 못 되었지만) 왜군 시체를 거둬들여 목이나 베어 그것을 자신의 전공인양 위장하는 자신을 이순신이 매우 불쾌하게 여기고 있다는 점을 눈치 채고 있었다. 서로 같은 곳에서 오래 지내다보면 자기를 좋아하고 싫어하는 사람이 누구인지 금방 알게 된다.

원균 옹호론자들은 이순신과 원균이 서로 불화하여, 조선 연합 함대의 협동 운영에 차질이 빚어졌다고 주장한다. 그러나 조금만 생각해 보면, 그런 주장은 얼토당토않은 허튼 소리라는 것이 드러난다.

최초의 해전인 옥포해전 당시, 원균이 이끄는 경상우수영 함대는 판옥선 4척과 척후선 2척에 불과하였다. 그나마 척후선은 전투용으로 제대로 쓸 수 없는 소형선이니, 주력인 판옥선만 놓고 보자면 4척에 지나지 않는다. 그에 반해 이순신의 전라좌수영 함대는 판옥선만 24척이었다. 원균의 함대는 이순신 함대 전력의 '6분의 1', 즉 16% 수준이었다.

그 후에 벌어진 당포해전에서 이순신 함대는 23척의 판옥선이었고 원균은 3척의 판옥선만 가지고 있었다. 원균 함대의 비율은 이제 이순신 함대의 '8분의 1', 즉 12% 수준으로 떨어졌다.

한산도 해전에서 이순신과 이억기의 전라좌우도 연합함대는 60척이었고, 원균은 7척이었다. 역시 '8분의 1' 수준이다. 그나마 그 7척의 대부분도 깨어진 전선을 대충 수리하여 끌고 나온 것이어서 실전에서는 별다른 위력을 발휘하지 못했다.

1592년 9월 1일의 부산포 해전 당시, 이순신과 이억기의 전라좌우도 연합함대는 168척이나 되었는데 반해 원균의 함대는 10척이다. 이것이 원균이 거느린 최대 함대 보유량이지만 168척에 비하면 '16분의 1' 에도 못 미친다. 6% 수준에 불과하였다.

그리고 1593년 5월 10일, 견내량에 모인 전라좌우도 연합 함대는 202척이었는데, 원균이 이끌고 온 전선은 고작 2척이었다. 이제는 '100분의 1' 수준까지 떨어진 것이다. 전체 함대에서 원균이 차지하는 비율은 1%에도 미달했다.

이상의 통계에서 살펴본 바와 같이, 조선 연합함대에서 원균 함대의 비율은 1%~16%에 그쳤다. 그나마 전쟁이 계속될수록 그 수치는 점점 떨어졌다. 게다가 원균 함대는 수도 적은데다 화포의 양도 부족하여, 본격적인 전투에서는 거의 아무런 역할도 해내지 못했다.

극단적으로 말해서 이순신은 해전을 치르는 데 원균의 도움 따위는 전혀 필요하지 않았던 것이다. 원균의 경상우수영 함대가 조선 연합함대에서 빠져버린다 해도 조선 수군의 전력에는 전혀 지장이 없었다. 아니, 오히려 무리하게 수급을 챙기고 지휘에 순순히 따르지 않는 원균의 행동은 연합 함대에게 적지 않은 부담만 되었다.

진실이 이러한데도 불구하고 이순신과 원균이 서로 마음이 잘 맞는 명콤비였다느니 하는 주장들을 보면 그저 헛웃음이 나올 뿐이다. 천리마와 달팽이를 같이 달리게 한다면, 그 둘이 과연 보조를 제대로 맞출 수 있겠는가?

이순신은 1593년 9월 10일, 조정에 〈수륙전의 일을 조목조목 진술하는 장계(條陳水陸戰事狀)〉를 올리면서 자신이 한산도에서 어떤 사업을 할 것인지를 명명백백히 밝혔다.

① 수군의 관할 하에 있는 연해안 각 고을의 여러 장정들을 모두 수군에 소속케 하여 약 4만 명의 수군 병사를 보유하고, 전선을 두 배 더 만들어내서 총 250척으로 늘린다. 수군력을 증강하여 250척의 함대와 4만 명의 병사들을 확보한다면 5백~1천여 척의 왜군 대선단에 맞서 충분히 싸울 수 있고, 부산 앞바다의 제해권도 완전히 장악할 수 있다.

② 그렇게 되면 보급로가 끊긴 왜 육군은 큰 걱정거리가 안 된다.

③ 또한, 남해안에 흩어져 있는 각 섬에 병사들을 주둔시켜서 둔전을 일궈 군량을 넉넉히 확보하고, 바다에서 생선과 소금을 많이 거둬들인다.

④ 수사의 권한을 강화하여 각 고을 수령들이 모두 일사불란하게 명령에 따를 수 있도록 지휘체계를 정비한다.

이것을 보면, 이순신은 단순히 나가서 싸우기만 하는 군인이 아니라 군의 효율적인 관리와 보급체계 및 총괄적인 전황을 파악할 줄 아는 탁월한 경영자였음을 알 수 있다. 원균으로서는 결코 흉내 낼 수도 없는 그만의 장점이다.

참고로 원균 옹호론자들이 성전으로 떠받드는 〈원균행장록〉에는 원균이 이순신처럼 군의 편제를 새로 정비했다든가, 병사들에게 농사를 짓게 하거나 생선과 소금을 거둬들여 군량을 확보하도록 했다든가, 지휘체계를 효율적으로 개혁을 했다든가 하는 따위의 내용은 전혀 없다. 그저 허무맹랑하고 근거 없는 무용담만 늘어놓고 있을 뿐이다.

〈원균행장록〉의 내용이 다 맞다고 쳐도, 원균은 이순신에 도저히 미치지 못하는 단순무식한 무부(武夫)에 불과했던 것이다. "그래도 원균이 용감하기는 했지 않느냐?" 고 반박할지 모르겠지만, 천만의 말씀이다. 결코 그렇지 않았다. 뒤에 가서 보면 알겠지만, 원균은 2백 척의 대함대를 거느렸던 칠천량 해전 당시에 술에 취해 곤드레만드레가 되어 있다가 왜군이 기습하자 놀라서 정신없이 도망가다가 전군을 궤멸시키고, 자신은 죽었는지 살았는지 알 수 없는 행방불명 상태가 되어 버린다.

이렇게 능동적으로 수군 경영에 박차를 가하고 있던 이순신에게 가장 큰 장애물은 왜군이 아니었다. 바로 원균이었다.

자신이 이순신의 부하가 되었다는 생각에 굴욕과 분노를 느낀 원균은 이순신의 명령에 순순히 따르지 않았다. 그리고 조정에 자주 장계를 보내어 자신이 세운 전공이 이순신보다 더 많으며(이순신을 따라다니며 벤 왜군 수급의 양을 그 증거로 삼았다.) 대부분의 전투가 벌어진 곳이 자신의 관할 구역인 경상도 쪽이니, 자신의 전공을 더 높이 평가해 주어야 한다고 주장하였다.

그 대표적인 예가 1594년 3월경에 벌어진 제2차 당항포해전의 경과이다. 이 해전에서 이순신이 이끄는 조선 연합함대는 왜선 31척을 불태우는 전공을 세웠는데, 원균은 이 승리를 자신이 이끄는 장수들의 힘만으로 이룬 것처럼 거짓 공문을 꾸며서 조정에 올렸는데, 나중에 이를 안 이순신은 원균의 거짓 주장을 반박하는 장계를 보내야 했다.

〈경상우수사 원균은 마치 적선 31척을 그 도(경상우수영) 장수들의 힘만으로 불태운 것처럼 공문을 작성하여 보냈는데, 그 때문에 진중의 장수들은 모두 해괴하게 여기고 있으니, 조정에서는 참작하고 헤아려 시행하시기 바랍니다.〉

—당항포파왜병장(唐項浦破倭兵狀) 1594. 3. 10.

제2차 당항포 해전에서 이순신의 전라좌수영 함대와 이억기의 전라우수영 함대는 대형 왜선 7척과 중형 왜선 8척, 소형 왜선 4척 등 총 19척을 격파하였다. 반면에, 원균의 경상우수영 함대는 대형 왜선 5척, 중형 왜선 6척 등 총 11척을 격침시켰다. 전과로 보면 전라좌우도 함대가 세운 전공의 약 3분의 1 수준이다. 그런데 원균은 이를 모두 자기가 세운 승리라고 주장하는 글을 보낸 것이다. 하긴, 훗날에 나온 〈원균행장록〉에서도 이순신이 거둔 전공을 모두 원균의 공으로 돌리는 '도둑질'을 하고 있으니 오죽하랴.

이 어처구니없는 주장에 선조는 동조하였고, 든든한 후원자를 얻게 된 원균은 갈수록 이순신에 대한 비방과 중상모략의 강도를 높여 나갔다.

견디다 못한 이순신은 선조 27년(1594년) 11월에 자신을 삼도수군통제사에서 물러나게 하든지, 아니면 원균을 내쫓아 달라고 조정에 건의를 하기까지에 이른다.

이순신에게 있어서 원균과의 갈등은 결코 개인적인 감정의 차원이 아니라 원리원칙의 문제, 인생관과 가치관, 국가관과 세계관의 문제와 결부된 것이었다. 그리고 수군을 원균에게 맡긴다는 것은 곧 수많은 수군 병사들을 죽음으로 내몰 뿐만 아니라 남해 바다를 왜적에게 넘겨주는 것과 같은 것으로 여겼었는데, 이순신의 이런 판단이 옳았음은 그 후의 역사가 증명하고 있다.

이순신의 건의를 받아본 조정에서는 열띤 논쟁이 벌어졌다.

「김수: 원균과 이순신이 서로 다투는 문제는 매우 걱정스럽습니다. 원균이 잘못한 것이 없지는 않으나 대수롭지 않은 문제를 가지고 차츰 이렇게 되었으니 매우 불행한 일입니다.

선조: 무슨 문제 때문에 그렇게 되었는가?

김수: 원균이 십여 세 나는 자기 첩의 자식까지 군공에 참가시켜 표창을 받았기 때문에 이것을 가지고 이순신이 불쾌하게 여긴다고 합니다. 【당연한 일이다. 10여 세 정도의 어린아이가 어떻게 전투에 참가해 공을 세울 수 있겠는가? 원균은 어린 자식의 공을 조작해 표창을 받게 했고, 이를 이순신은 못 마땅하게 여긴 것이다. 일부 연구가들은 이순신이 모함한 원균의 아들이 원사웅(元士雄)이라고 하는데, 당시 원사웅은 18세의 성인이었다. 이순신이 문제 삼은 것은 10여 세였던 원균의 첩의 아들이지 원사웅이 아니었다. 더구나 김수는 원균만큼 이순신을 싫어했다. 그런 김수가 하는 말이니 그만큼 신빙성이 있지 않은가?】

선조: 내가 들으니, 고언백과 김응서는 자리 순서 때문에 서로 다툰다고 하던데, 이들은 무슨 문제 때문에 서로 다투는가?

김응남: 군공 다툼 때문에 그렇게 되었다고 합니다. 처음에 수군이 승리한 것에 대하여 원균은 스스로 자기의 공로가 더 많다고 생각하였고, 이순신은 처음에 적을 치려고 하지 않았는데 선거이(宣居怡)가 치러 나가기를 극력 주장하여 나갔던 것이기 때문에 이순신의 공로는 그다지 크지 않다고 생각하였습니다. 그런데도 조정에서는 이순신을 원균의 윗자리에 올려놓았습니다. 원균은 이 때문에 불만을 품고 서로 좋지 않아 한다고 합니다. 【전혀 상관도 없는 선거이 얘기를 들먹이고, 원균의 공로가 이순신의 공로보다 크다고 생각하는 한심한 수준의 말을 한 나라의 정승들이 임금 앞에서 태연히 하고 있는 모습이다.】

정곤수: 정운이 말하기를 '만약 장수가 나가 싸우지 않는다면 전라도도 반드시 수습할 수 없게 된다.' 고 하면서 압력을 가했기 때문에 이순신은 어쩔 수 없이 나가서 적을 쳤다고 합니다.

선조: 왜적을 잡은 공로로 말하면 이순신이 가장 많을 것이다.

정곤수: 이순신의 휘하에 있던 사람들은 당상관으로 승급한 사람이 많은데 원균 아래에 있던 우치적이나 이운룡 같은 사람들은 공로가 많은데도 그에 대한 표창은 도리어 다른 사람만 못하기 때문에 서로 간격이 벌어졌다고 합니다.

선조: 나는 원균이 하는 일들을 보고 아주 가상하게 생각하였다. 내가 지난번에 남쪽에서 올라온 사람에게 물어 보았더니, 그는 말하기를, 원균은 습증(濕症)이 있는데도 계속 바다에 나가 있으면서 일을 싫증내지 않고 죽을 각오를 하더라고 하였다. 그의 뜻은 칭찬해줄 만하다. 그의 휘하에 있던 사람들로서 만약 공로가 많은데도 표창을 받지 못했다면 누구나 무시당하고 있다는 감정을 가질 것은 뻔하다. 애당초 왜 그렇게 하였는가?

과연 공로가 많다면 이제라도 다 표창하여 그들의 마음을 위로 해 주어야 할 것이다.

김응남: 그들을 위로하는 뜻을 보여주는 것이 좋겠습니다. 이순신이 자신을 교체해 주기를 청하는 것은 역시 부당합니다.

선조: 외부의 의견들은 원균을 교체했으면 하는가?

김수: 별로 교체하고 싶어 하는 의견은 없습니다.

정탁: 신이 남쪽에 갔을 때 들어보니 왜적들은 수군을 몹시 두려워하고 있다고 하였습니다. 원균은 군사들의 지지를 받고 있으니 가장 쓸만한 장수이며, 이순신도 보통장수가 아닌데 이렇게 감정을 가지고 다투는 것은 아주 곤란한 일입니다. 이런 때에 어찌 감히 개인적인 감정을 가지고 이렇게 서로 다툴 수 있단 말입니까. 글을 내려 보내어 나라의 급한 문제를 앞세우라는 내용으로 꾸중하는 것이 좋을 것 같습니다.

만약 전하의 글을 보게 되면 그들도 감격하여 깨닫고 뉘우치는 생각이 왜 없겠습니까. 이런 일 때문에 원균을 교체하면 수군이 반드시 산만해질 우려가 있습니다.」

―〈선조실록〉 선조 27년(1594년) 11월 12일 기사―

(출처: 〈충무공이순신 전서〉(박기봉 편역) 2권 p.436~439.)

이때까지만 해도 정탁은 이순신보다는 원균을 더 훌륭한 장수로 알고 있었다. 이렇게 된 이유는 원균 측에서 자기 편 사람들을 동원하여 당시 한양에 퍼뜨린 소문이 그러했기 때문이다.

당시 소문만 듣고 그런 줄로 여기고 있던 정탁이 정유년(1597) 3월에 가서는 이순신의 구명 장계, 즉 신구차(伸救箚)를 써서 이순신의 목숨을 구해내는 데 결정적인 역할을 하게 된다. 원균을 두둔하는 측에서 주장하는 기가 막힌 논리들을 자세히 생각해 보면, 이미 이때부터 선조의 마음이 원균에게 기울어져 있었음을 알 수 있다.

이 문제는 1594년 12월 1일, 조정에서 다시 논의된다. 비변사에서는 원균을 충청병사인 선거이와 서로 직책을 바꾸게 하자는 건의안을 냈고 결국 선조는 이를 수락했다.

이에 대한 기사가 선조수정실록 12월 1일에 실려 있다.

「경상우수사 원균을 충청절도사(忠淸節度使)로 임명하였다.

원균이 이순신의 아래에 있는 장수가 된 것을 부끄럽게 여겨서 그의 지휘를 받지 않았으므로 이순신이 여러 번 글을 올려 스스로 사임하려고 하였다. 조정에서는 원수 권율에게 원균의 공로와 죄를 조사하게 하였더니, 원균은 더욱 화가 나서 욕설을 퍼부었는데, 한마디 한마디가 다 더럽기 짝이 없었다.

이순신도 원균이 공로를 세우지 못한 사실을 말하면서, 한 가지 사실과 맞지 않는 말을 하였다.(*원균이 전쟁에 참가하지 않은 열 살짜리 아들을 전공자 명단에 포함시켰다고 비판한 것을 가리킨 것이다.)

조정에서는 대부분 원균을 두둔하였으므로 드디어 두 사람을 동시에 규탄하였다.

임금이 다시 비변사에 공정하게 조정하도록 지시하였다.

원균을 교체시켜 육군의 장수로 임명하고 이순신은 죄를 추궁하여 죄를 진 채로 그 직위에서 죄를 씻게 하였다.

원균은 서울에서 가까운 진영(충청도)에 부임하자 권세 있는 자들과 결탁하여 날마다 근거 없는 말로 이순신을 헐뜯었고, 이순신은 이에 대해 홀로 꿋꿋이 버티었다. 조정에서는 대부분 이순신을 시기하고 원균을 칭송하였으니, 명색과 내용이 전도(顚倒)된 것이 다.」(출처: 〈충무공 이순신전서〉(박기봉 편역) 2권 p.447에서 발췌)

-〈선조수정실록〉 선조 27년(1594년) 12월 1일 기사-

결국 1595년 2월, 원균은 경상우수사에서 물러나 충청병사로 전출되었다. 그런데 원균은 자신이 경상우수사에서 충청병사로 전직되는 것이, 마치 이순신과의 권력 싸움에서 패하여 쫓겨나는 것처럼 여기고 앙심을 품었던 모양이다. 그런 이유에서인지, 원균은 자신의 충청병사로의 전출을 통고하는 선조의 교서를 접하는 자리에서 무례하기 그지없는 작태를 보인다.

〈을미년 1595년 2월 27일[양력 4월 6일]〈경오〉 맑다.
원균이 포구에서 수사 배설과 교대하려고 여기에 이르렀다. 교서에 숙배하라고 했더니, 불평하는 빛이 많더라고 한다. 두세 번 타일러 억지로 행하게 하였다고 하니, (원균이 보인 행태가) 너무도 무식한 것이 우습기도 하다.〉 —〈난중일기〉

1595년 2월 27일을 기하여 원균은 경상우수사 직에서 물러나 충청병사로 전출되었다. 그런데 이때 원균은 자신이 이순신과의 권력다툼에 패하여 좌천되는 것으로 여기고 크게 분개하였다. 자신의 전출을 알리는 임금의 교서에도 절을 하지 않으려 드는 모습에서, 당시 원균의 분노가 얼마나 심했는지를 짐작케 한다. 그러나 이는 국왕의 권위조차 무시하는 오만방자함이 아닐 수 없다. 고정욱과 김탁환을 비롯한 원균 옹호론자들은 이순신은 오만불손하여 선조의 명령에 늘 불복

하였지만 원균은 언제나 왕명을 받드는 충신이었다고 주장하는데, 이 기사를 보면 결코 그렇지 않았음을 알 수 있다. 아무리 자신의 뜻과 어긋나는 명령이라도 최고 통수권자인 임금의 명령에 저렇게 불손하게 구는 원균이 무슨 충신이란 말인가? 그런 원균의 태도에 영향을 받았는지 훗날 경상우수사 배설도 선조가 내린 교서에 고개를 숙이지 않을 정도로 거만하게 행동하였다.(1597년 8월 19일자 난중일기 참조).

자, 과연 충청병사로 부임한 원균이 새 임지에서 자신의 역할을 제대로 수행했을까? 다음 장에서 살펴보자.

5. 포악하고 탐욕스러운 성격

장대한 일본도(倭刀)를 든 일본군 사무라이. 오랜 전란을 치르느라 단병접전에 단련된 일본군은 조선과 명, 두 나라의 군사들이 모두 두려워 하였다. 이순신이 왜군과의 백병전을 극력 피하고 원거리 포격전으로만 승부를 보려 한 것도 바로 일본군과 정면으로 육박전을 벌이면 승산이 없다는 판단에서였다. 임란이 끝난 후, 조선에서는 궁술에 비해 소홀했던 검술을 연마하고자 일본도를 정식 무기로 도입하고 정조 때 편찬된 〈무예도보통지〉에서 왜도술(倭刀術)을 군인들에게 가르친다.

(1) 사료에 담긴 원균의 진면목들…

전출을 당했으면 심기일전하여 본연의 임무에 충실했으면 좋으련만, 불행히도 원균은 그렇게 하지 않았다. 그는 충청병사로 가서도 계속 사고를 치며 물의를 일으켰다. 〈실록〉을 보자.

「사헌부가 건의하였다.
"충청병사(忠淸兵使) 원균은 사람됨이 제멋대로이고(泛濫) 게다가 탐욕스럽고 포학하기까지 합니다. **5~6월에 입방(入防: 입대)한 군사를 기한 전에 군역에서 방면(放免)하고 그 대가로 씨콩을 거두어 농사(農舍)로 실어 보냈습니다. 또 무리한 형벌을 행하여 잔혹한 일을 자행하여 죽은 자가 잇달아 생겨나고 앓다가 죽는 자도 많아서 원망하고 울부짖는 소리가 온 도에 가득합니다.** 이와 같은 자는 통렬히 다스리지 않을 수 없으니 파직하고 쓰지 마소서.
임금(선조)이 대답하였다.
"원균의 사람됨은 제멋대로 행동하는 사람이 아니다. 이런 시기에 이름난 장수를 그렇게 할 수는 없다. 허락하지 않는다. 나머지는 건의한 대로 하라."」
－〈선조실록〉 선조 28년(1595년) 8월 15일 기사－

강한 군대를 만들려면 우선 군대의 질서를 바로 잡아야 한다. 그러기 위해서는 엄정한 법 집행이 필요하다. 그런데 위의 기사에서 원균이 무슨 일을 하고 있는가? 뇌물(씨콩)을 받고 군사들을 군대에서 빼내주고 있다. 장수란 자가 이런 부정을 저지르며 병역 면제를 해주고 있는 것이다. 전쟁이 한창이던 때, 한 사람의 병사도 아쉬운 판국에 이게 뭣 하는 짓인가? 참고로 이순신은 군영을 이탈한 병사를 즉결 처분할 정도로 군율을 엄격하게 유지했다. 그리고 절의 승려와 피난민들까지 끌어 모아 병사로 조련시킬 정도로 군사 확보에 열을 기울였다.

한 장수는 뇌물을 받으면서 군사들을 풀어주고, 한 장수는 무슨 수를 써서라도 군사들을 늘리려고 애를 쓰고 있다. 나는 조선인 어부들의 목을 베려고 한 〈난중일기〉의 기사와 이 선조실록 26년 8월 15일의 기사 두 가지만으로도 이른바 원균 명장론을 확실히 논파할 수 있다고 장담한다. 세상에 어떤 장수가 뇌물을 받으면서 자기 휘하 병사들을 빼내준단 말인가? 이렇게 얼빠진 '명장' 도 있는가?

그러나 더욱 화가 나는 것은 선조의 태도이다. 원균이 저지르는 부정과 비리를 들었으면서도 그에게 어떤 처벌도 내리지 않고 오히려 그를 '명장' 이라고 추켜세워 준다. 왜 그러는 것일까? 잠시 후에 그 이유에 대해서 집중적으로 알아볼 것이다.

원균의 비리를 도저히 묵과할 수 없었던지, 사헌부에서는 다음날 다시 한번 파직하라고 간한다.

> 「사헌부가 원균을 파직하고 임용하지 말 것을 연달아 건의하니, 임금이 대답하기를, 그렇게 할 수 없다고 하였다.」
>
> –〈선조실록〉 선조 28년(1595년) 8월 16일 기사–

사헌부에서는 그 다음날인 17일과 18일에도 또 파직하라고 간한다.

「사헌부가 원균의 일을 연달아 건의하였다. 그리고 또 말하였다.
"면천군수(沔川郡守) 이여온(李汝溫)은 사람됨이 교활하고 거짓이 많아(巧詐) 도임한 이후 백성을 구휼하는 데에는 뜻이 없고 오직 명예를 구하는 것만을 일삼아 은밀히 호족(豪族)들과 결탁하여 헛되이 잘 다스린다고(治聲) 떠벌이고, 심지어 거짓말로 위에 보고하여 관직(官階)의 승진을 도모하려고 서울에 사람을 보내는데 백성에게 양식을 거두기까지 하였으니 그 마음씀이 매우 무상(無狀)합니다. 그를 파직하소서."
임금이 대답하였다.
"원균의 일은 허락할 수 없다. 이여온은 이미 포상(褒獎)을 하고 나서 도리어 논박(論駁)하니 형편이 우습게 되었다. 한 때의 비방과 칭찬을 어찌 다 믿을 수 있겠는가. 허락하지 않는다."」

-〈선조실록〉 선조 28년(1595년) 8월 17일 기사-

「사헌부가 원균·이여온의 일로 계속 건의하니, 대답하였다.
"오늘날의 장수로서는 원균이 으뜸이다. 설사 지나친 일이 있었다 하더라도 어찌 가벼이 논계(論啓: 아랫사람이 윗사람의 잘못을 따져서 아룀)하여 그의 마음을 풀어지게 할 수 있단 말인가? 허락하지 않는다.」

-〈선조실록〉 선조 28년(1595년) 8월 18일 기사-

사헌부에서 계속 원균의 비행을 밝혀내며 파직하라고 주청을 올리지만 선조는 귀를 틀어막은 채 열심히 변호한다. 왕의 후원(?)에 용기를 얻었는지, 원균은 자숙하는 기색도 없이 계속 비리를 저지른다.

「사헌부가 건의하였다.

“각도의 병사(兵使)에게는 본래 종사관(從事官)이 없는 법인데, 충청병사(忠淸兵使) 원균은 전 군수(郡守) 최덕순(崔德峋)을 종사관의 명칭을 붙여 수행시킬 것을 주청하여 거느리고 갔으니, 이는 법규에 어긋나는 처사로서 지극히 잘못된 것입니다.

덕순은 바야흐로 도내에 틀어박혀 있다가 연줄을 이용하여 간청해서 이 소임을 맡게 되었으나 별로 하는 일도 없이 여러 마을들을 돌아다니면서 얻어먹고 있으므로 많은 폐단을 끼치고 있습니다.

원균의 죄를 심문하고 최덕순의 종사관 칭호를 없애소서.”

임금이 대답하였다. “병사는 심문할 수 없다. 종사관의 칭호를 없애는 일은 건의한 대로 하라.”

【사신(史臣)은 논한다. 최덕순은 음관(蔭官)으로서 거칠고 비루하여 한 가지 점도 취할 것이 없다. 임진란 때 가평군수(加平郡守)로 있으면서 우리나라의 피난민을 죽여서 머리를 깎고 이마에 문신을 새겨 왜인의 형색을 만들어 행재소(行在所)에 거짓으로 보고하고 큰 공(上功)을 노리다가 여러 사람이 목격하여 실상이 드러났다. 그런데도 그에게 형벌이 가해지지 않았으니, 통탄함을 이루 다 말할 수 있겠는가. 대관(臺官)의 이 논란 역시 너무 가벼운 것이다.】」

-〈선조실록〉 선조 29년(1596년) 1월 12일 기사-

백성을 죽여 그 목을 왜인처럼 꾸며 상을 받으려다 들통 난 천인공노할 범죄를 저지른 악인을 원균은 종사관으로 삼았다. 하긴, 본인도 어부들을 죽여 수급 바치기로 공을 세운 것마냥 꾸민 적이 있으니 잘 어울리는 주종 관계라 할 수 있겠다. 이 사건의 연도가 다소 뒤의 날짜인 까닭은 선조가 이순신을 없애버릴 궁리를 할 때 언급된 원균의 악행이기 때문이다. 아직 끝나지 않았으니, 마음을 놓아선 안 된다.

「윤형(尹泂)이 아뢰었다.

"신이 충청도 남포(藍浦) 땅에 있을 때에 보니, 부역(賦役)이 많아서 백성이 편히 살지 못하였습니다. 쇄마(刷馬)의 대역(大役)은 말할 수도 없거니와 포수(砲手) · 살수(殺手)를 뽑아내고 선봉(先鋒)을 가려 뽑아 보내는 따위의 여러 가지 일이 계속 몰리는데, **병사(兵使) 원균(元均)은 상당산성(上黨山城)에서 성을 쌓을 때에 편의에 따라서 하지 않고 잔폐(殘弊)한 고을이건 부성(富盛)한 고을이건 가리지 않고 각각 2~3백 명을 내게 하여 부역을 독촉하므로 뿌리를 내리지 못한 자들은 모두 유이(流移)하고 겨우 남아 있는 자도 장차 보전하지 못하게 되었습니다.**

백성이 원망하고 배반한다면 성을 아무리 굳게 쌓았더라도 누구와 함께 지키겠습니까. 더구나 이 농사철에 분주히 명을 따르기에 지쳐 백성이 밭에 나가 농사짓지 못하므로 이 때문에 원망이 더욱 극도에 이르렀으니, 우선 농한기를 기다려서 하는 것이 마땅합니다. 빨리 비변사를 시켜서 될 수 있는 대로 잘 처치하게 하는 것이 어떠하겠습니까?

대개 원균의 하는 짓이 외람하므로 신이 논계(論啓:아랫사람이 윗사람의 잘못을 따져서 아룀)하려 하였으나, 승정원에서 일을 맡은 사람을 가벼이 논하여서는 안 된다고 하므로 하지 못하였습니다."」

—〈선조실록〉 선조 29년(1596년) 5월 7일 기사—

원균은 이순신의 휘하 함대가 다 쳐부수고 난 다음 왜군들의 시체를 건져 올려 그것들의 수급을 베어다 조정에 바쳐 자신의 공처럼 위장한 경력이 여러 차례 있었다. 그러나 그가 새로 부임한 충청도 지역은 왜군들이 물러나고 없는 상태여서, 왜군의 수급을 얻는 일은 불가능하였다.

일부 독자들은 '원균이라면, 왜군의 수급을 얻는 일이 불가능하다면 피난민들을 죽여서라도 그 수급을 왜군의 것으로 위장하여 바칠 수도 있었지 않겠느냐?' 라고 반문할지도 모른다. 하지만, 원균이 있는 곳은 조선의 남쪽 끝이 아니다. 조정이 있는 한양과 지척에 있는 충청도이다. 자칫하면 발각되어 목이 달아날 우려가 있다. 게다가 원균은 이제 수군이 아닌 육군이다. 교전 지역도 아닌 곳을 정찰한다는 핑계를 대고 마음대로 돌아다닐 수도 없다.

그러나 가만히 앉아서 공적을 세우지 못한다면 조정으로부터 할 일 없이 시간만 축낸다고 질책을 받을 테니, 그래서 원균이 생각해낸 방법이 성 쌓기였다. 어차피 돌을 나르고 흙을 다지는 일이야 백성들이 하지 원균 자신이 하는 일은 아니다. 그리고 성이 완성되면 '저는 왜군의 침입에 대비하여 이만한 공을 세웠습니다!' 하고 자랑거리로 내세울 수 있으니, 그로서는 전혀 손해 볼 것이 없다.

그건 그렇더라도, 과연 저 기사의 본문에 나오는 것처럼 백성들을 가혹할 정도로 괴롭히면서까지 쌓은 성이 얼마나 오래갔을까? 상당산성에 관한 문제는 조정에서 또 거론된다.

「선조: **원균은 자기 소견대로만 하고 고칠 줄을 모른다. 체찰사가 비록 논리적으로 설명해 주고 타일러도(開論) 고치지 않는다고 한다.**

유성룡: 대개 나라를 위하는 데는 성심이 있습니다. 상당산성(上黨山城)을 쌓을 때 흙집을 만들고 자면서 공사를 감독하여 수축하

였습니다.

이산해: **상당산성을 수축할 때 위력으로 공사를 감독했기 때문에 원망하는 사람이 많았습니다.**

이정형: **상당산성의 공사는 비록 이루어졌지만 비가 오자 도로 무너지고 말았습니다."」**

-〈선조실록〉 선조 30년(1597년) 1월 27일 기사-

백성들을 괴롭혀가며 무리하게 공사를 진행하였으니 제대로 될 리가 없다. 결국 백성들의 수고도 헛되이 상당산성은 비를 맞고 무너지고 말았다. 요즘 말로 하자면 부실공사였던 것이다.

소설가 고정욱은 원균의 상당산성 축성 작업에 동원된 백성들의 고역을 "힘들어도 왜군의 침입을 막으려면 어쩔 수 없다."라는 말로 작품 속에서 옹호하고 있다. 그러나 비가 내려서 무너질 정도로 부실한 성을 쌓아서 과연 왜군을 막아낼 수 있겠는가? 만약 왜군과 대처했을 때 성이 무너져 내린다면 어떻게 되겠는가? 그런 성은 차라리 쌓지 않느니만 못하다. 결국 원균의 상당산성 축성은 형편없는 실패작이라고 봐야한다.

여기서 독자들은 한 가지 의문을 느낄 것이다. '왜 선조는 저토록 백성들의 지탄을 받고 부패한 원균을 기를 쓰고 비호해 주나?' 하고 말이다.

그 대답은 질문 안에 있다.

임란 내내 선조는 이순신을 경계했다. 처음 이순신이 옥포에서 승전을 거두었을 때는 진심으로 기뻐했지만, 그 이후 이순신의 승리가 계속되고 그가 가진 군사력이 계속 증대되어 조선 최강의 무력을 가지게 되자 '혹시 저 녀석이 역모를 일으키는 것은 아닐까?' 하는 의구심에 사로잡혔던 것이다.

아울러 백성들이 이순신에게 열렬한 신망을 보내는 것도 한편으로는 마음에 걸렸으리라. 자신이 한양을 버리고 달아날 때, 백성들이 어떻게 대했던가? 지엄한 임금에게 돌을 던지며 '후궁들의 배나 불리는 너 같은 놈도 임금이냐!' 하며 욕설을 퍼붓지 않았던가. 그런데 그런 백성들이 왕인 자신을 멀리하고 장수인 이순신을 더 좋아하고 있으니, 어찌 마음에 걸리지 않겠는가.

구약성경에서, 이스라엘의 사울 왕이 전쟁터에서 개선하는 도중에서 백성들이 "사울은 수천 명을 치셨고, 다윗은 수만 명을 치셨다네!" 하고 경축하는 말을 듣고 용감한 장수였던 다윗을 질투하고 경계하여 그를 제거하려고 했다는 사실을 감안해 본다면, 선조의 심리가 이해되지 않는 것도 아니다.

선조의 인품은 어떠했을까? 일부 사학자들은 선조를 가리켜 '미증유의 국난인 임진왜란을 극복한 훌륭한 성군'으로 보고 있으나, 그것은 역사에 대한 무지의 극치이다. 〈연려실기술〉 제14권 선조기사본말의 "기축년 정여립의 옥사" 편에 보면, 백유양이란 선비가 정여립에게 보낸 편지에 다음과 같은 내용이 나온다.

"이 사람(선조)은 시기심이 많고 모질고 고집이 세다(此人猜忌狠愎)", "이 사람(선조)은 임금의 도량이라곤 조금도 없다(此人少無人君之量)."

백유양은 이 편지 때문에 결국 역적으로 몰려 죽게 되지만, 그는 선조의 성격을 매우 정확하게 파악했던 것이다.

원래 선조는 왕이 될 재목이 아니었다. 그는 조선 11대 임금인 중종의 후궁 창빈의 아들 덕흥군(德興君)의 셋째 아들 하성군(河城君)이었다. 13대 임금인 명종이 후사를 남기지 못하고 죽자, 그는 불과 15살의 나이로 왕이 되었다. 본래 후궁 소생의 왕자들은 파리 목숨에 불과했다. 역모나 정쟁의 제물이 되기 일쑤였고, 실제로 여러 차례 살육의 소용돌이에 휩쓸리곤 했다. 그런 후궁 소생의 왕자가 왕이 된 최초의 사례가 바로 선조이다.

선조는 정상적인 세자로 책봉되어 제왕의 교육을 받기는커녕, 언제 죽을지도 모르는 처지로 두려움에 떨면서 살았다. 그런 몸이 하루아침에 왕위에 올랐으니 제대로 왕노릇을 할 수 있을 리가 없다. 자신이 합당한 왕이 아니라는 자격지심과 열등감, 그리고 자신의 정통성이 문제가 되어 언제 왕위에서 쫓겨날지도 모른다는 불안감이 평생 내내 그를 따라다니며 괴롭혔다. 거기에 퇴계와 율곡으로 대표되는 대신들은 또 어떤가? 철저한 교육을 받으며 자라온 조선 제일의 지식인 계층이 아닌가? 제대로 된 교육을 받지 못했던 선조로서는 대신들을 대할 때마다 자신이 그들보다 못하다거나, 그들이 자신을 깔보고 있다는 피해의식에 시달렸다.

그런 대신들에게 솔직하게 마음을 털어놓고 그들과 협력하여 조정을 이끌어 나갔으면 좋았으련만, 선조는 대신들 간에 벌어지는 당파싸움을 조장하고 즐겼다. 그리고 거기서 떨어지는 이득을 조용히 챙기며 그것을 자기의 권력 강화에 이용했다.

그가 제위 내내 가장 신경을 썼던 일은 왜군을 물리치거나 백성들의 민생을 보살피는 것이 아니었다. 자신의 권력에 도전할 요소를 차단하는 일이었다.

선조에 관련된 이야기는 좀 뜬금없는 일로 여겨질지 모르나 반드시 짚고 넘어가야 한다. 선조의 인격을 제대로 알지 못하면 그가 왜 원균을 총애하고 이순신을 몰아내려 했는지, 그 정확한 이유를 알 수 없기 때문이다.

그는 친아들이자 세자인 광해군마저 경계했다. 자신이 나라의 북쪽 끝인 의주까지 도망쳐 있을 동안, 광해군은 분조(조정의 축소기구)를 이끌고 전국 각지를 누비며 백성들을 위무하며 의병 활동을 독려하여 백성들의 신망을 얻자 광해군을 견제하고 억압하였다. 광해군이 백성들의 신망을 등에 업고 자신에 맞설 것을 우려해서였다. 또한 명나라에서 온 사신들이 광해군의 인품과 능력을 크게 칭찬하자 그에 반비례하여 광해군을 더욱 모질게 핍박했다. 혹시나 광해군이 명나라와 결탁하여 자신을 몰아내지나 않을까, 하는 두려움에서였다.

이러한 선조의 망증은 광해군보다 더 어린 나이의 여자를 정실 왕비인 인목왕후(仁穆王后)로 맞아들여 낳은 당시 세 살짜리 코흘리개였던 영창대군(永昌大君)에게 왕위를 물려주겠다고 고집을 피우는 단계에까지 이르렀다. 34세의 다 장성한 성인이었던 광해군을 제쳐놓고 말이다. 이 정도면 망령도 거의 중증이다.

또한 선조는 이름 높은 의병장이었던 김덕령(金德齡)을 역적의 누명을 씌워 죽였으며, 그 사건으로 충격을 받은 홍의장군 곽재우(郭再佑)는 의병장을 그만두고 낙향해 버렸다. 오죽하면 김덕령의 억울한 죽음 이후, 백성들 사이에 서로 의병하지 말라는 말까지 나돌았을까? 사족을 덧붙인다면, 임란 때 그토록 활발하게 일어났던 의병운동은 임란 이후인 병자호란 때는 거의 없었다. 목숨을 바쳐 나라를 위해 싸워서 돌아오는 대가가 죽음이라면 누가 힘들게 일어나 의병을 하려 들겠는가? 의심 많고 용렬한 선조의 작태가 순수한 애국지사들의 의

기를 꺾어버린 것이다.

행주산성에서 2천의 군사로 3만의 왜군을 격퇴시킨 조선 육군의 명장 권율은 대승 이후, 선조에게 매일 편지를 보내서 '전하에 대한 저의 충성심은 결코 변하지 않을 것입니다.' 라고 비굴하게 굴었다. 쉽게 말해서, 〈나는 결코 당신을 배신하지 않을 테니 제발 살려만 달라〉는 뜻이다. 왜 그랬을까? 그는 자신이 섬기는 주군의 본질을 알아차린 것이다. 자칫 선조의 눈 밖에 났다가는 김덕령처럼 억울한 누명을 쓰고 죽음을 당하기 십상이니까.

혹시 3번째 단락에서 선조가 여진족 문제에서 이순신을 두둔했던 사건을 떠올리며 혼동을 일으키지 않는가? 그 때에는 비교적 공정하고 훌륭한 균형감각을 보여주었던 선조가 이제 와서는 왜 갑자기 이렇게 비뚤어지고 편파적으로 구는가, 하고 말이다.

위기가 닥치면 그 사람의 본성이 드러난다는 말이 있다. 북방 여진족의 준동은 기껏해야 국경 지역 일대에만 국한된 문제였을 뿐이고, 당시 이순신이란 인물의 비중은 지극히 미약한 존재에 불과하였다. 그러나 왜란은 그 수준과 규모가 다르다. 왜군은 조선을 단순히 약탈하러 온 것이 아니라, 조선을 완전히 정복하고자 침입한 것이다. 여진족의 침구는 기껏해야 함경도 북부에 그쳤지만, 왜군의 침구는 남쪽 끝인 부산에서부터 평양과 함경도 끝인 종성에까지 미쳐, 그야말로 전 국토가 왜군의 창칼에 유린당하는 실정이었다. 여진족의 침략과는 비교할 수 없는 절체절명의 국가적 위기인 것이다.

그러나 선조에게 진실로 두려운 것은 왜군들의 창칼이 아니라 백성들의 분노와 질타가 아니었을까. 왜군들이야 장수와 군사들을 보내면

막을 수 있지만, 백성들의 마음속에서 타오르는 원한은 무력으로 핍박한다고 해결될 문제가 아니다. 왜군들이야 바다 건너로 쫓아버리면 그만이지만 원한을 품은 백성들을 다 죽일 수야 없는 노릇 아닌가.

권력자가 가장 두려워하는 것은 자신의 권력을 빼앗으려는 세력이다. 권력의 기반을 이루고 있는 백성들이 자신을 미워하고 다른 사람을 선망하고 있다면, 이는 그 사실 하나만으로도 중대한 위협이 될 수 있다. 백성들이 자신이 아닌 다른 사람을 추켜세워 권력을 부여한다면, 그것은 곧바로 정권 교체가 된다.

'시기심이 많고 옹졸한 성격'의 선조가 보기에 이순신은 매우 위험한 존재로 간주되었다. 지나친 비약이라고 할 수 있겠지만, 선조의 입장에서 보면 결코 무리한 상상이 아니다. 그의 조상인 이성계가 어떻게 조선을 세웠던가? 자신의 사병을 거느리고 왜구와 홍건적을 무찔러 백성들의 지지를 얻지 않았던가? 그리하여 나라 안의 병권을 장악하자 마침내 위화도 회군을 단행하여 왕위를 찬탈하고야 말았다.

임란을 당해 국가가 백척간두의 위기에 처해 있는데 유일하게 왜군을 맞아 연전연승을 거둔 이순신을 백성들은 마치 하늘처럼 우러러보며 왕인 자신보다 더 존경하고 있다. 그런 이순신이 지금, 이성계와 같은 전철을 밟지 않는다고 누가 장담할 수 있는가?

하지만 반역을 일으킬 우려가 있다고 해서 이순신을 섣불리 제거할 수도 없다. 아직 이순신이 반역 내지 그와 비슷한 일을 저지른 적이 없고, 그럴 증거가 없으며, 결정적으로 왜군과 대치하는 지금 같은 상황에서 이순신을 죽이고 나면 왜군을 막아낼 장수가 없기 때문이다.

그런데, 말 못할 고민으로 끙끙 앓고 있는 선조 앞에 원균이 나타났다. 이순신이나 권율 및 다른 의병장들과는 달리 백성들로부터 지탄을 받고 있다. 여기서 이 점을 주목해야 한다. 원균은 백성들의 민심을 얻기는커녕 그들로부터 미움을 받는 처지이다. 그러므로 결코 백성들의 지지를 등에 업고 반란을 획책하는 일 따위는 하지 못한다. 또한, 그렇게 궁지에 몰려 있는 자신을 홀로 비호해 주는 선조에게 감사하며 더욱 더 충성할 것이다. 선조는 이 점을 노린 것이 아닐까? 그렇지 않고서야 원균이 저토록 비리를 저지르며 백성들의 원성과 비변사의 지탄을 받고 있는데도 불구하고 어찌 끝까지 옹호해 줄 수 있겠는가. 더구나 원균이 세운 전공의 정도(그가 갖다 바친 수급의 양)로 보아도 결코 이순신에게 뒤떨어지지 않는다니. 그렇다면 해전에서 이순신 못지않은 능력을 발휘할 수 있지 않겠는가?

선조는 이미 이때부터 원균을 이순신의 대항마로 선택한 것이다. 그리고 선조의 신임을 받던 조정 내 서인의 영수 윤두수(尹斗壽)는 처가 쪽으로 원균과 인척 관계였다.(선조 82권, 29년(1596년 병신년) 11월 7일 기해 3번째 기사에, 윤두수가 자신과 원균은 인척 관계라고 고백하는 장면이 나온다.) 그런 인맥 관계도 선조의 심중에 상당 부분 영향을 끼쳤을 것이다.

다음은 실록이 아닌 〈난중일기〉에 기록된 원균의 악행이다. 이순신이 얼마나 원균을 싫어했는지를, 그리고 둘이 어릴 때부터 절친한 사이였다는 주장의 허구성을 실감나게 느낄 수 있을 것이다.

1595년 이전의 기록들은 원균이 충청병사로 전직되기 전이지만 그래도 실어본다. 이순신이 그를 어떤 인물로 파악하고 있었는지, 그의 평소 행실이 어떠했는가를 알 수 있는 귀중한 대목이기 때문이다.

「1593년(癸巳) 5월 8일(양력 6월 6일). 흐리되 비는 오지 않았다. 새벽에 출항하여 사량도 앞바다에 이르니, 만호(李汝恬)가 나오므로 우수사(원균)가 있는 곳을 물었더니, "지금 창신도(昌信島: 남해군 창선도)에 있다"고 하며, "군사들이 모이지 않아 미처 배를 타지 못했다"고 하였다. 바로 당포에 이르니 이영남이 와서 인사하면서, 수사(원균)가 잘못하는 일이 많다고 자세히 말하는 것이었다.」 -〈난중일기〉-

원균 쪽도 군사들이 모이지 않아 기일에 맞춰 출동하지 못하고 있었음을 알 수 있다. 이영남이 와서 인사하며 직속상관인 원균이 잘못하는 일이 많다고 자세히 말하고 있다. 같은 해 4월 3일에 이어 자기 부하한테 두 번씩이나 저런 소리를 듣는 원균. 그는 부하들의 신망도 제대로 얻지 못했다.

「1593년(癸巳) 5월 14일(양력 6월 12일). 맑다.
선전관 박진종(朴振宗)이 선전관 영산령(寧山令) 복윤(福胤)이 임금의 분부(유지)를 가지고 같이 왔다. 그들에게서 명나라 군사들의 하는 짓을 들으니 참으로 통탄스럽다. 내가 우수사(이억기)의 배에 옮겨 타고 선전관과 이야기하며 술을 두어 순배 돌리자 영남우수사 원균이 나타나서 술주정을 부렸다. 한배 안의 모든 장병들로 분개하지 않는 사람이 없었다. 그 고약스러움은 이루 다 말할 수 없다. 영산 영감이 취하여 엎어져 인사불성이 되었으니 우습다. 이날 저녁에 두 선전관이 돌아갔다.」 -〈난중일기〉-

조선에 출정한 명나라 군사들은 1593년 1월 9일 평양성 탈환 이후, 제대로 싸워서 전공을 거둔 적이 없다. 평양성에서 승리한 명군 사령관 이여송은 패주하는 왜군을 무리하게 추격하다가 1월 27일 벽제관에서 왜장 고바야카와 다카카게(小早川隆景)가 이끄는 왜군의 매복에 걸려 대패한 후, 겁을 먹고 평양으로 후퇴한 이후에는 좀처럼 싸우려 들지 않았다.

뿐만 아니라 명군은 조선 각지에서 민간인에 대한 약탈과 학살을 거리낌 없이 자행했다. 비단 민간인뿐만이 아니었다. 조선의 관리들마저 우습게 여기고 행패를 부리기 일쑤였다. 이여송은 자신을 접대하러 나온 조선인 관리가 자신의 발에 물을 묻히게 했다는 이유로 조선 왕인 선조 앞에서 그의 목에 밧줄을 걸어 개처럼 끌고 다녔으며, 황해도 병마절도사를 지낸 박진 장군은 명나라 하급 군관인 루승선에게 구타당하여 목숨을 잃을 정도였다. 오죽하면 백성들 사이에서 '왜군은 얼레빗, 명군은 참빗'이라는 말까지 나돌았을까? 왜군이 오면 얼레빗처럼 대충 긁어서 조금이라도 남아나지만, 명군이 오면 참빗처럼 철저히 긁어서 아무것도 남아나질 않는다는 자조적인 말이다.

그럼에도 불구하고 임금인 선조는 명군의 이런 행패를 보고도 아무런 항의나 조치도 취하지 않았다. 개전 초기, 왜군이 쳐들어오자 겁에 질려 허겁지겁 달아났던 추태로 인해 왕의 권위는 크게 실추되어 있었다. 여기에 수군의 연이은 승전과 전국 각지에서 일어난 의병들의 활동이 활발해지자 선조는 이것을 자신의 왕권에 대한 큰 위협으로 간주한 것이다. 언제 그들의 창칼 끝이 왜군이 아닌 자신에게 겨눠질지 모르는 일이기 때문이다.

이런 상황에서 자신의 왕권을 강화시킬 수 있는 수단은 오직 명나라의 지원뿐이었다. 선조는 틈만 나면 명군의 막사에 찾아가 일개 하사관에게도 큰 절을 올리고 그들 앞에서 애써 조선군을 폄하하고 명군을 추켜세웠다. 심지어 이순신이 명량에서 크게 이겼다는 소식을 들은 명군 장수들이 이순신을 칭찬할 때에도 '그저 작은 승리일 뿐입니다.' 라며 무시해 버렸다.

이렇게 알아서 기는 선조를 명군 장수들은 겉으로는 예우를 다하는 척했으나 뒤돌아서서는 줏대도 없는 비굴한 자라고 비웃었다. 반대로 명군에게도 엄격하고 절도 있게 대하는 이순신을 대할 때면 불쾌한 기색을 보이면서도 내심으로 두려워하면서도 존경하였다. 자기 자신을 비하하는 사람을 존중해 줄 사람이 어디 있겠는가.

위 기사의 마지막 부분은 원균이 술을 마시고 주정을 부리는 내용이다. 임진왜란 내내 원균은 술을 입에 달고 살았다고 해도 지나치지 않다. 오죽이나 술을 좋아했으면, 기문포 해전에서는 왜군들에게도 술을 먹이고, 칠천량 전투에서도 술에 취해서 흐리멍텅하게 있다가 전군을 말아먹을 정도였다.

그런데 글의 앞머리 부분을 잘 살펴보자. 어째서 원균은 하필이면 임금의 분부를 가지고 온 선전관들이 있는 자리에서 주정을 하면서 못할 말(험담)을 늘어놓았을까? 그것도 듣고 있는 온 장병들이 분개할 정도로 심하게 말이다. 아마 원균은 술기운을 핑계로 이순신에 대한 험담을 퍼부으면서 왕의 직속관리인 선전관들로 하여금 자신의 말을 조정에 전하려고 했던 것이 아닐까? 선전관들이 돌아가면 반드시 자신의 말을 왕에게 전할 테니 말이다. 그렇게 함으로써 선조 임금이 이순신에 대한 부정적인 인상을 갖게 되는 효과를 노렸던 것이 아닐까?

「1593년(癸巳) 5월 15일(양력 6월 13일). 맑다.
아침에 낙안군수가 와서 보았다. 윤동구(尹東耉)가 그 대장(원균)의 장계 초본을 가지고 왔는데 그 고약스러움은 이루 말할 길이 없다. 늦은 아침에 조카 해(荄)와 아들 울(蔚)이 봉사 윤제현(尹齊賢)과 함께 왔다.」 -〈난중일기〉-

뭔지는 모르지만 원균이 '고약한 내용'을 장계로 올리자 그의 부하 군관이 너무도 어이가 없어서 그 장계의 초본을 몰래 가지고 와서 알려주었다. 조선 수군에 몰아닥칠 파멸의 기운이 소리 없이 다가오고 있는 듯하다.

대체 그 장계의 내용은 무엇이었을까? 추측컨대 이순신을 모함하고 자신의 공을 조작하는 내용은 아니었을까?

「1593년(癸巳) 5월 21일(양력 6월 19일).
새벽에 출발하여 거제 유자도(柚子島: 죽도) 가운데 바다에 이르니, 대금산(大金山)의 척후병(望軍)이 와서 적의 출입이 여전하다고 하였다. 원 수사(원균)가 허위내용의 공문을 돌려 대군이 소동하게 한 것이다. 군중에서조차 거짓으로 속이는 것이 이러하니, 그 고약스러움은 이루 다 말할 길이 없다.」 -〈난중일기〉-

원균이 진중을 소동시킨 공문의 내용은 무엇이었을까? 이순신은 이 같은 원균의 모습에 문제가 있다고 보고 〈난중일기〉에 꾸준히 기록해 가면서 원균을 경계했다.

「1593년(癸巳) 5월 30일(양력 6월 28일). 종일 비. 비. 오후 4시경에 잠깐 개었다가 다시 비가 왔다.
원 수사(元均)가 경략 송응창이 보낸 화전(火箭: 화살 끝에 화약통이 달려, 물체에 명중하면 폭발하는 무기)을 혼자만 쓰려고 꾀하였으나, 병사(兵使)의 공문에 따라서 나누어 보내라고 하였더니, 공문을 인정하지 않는 심한 언사로 무리한 말만 많이 하니 우스웠다. 명나라 고관(송응창)이 보낸 화공 무기인 화전 1,530개를 나눠 보내지 않고 독차지해서 쓰려고 한다니, 도저히 말이 되지 않는 일이다.
남해현령 기효근(奇孝謹)이 배를 내 배 곁에 대었는데, 그 배 안에 어린 계집을 태우고 남이 알까봐 두려워하니 가소롭다. 이 같이 나라가 위급한 때를 당하고도 미인을 태우고 놀아나니 그 마음 씀씀이야말로 이루 다 말할 길이 없다. **그러나 그 대장인 원균 또한 그러하니 어찌하랴!**」 -〈난중일기〉-

(*〈이순신과 임진왜란〉(비봉출판사) 제3권 366페이지 참조)

원균은 개전 초기에 바다를 건너오는 왜군 함대를 보고 겁에 질려 싸워보지도 않은 채 막대한 양의 함대와 군수 물자를 내버리고 달아난 전적 때문에 심한 수치심을 느꼈던 듯하다. 그래서 그런 실점을 만회하기 위하여 고작 몇 척밖에 안 되는 배로 이순신을 따라다니며 익사한 왜군 시체들을 건져내어 목을 잘라 모으는 데 광분했다. 그것이 너무 지나쳐서 조선인 어부들을 죽이고 그 수급들을 왜군으로 위장시키려 했을 정도로…… 다행히 그런 끔찍한 시도는 미수에 그쳤다. 그 정도로 원균은 어떻게 해서든 공적을 세워 손상된 체면을 회복해 보려 했던 것이다. 위의 기사에서 명나라가 보낸 화전을 다른 장수들에게 나눠주지 않고 자신만이 독차지하려 했다는 내용을 보면 짐작이 간다.

그런데 그렇게 공을 세워서 원균은 무엇을 하려 했을까? 장수가 공을 세우면 당연히 더 높은 자리로 승진하게 된다. 문제는 도대체 원균은 고위직에 올라가 무엇을 하려 했느냐는 것이다. 왜군과 적극적으로 싸운다? 이건 아닌 듯하다. 이순신을 몰아내고 삼도수군통제사가 되고서도 왜군을 상대로 전투를 벌이는데 전혀 열중하지 않았던 점을 감안하면 말이다.

〈조선왕조실록〉, 〈징비록〉, 〈난중잡록〉 그리고 원균 옹호를 목적으로 한 〈원균행장록〉을 보아도 원균이 전선을 건조하거나, 군수 물자를 정비하거나, 전력 증강에 열을 기울였다는 이야기는 전혀 볼 수 없다. 〈원균행장록〉을 제외한 다른 사서들에서는 한결같이 원균이 삼도수군통제사가 되고 나서 술과 여자에 빠져 장병들을 멀리하며, 잔혹한 형벌을 마구 자행하고, 뇌물을 받고 병사들을 풀어주는 식의 군기 문란을 자행했다는 기사만 나온다.

결론은 뻔하다. 원균은 권력의 달콤함만을 누리려고 했을 뿐, 그 권력을 누리는 본질적인 의미, 즉 국토방위에는 전혀 신경을 쓰지 않았다고 봐야 한다. 사실, 민주주의가 정착한 오늘날에도 정·관계의 고위 인사들이 자신의 본 업무에 진심으로 열중하는 경우가 얼마나 있는가. 자신이 가진 권력으로 국가와 국민에 봉사하는 사례보다 권력을 이용해서 자신의 더러운 욕망을 채우려 드는 사례를 우리는 질릴 정도로 자주 본다.

화전(火箭) 운운하는 다음 부분의 기사를 보자.

당시 나고야에 10만여 왜군이 조선 침공을 위해 대기하고 있었고,

북쪽으로부터는 수만 명의 왜군이 남하해 내려오고 있는 상황이었는데도 원균과 그 부하 기효근은 병선에 어린 기생을 태우고 놀아나고 있었다. 원균을 모함하려고 지어낸 말이 아니냐고 의심할지도 모르지만, 원균이 나중에 이순신을 몰아내고 통제사가 되었을 때 운주당(運籌堂)에서 기생을 끼고 술판을 벌인 행태를 본다면 이는 결코 근거 없는 비방이 아닌 듯하다.

「1593년(癸巳) 6월 5일(양력 7월 3일). 종일 비가 왔다.
바람세가 매우 험해서 배들을 겨우 구호했다. 경상 우수사(원균)가 웅천의 적이 혹시 감동포(부산시 북구 구포동)로 들어올지도 모르니 들어가 치자고 공문을 보내왔다. 그 흉계가 참으로 우습다.」
—〈난중일기〉—

감동포구(오늘날의 구포)는 김해와 함께 조선 시대의 낙동강 하류 지역의 물류중심지였고, 임진왜란 때는 왜군이 큰 왜성을 쌓고 낙동강의 최대 병참기지로 삼았던 곳이다.

이동해 가자면 먼 거리였고 위험하기는 부산포 못지않은 곳이다. 또 이 무렵에는 북상했던 왜군 주력이 남해로 속속 도착하고 있었고 일본으로부터는 1천여 척의 선단이 건너오고 있었다. 이 같은 상황이었기에 권율 등 조선 육군은 함안→의령→진주로 황급히 물러나고 있었던 것이다.

그런데 원균이 왜 갑자기 감동포를 공격하자는 제안을 했을까? 또 이순신은 왜 이 같은 제안을 '흉계가 참으로 우습다' 고 기록해 놓았을까? 상황을 정리해보면 다음과 같다.

첫째, 조선 함대가 정박해있던 상황을 보면, 이순신과 이억기는 같은 도 소속이었으므로 강풍에 두 수사의 기함이 서로 부딪힐 정도로 함께 정박해 있는 경우가 많았다. 그러나 원균의 함대는 도가 달랐으므로 다소 떨어진 곳에 진을 쳤던 것 같다. 하지만, 그렇다고 해도 한 산도 연안에 있었을 텐데 구태여 공문까지 보낼 필요가 있었을까? 하는 의문이 생긴다.

둘째, 지금까지의 출동상황을 살펴보면 '혹시 올지도 모른다'는 정도의 불확실한 정보를 가지고는 함대를 출동시키지 않았다. 당포와 당항포에서 보았듯이, 언제나 왜 선단의 정박지와 적 함대의 규모를 파악해서 장수들과의 작전을 구상한 후 공격하는 방식이었다. 그만큼 출동은 쉽지 않은 일이었다. 그런데 원균의 감동포 공격안은 이 같은 작전 수립 과정도 없이 마치 '저녁산책 가자'는 제안처럼 막연하고 갑작스럽다.

셋째, 날씨가 악천후였다. 이런 날씨라면 이순신이 분명 출항을 거절할 것을 알고 공격을 제의해 온 것은 아닐까?

원균은 공문의 사본을 자기파의 선전관과 조정 대신에게 전하면서 자기는 어명에 따라 늘 싸우러 나가자고 했지만 이순신은 겁이 많아 어명을 어기면서까지 출동하지 않았다고 모함을 했던 것은 아닐까? 유감스럽게도 원균의 행각은 늘 그러했다.

「1593년(癸巳) 6월 11일(양력 7월 9일). 잠깐 비가 오다 개었다. 아침에 적을 토벌할 일로 공문을 만들어 영남수사(원균)에게 보냈더니 술이 취하여 인사불성이더라고 하였다.」 -〈난중일기〉-

이순신은 전날 새벽 2시에 '내일 새벽에 나가 치자'는 원균의 공문을 받고 바로 대답하지 않았다. 대신 자신이 생각하는 작전 계획안을 아침에 보냈다. 상식적으로 원균은 이에 대한 자신의 견해를 밝히고 필요하다면 수사들끼리 모여서 작전을 숙의했어야 했다. 그러나 원균은 전날 만취한 상태에서 군관으로 하여금 출동 제안서를 써서 이순신에게 보낸 후, 곯아 떨어져 있었다.

원균은 취중에 제안한 공문의 사본을 자신을 두둔하는 대신들에게 뇌물과 함께 보내면서 자신은 늘 웅천포, 부산포 쪽으로 나아가 싸우자고 하였으나 이순신은 겁쟁이여서 이를 거절했다고 모함했다.

난중일기에 기록된 원균의 모습을 자세히 살펴보면, 그는 군사작전까지도 자신의 출세를 위한 제물로 삼았음을 알 수 있다. 원균을 두둔하는 조정 대신들은 원균이 올린 이러한 내용들을 당쟁의 제물로 이용했으며, 그 결과 자초된 것이 칠천량의 패전이다.

계속 반복되는 얘기지만, 원균은 전란 초기에 압도적인 규모의 왜군에 놀라 달아났고 그로 인해 전란 내내 자신감을 잃고 살았다. 그런데 이순신과 이억기(원균보다 25살 아래)가 화포를 활용해서 왜군을 연이어 격파하자, 자극을 받아 자신도 관할 고을들에 대포와 화약, 병선을 만들 것을 지시했다. 하지만 자신의 관내 가운데 남해도의 몇 곳을 제외하고는 왜군과의 접전 지역이어서 행정력이 미치지 않았기에 대포나 화약, 병선 제작은 고사하고 이운룡과 우치적 등의 부하 장수들이 야밤에 고을로 들어가 약간의 군량을 얻어 모으는 상황이었다.

이렇게 되자 원균은 전장에서 매번 이순신과 이억기 함대를 뒤따라

다니며 수급이나 줍는(때로는 구걸까지 해가며 얻어내는) 신세가 되었고, 그러한 과정에서 스트레스가 쌓여 음주량이 늘어 비만체질이 되었는지도 모른다. 술에 들어있는 성분인 알콜은 섭취한 다른 영양소의 소비를 방해하여 지방의 형태로 체내에 저장된다. 그런 이유로 유명한 술꾼들은 대부분 배가 나온 모습이다.

사실, 원균이 해전에서 제대로 역할을 발휘하지 못하고 이순신 함대가 쳐부순 왜군의 시체를 건져 올려 수급이나 베어댔던 것은, 그 자신이 이끌던 함대의 수가 너무 적었고 화포도 갖추지 못해 포격전을 벌일 형편이 못되었기 때문이다. 물론 그렇다고 해서 원균이 왜군 시체에서 얻은 수급을 모아 조정에 보내면서 자신의 전공이 이순신보다 더 크다고 거짓 장계를 올린 행위는 결코 용서받을 수 없지만.

「1593년(癸巳) 7월 28일(양력 8월 24일). 맑다.
아침에 체찰사에게 가는 편지를 고쳤다. 경상우수사(원균) 및 충청수사(정걸)과 본도 우수사(이억기)가 함께 와서 약속했다. 그러나 수사 **원균의 나쁜 마음과 간악한 속임수는 아주 형편없다.** 정여흥(鄭汝興)에게 공문과 편지를 주어 체찰사 앞으로 보냈다. 순천부사·광양현감이 와서 만나보고 곧 돌아갔다.
사도첨사(김완)가 복병했을 때에 잡은 **포작 열 명이 왜적의 옷을 입고서 하는 짓거리가 매우 수상해서 잡아다가 추궁을 하니 "경상우수사(원균)가 시킨 일이다"**고 하였다. 곤장만 쳐서 풀어주었다.」
-〈난중일기〉-

같은 해, 2월 28일에 있었던 어부 관련 사건과 같은 맥락에서 벌어진 사건이다. 원균은 포작(어부)들에게 어째서 왜적의 옷을 입혔을까? 그리고 본문에서, 그 하는 짓거리가 매우 수상하다고 했는데, 어떤 일이었을까? 아마도 머리카락을 왜인들의 복색으로 꾸미는 일이 아니었을까? 그러고서 원균은 자기 부하들을 보내서 그들을 죽이고 목을 가져와 왜군의 수급을 얻었다며 떠들었을 테고 조정에 바쳐 포상을 타려고 했을 것이다. 난중일기에 두 번이나 언급되는 원균의 악행. 참으로 치가 떨린다.

> 「1594년(甲午) 1월 19일(양력 3월 10일). 흐리다가 저녁나절에 개이고 바람이 세게 불더니 해질 무렵에는 더 거세어졌다.
> 아침에 출항하여 당포 바깥 바다에 이르러 바람을 따라 돛을 반쯤 올리니 순식간에 한산도에 도착하였다. 활터 정자에 올라 앉아 여러 장수와 더불어 이야기하였다. 저녁에 경상우수사 원균이 왔다. **소비포 권관(이영남)에게서 영남의 여러 배의 사부(弓手) 및 격군(노꾼)이 거의 다 굶어 죽게 되었다는 말을 들으니 참혹하여 차마 들을 수가 없었다. 수사 원균, 공연수, 이극성이 곁눈질해 두었던 여자와 몰래 관계했다고 한다.**」 -〈난중일기〉-

이영남은 원균의 부하였으나, 전란 중에 이순신을 가까이 대하면서 그를 존경하게 되었다. 그래서 이순신과 친밀히 지내다가 이를 못 마땅히 여긴 원균에게 미움을 받기도 한다. 그의 입에서 원균 관할 휘하의(1594년 1월이면 아직 원균이 경상우수사 자리에 있을 때이다.) 병사들이 식량부족으로 굶어 죽을 위기에 처했다는 말이 나왔다. 그런 심각한 위기상황에서도 원균은 여자들과 놀아나는 일에 몰두하고 있다. 이

기막힌 꼬락서니를 뭐라고 말해야 할까.

「1596년(丙申) 3월 12일(양력 4월 9일). 맑다.
아침밥을 먹은 뒤에 몸이 피곤하여 잠깐 잠을 잤더니 처음으로 피로가 가신 듯하다. 경상우수사가 와서 같이 이야기하였다. 여도만호와 금갑도만호, 나주판관도 왔다. 군관들이 술을 내었다. 저녁에 소국진이 체찰사에게서 돌아왔는데, 그 회답에 우도의 수군을 합쳐서 본도로 보내라는 것은 본의가 아니라고 하였다. 우습다. 그 편에 들으니 **원흉(원균)은 곤장 마흔 대를, 장흥부사는 스무 대를 맞았다고 했다.**」 -〈난중일기〉-

원균에 대한 감정이 얼마나 사무쳤으면 원흉(元兇)이라고 불렀을까? 그리고 직접적인 원인이 거론되어 있지 않지만, 원균이 곤장을 마흔 대나 맞았다는 부분에서 그가 무슨 큰 비리를 저질러 처벌을 받았음을 알 수 있다.

〈정유년 1597년 4월 27일 [양력 6월 11일]〈정해〉 맑다.
(중략) 저녁에 정원명의 집에 이르니 원수(권율)가 내가 온 것을 알고 군관 권승경을 보내어 조문하고 또 안부도 묻는데 위로하는 말이 매우 간곡하였다. 저녁에 부사(순천부사 우치적)가 와서 보았다. 정사준도 와서 **원공(元均)의 망령된 짓을 많이 말하였다.**〉
—〈난중일기〉

이 무렵, 이순신은 왜국의 이중 첩자 요시라가 가져온 잘못된 정보를 둘러싼 조정내 모함에 휩싸여 삼도수군통제사 직에서 강제로 물러나 백의종군을 하고 있던 처지였다. 이순신을 대신해서 통제사가 된 원균은 전력 증강이나 보급 확보 등 본연의 업무는 전혀 하지 않고, 한산도의 본영인 운주당에서 기생들을 끼고 술판이나 벌이는 판국이었다. 총사령관이 솔선수범하여 군기문란을 저지르고 있는데, 이를 보고 있던 장병들은 과연 어떤 생각을 품었을까?

〈정유년 1597년 5월 5일[양력 6월 19일]〈을미〉 맑다.
새벽꿈이 몹시 어수선하였다. 아침에 부사(우치적)가 와서 보았다. 저녁나절에 충청우후 원유남이 한산도에서 **원균의 못된 짓을 많이 전하고, 또 진중의 장병들이 모두 다 원균을 배반하여 군무를 이탈하니 장차 일이 어찌될지 헤아리지 못하겠다고 한다.** 오늘은 단오절인데, 멀리와 천리나 되는 땅의 끝 모퉁이에서 종군하느라 어머니 영전에 예를 올리고 곡하며 우는 것도 내 뜻대로 못 하니 무슨 죄로 이런 보답을 받는고! 나 같은 사정은 고금을 통하여도 짝이 없을 것이다. 가슴이 갈가리 찢어지는구나! 다만 때를 못 만난 것을 한탄할 따름이다.〉

—〈난중일기〉

4월 27일 기사와 같은 맥락의 내용이다. 원균은 자신이 저질렀던 비리를 잘 알고 있던 이순신 휘하의 참모들을 대거 쫓아내는 폭거를 저질렀다. 또한 날마다 술에 취하여 술주정을 일삼고 병사들에게 마구 형벌을 가하여 많은 병사들이 그를 싫어하여 도망쳐버렸다. 결과적으로 원균은 싸움 한 번 해보지 않고 조선 수군의 전력을 약화시킨 조선수준 내부에 숨어 있던 적이었던 셈이다.

〈정유년 1597년 5월 8일[양력 6월 22일] 맑다.
이경신이 한산도에서 와서 **원균의 흉악한 일을 많이 말했다. 또 그(원균)가 데리고 온 서리(書吏)를 곡식을 사오라는 구실로 육지로 보내놓고 그(서리의) 아내를 사통하려고 하였다. 그러나 그가 기를 써도 따라주지 않고(서리의 아내가) 밖으로 뛰쳐나가 고래고래 소리쳤다고 했다. 원(원균)이란 자는 온갖 꾀로써 나를 모함하려 하니 이 또한 운수로다. 그가 바치는 뇌물 짐이 서울로 가는 길을 연달아 잇고 있으면서도 날이 갈수록 나를 헐뜯고 있으니, 그저 때를 잘못 만난 것이 한스러울 따름이다.〉** —〈난중일기〉

자기 부하의 아내를 겁탈하려 한 원균. '파렴치하다' 라는 표현으로도 부족할 정도이다. 그런 원균의 모함을 받고도 이순신은 그저 '운수' 라고 여겨 묵묵히 참을 뿐, 별다른 대응을 하지 않았다.

그 뒤에 나오는 구절은 더욱 가관인데, 원균은 뇌물을 수레에 실어 서울로 잇달아 보내고 있다는 것이다. 전란이 한창이던 당시 상황 에서 원균이 마련한 '뇌물' 이란 곡식과 옷감 등이었으리라. 그렇다면 그것들은 어디서 나서 보낸 것일까? '뇌물' 의 성격상, 그리고 원균의 인품으로 보아, 원균 개인의 사재를 털어서 보냈으리라고는 생각되지 않는다. 이순신이 한산도에 남기고 간 군수물자들을 서울의 권세가들에게 뇌물로 보냈을 것이다.

이렇게 여러 직책들을 맡을 때마다 비리를 저지르며 탐학을 자행하는 원균은 무장으로서 맡은 본연의 임무에는 전혀 충실하지 못했다. 다들 알다시피, 이순신의 휘하에서는 한 번도 패한 일이 없었던 무적의 조선 수군이 원균의 지휘를 받게 되자 칠천량에서 무려 1만여 명이 전몰하고 160척이 넘는 함대가 한꺼번에 침몰당하는 참혹한 패배를 겪게 된다. 결과적으로 보면 원균이 이순신을 대신하여 삼도수군통제사가 된 것은 조선으로서는 엄청난 재앙이었다.

그러면 도대체 어떤 일이 일어났기에 이순신이 삼도수군통제사에서 쫓겨나고 무능하기 그지없었던 원균이 그 자리에 대신 앉게 되었을까? 다음 장에서 확인해 보도록 하자.

6. 마침내 삼도수군통제사가 되다.

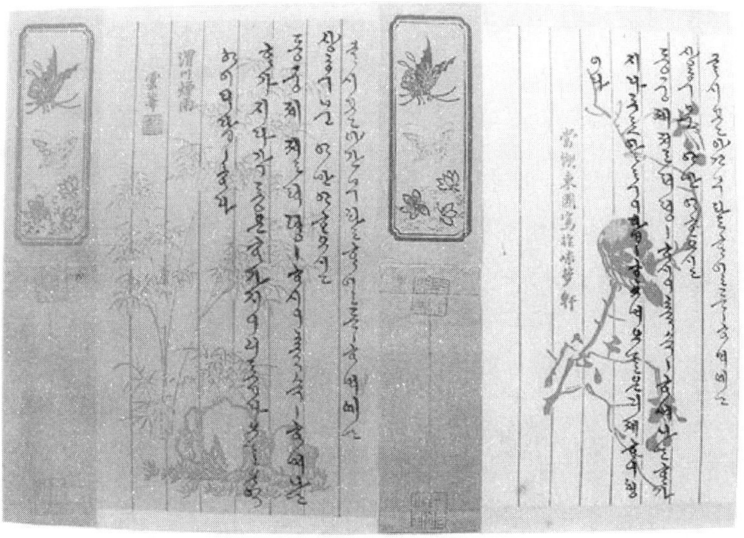

조선 중기, 남편이 아내에게 보낸 편지다. 부부 간의 애절한 사랑이 담겨 있다.

(1) 조정에서 육군 30만 명을 보내 달라니

1593년 이후로 전쟁이 소강상태로 접어들자 명나라와 일본은 강화(휴전) 교섭을 하고 있었다. 그러나 교섭을 담당한 명나라의 책임자는 악명 높은 국제 사기꾼 심유경이었다. 그는 고니시 유키나까와 짜고서 히데요시가 명나라의 신하가 되어 조공을 바치겠다는 가짜 서신을 멋대로 위조하여 명나라에 바쳤다. 이를 그대로 믿은 명나라 조정은 답례로 히데요시를 일본 국왕으로 삼고, 조공을 허락한다는 답장을 보냈다.

고니시 유키나까와 심유경은 도대체 무슨 생각을 가지고 국서를 위조하는 경천동지(驚天動地)할 일을 저질렀을까? 이것을 이해하려면 우선 강화를 두고 명나라와 일본이 내놓은 입장을 살펴보아야 한다.

명나라는 히데요시가 명나라에 항복을 하고, 조선에 주둔한 모든 일본군을 본국으로 철수시키고 앞으로 조선을 침략하지 않겠다는 약속을 해야만 강화를 받아들이겠다는 종전의 방침을 고수했다.

그러나 히데요시는 명나라가 신종 황제의 딸을 일본 천황의 후비로 보내고, 조선은 남부 지방인 경기, 충청, 경상, 전라도를 일본에 양도하며, 일본으로 조선의 왕자와 대신 2명을 볼모로 보내야만 강화를 맺겠다고 주장했다.

이렇듯, 양자는 '강화'를 목적으로 하면서도 전혀 다른 입장을 보였다. 명나라로서는 원래의 전략 목표였던 일본군을 한강 이남으로 내몰아 명나라 본토로 침공하는 것을 방지함으로써 자국이 승리자가 되었다고 생각했다. 반면 히데요시는 그 나름대로 엄청난 물자와 인력을 동원하고서도 조선의 땅 한 톨도 차지하지 못하고 전쟁을 끝내야 한다면 이는 막대한 손해였기 때문에 자신의 승리를 주장하며 명에 무리한 요구를 했던 것이다.

명나라가 내건 조건이나 히데요시가 내세운 조건이나 양자 모두 수용할 수 없는 억지성 요구였다. 그럼에도 불구하고 고니시와 심유경은 강화 회담을 강행하였는데 이는 두 사람이 처한 입장이 미묘하게 맞아 떨어진 결과였다.

심유경은 일본과의 강화교섭을 하면서 암암리에 밀무역을 해왔고, 그 과정에서 막대한 재물을 축척했다. 게다가 그는 명나라와 일본 간에 오가는 국서들을 변조하여 일본이 조선을 침공한 목적은 명나라에 조공을 하기 위해서라는 거짓 보고를 올렸다. 이 거짓말을 그대로 믿고 명나라의 신종(神宗) 황제는 일본이 마치 패전국이라도 된 듯 착각하여 위와 같은 조건을 내세운 것이다.

이렇듯 심유경은 교섭의 진상을 왜곡시킨 책임이 있었다. 만일 양국 간의 교섭이 잘못되어 강화가 파탄난다면 자신이 저지른 잘못들이 모두 공개되어 꼼짝없이 처벌을 받고 말 처지였다. 그러므로 무슨 일이 있어도 그는 강화회담을 성사시켜야만 하였다.(실제로 정유재란이 터지자 심유경은 그동안 교섭을 맡으면서 국서들을 조작하여 명국 조정을 속여 왔다는 사실이 모두 발각되어 처형을 당한다.)

그렇다면 고니시는 어떠했을까? 그는 임진왜란에 직접 참가하여 몸소 전장을 체험한 장본인이었다. 그런 그가 심유경이라는 희대의 사기꾼과 공모를 하면서까지 강화에 적극적이었던 이유는 더 이상 무력으로 조선을 정복하는 것이 불가능하다는 사실을 깨달았기 때문이었다. 이순신이 이끄는 조선 수군과 의병들의 끈질긴 저항, 그리고 명군의 참전까지 겹치면서 일본의 군사력으로는 애초에 결정했던 명나라 정복은 물론이고 조선 정복조차 불가능하다는 것이 드러났던 것이다.

이처럼 심유경과 고니시 두 사람 간에 서로의 이해관계가 맞아 떨어져, 희대의 국제 외교사기극이 연출되었던 것이다.

심유경과 미리 상의한 고니시는 명에 조공을 바치는 무역과 히데요시의 왕위 책봉을 허락해 달라는 거짓 항복문서를 날조해서 보냈고, 이를 심유경이 명으로 보내 신종황제에게 바쳤다. 신종은 이를 받아들여 이종성, 양방형을 책봉사로 임명하였으며, 선조 임금 역시 전쟁의 재발을 막기 위하여 사신들을 파견하였다. 명과 조선의 사신들로 구성된 통신사는 1596년 8월경에 일본으로 떠났다.

이를 본 히데요시는 자신이 내건 조건이 승인된 것으로 착각하였고 부산에 약간의 일본군만 남긴 채, 대부분의 군대를 철수시키도록 했다.

그리고 나서 고시니는 심유경과 함께 일본으로 건너가 히데요시를 만나 대화를 나누었다. 그 자리에서 고니시는 명과 조선의 사신을 일본에 항복해 오는 사절이라고 말해 히데요시를 기만하였다.

드디어 1596년 9월, 명나라와 조선의 사신이 일본에 도착하였다. 이들을 자신에게 항복하러 온 사절로 착각한 히데요시는 열렬한 환대로 맞았지만, 정작 강화협상을 주도한 고니시와 심유경은 얼굴이 새파랗게 질렸다. 명나라 사절단이 가져온 명황제의 국서에는 "히데요시를 일본 국왕에 봉한다."라는 내용이 첫머리에 박혀 있었던 것이다.

고니시는 명나라가 히데요시를 일본 국왕으로 삼는다는 내용을 히데요시가 알게 되면 강화협상이 결렬될 것이라 여기고, 국서를 읽는 승려 세이쇼 죠타이(西笑承兌)에게 명나라 국서에 기재된 히데요시의 직급에 관한 부분은 일본 국왕이 아닌 명국 국왕(황제)에 봉한다고 바꾸어 읽어달라고 간곡히 부탁하였다.(히데요시는 고등교육을 받지 못해, 한

문을 잘 읽지 못하였다.) 그러나 세이쇼 죠타이는 만약 히데요시가 사실을 알게 되면 거짓으로 읽은 자신이 화를 당할까 두려워서 원문 그대로 읽어주었다.

이 국서의 내용을 알게 된 히데요시는 미친 듯이 분노하였고, 겁에 질린 명나라와 조선의 사신들은 도망치듯 일본을 떠나버렸다. 히데요시는 명나라가 자신의 위세에 굴복하여 항복을 해온다는 고니시의 말을 그대로 믿고 있었는데, 서신을 보니 이게 무엇인가? 자신이 영락없는 명나라의 신하라는 말이 아닌가? 그는 이내 자신의 망상이 무참히 깨져 버렸음을 알게 되었다.

히데요시는 자신을 기만한 고니시를 죽이려고 하였으나 교활한 고니시는 "이건 저 혼자만이 한 일이 아니라 다른 사람들도 같이 했습니다"라고 하며 연판장을 보였다. 그것을 본 히데요시는 숨을 죽였다. 거기에는 히데요시가 총애하던 신하인 우키다 히데이에(宇喜多秀家)와 이시다 미츠나리(石田三成), 마츠다(松田) 등도 있었다.

네 명이나 되는 중신들을 전부 죽일 수야 없는 노릇 아닌가? 더군다나 그들은 자신들의 사병을 거느린 영주들이므로 그들을 잘못 건드렸다가는 반란이 일어날 우려도 있다. 결국 이 사건으로 인해 우스꽝스럽던 사기 강화회담은 파장을 맞았다.

그러나 이렇게 된 이상, 가만히 참고 있을 수만은 없었다. 히데요시는 무슨 일이 있더라도 조선을 정복해야 한다고 결심하고, 조선 재침공을 결의했다. 1596년 9월 2일의 일이었다. 왜군이 다시 침입한 전쟁을 정유재란(丁酉再亂)이라고 부르는데, 이듬해인 선조 31년(1597년) 1월 초순이었다.

강화가 결렬되자, 조선의 조정은 다시 왜군이 대규모로 침략할 것이라 여겨 그해 11월부터 전쟁 대책을 세워 나갔다. 그런데 해가 바뀐 1597년 1월 11일, 경상우병사 김응서(金應瑞)는 중요한 정보를 얻는다. 고니시의 부하인 요시라(본명은 가케하시 시치다유(梯七大夫))에게 얻은 정보로 가토 기요마사가 대마도에 있으며 곧 바다를 건널 테니 수군을 동원해서 사로잡으란 내용이었다.

고니시와 가토의 사이가 서로 지독한 원수지간이란 사실은 조선에도 널리 알려져 있던 터라, 이 정보를 들은 김응서는 즉각 조정에 장계를 올리고 도원수 권율에게 보고한다. 장계가 조정에 접수된 날짜는 1월 19일이다. 그러나 이보다 앞선 1월 13일에, 가토 기요마사는 이미 부산 앞바다 다대포에 도착하여 정박해 있었던 것이다.

「4도 도체찰사 우의정 이원익이 장계를 올렸다.

"기장(機張) 현감 이정견(李廷堅)의 급보에 따르면, **청정**(淸正: 가토 기요마사)**이 이달 13일에 다대포**(多大浦)**에 와서 정박하였는데 먼저 온 배가 2백여 척이라 하였고,** 15일에 이정견이 또 급보하기를 '왜적의 큰 배 1척과 왜놈 70여 명 및 왜장 희팔(喜八: 즉, 금 대부(金大夫)이다.) 즉시 부산에 도착하여 패문(牌文)을 보냈다.' 고 하였습니다."」

【*패문의 내용은 다음과 같다. "일본국 풍신수길(豊臣秀吉)의 신하 가등(加藤) 주계두(主計頭) 평청정(平淸正: 가토 기요마사)은 태합(太閤) 전하의 명을 받고 다시 항해하여 본도(本道)에 도착하여 조선에 사자를 보내니, 이 사자가 왕래하는 동안에 경상좌도 백성들은 이 글을 의심하지 말고 두려워 퇴산(退散)하지 말라. 이로 인하여 먼저 신(臣) 금 대부를 보내어 고하노라. 경장(慶長) 정유년 1월 12일에 평청청(平淸正)."】」

—〈선조실록〉 선조 30년(1597년) 1월 21일 기사—

다른 보고에는 이렇게 나와 있다.

「경상도 위무사(慶尙道慰撫使) 황신(黃愼)이 장계에서,

"당일에 우병영(右兵營)의 아병(牙兵: 대장군 밑에 있는 군사) 송충인(宋忠仁)이 부산에서 돌아와서 말하기를 '이달 12일에 청정(淸正)의 관하 왜선 1백 50여 척이 일시에 바다를 건너와 서생포(西生浦)에 정박했고, 13일에는 청정이 거느리는 관하의 왜선 1백 30여 척이 비를 무릅쓰고 바다를 건넜는데 바람세(風勢)가 순하지 못하여 가덕도(加德島)에 이르러 정박했다가 14일에 다대포로 옮겨 정박해 있는데 곧 서생포로 향한다고 한다.…(이하 생략)"」

-〈선조실록〉 선조 30년(1597년) 1월 23일 기사-

소식을 전한 것이 늦었다는 말이다. 김응서에게 12일 보고를 들은 권율도 급히 수군 출동명령을 내려 이순신이 출동했지만 역시 늦은 상태였다.

조정에서는 이런 논의가 오간다.

「비변사가 아뢰었다.

"청정이 이미 바다를 건너왔으니 각 도에서는 방어조치를 취하는 일을 조금도 늦추어서는 안 되겠습니다. 경기, 충청, 영남, 호남 등 각 도에 선전관을 보내어 군사를 정비하고 요충지를 막아 각별히 변란에 대처하며 감시 결과를 통보하도록 급히 지시함으로써 뜻밖의 우환을 막는 것이 좋겠습니다."」

-〈선조실록〉 선조 30년(1597년) 1월 21일 기사-

열심히 방어대책을 논의하고 있다. 그런데 비변사에서 도원수 권율의 건의에 따라 수군을 출동시키는 게 낫겠다는 건의를 올린다.

「비변사가 아뢰었다.

"…(중략)…원수로 하여금 적의 정세와 형편(事機)이 어떠한가를 보아 편의에 따라 대응하여 그 일을 성사시키게 하고, 할 수 없거든 그만두게 하는 것이 무방할 듯합니다. 감히 아룁니다."

임금이 전교하였다.

"우선 원수의 장계대로 시행하는 것이 무방할 것이다."」

-〈선조실록〉 선조 30년(1597년) 1월 21일 기사-

조정에서는 이미 가토가 도착해서 수군이 출동해도 가토를 잡을 수 없다는 것을 알고 있었다.

그런데 이때 충청병사에서 전라병사(全羅兵使)로 보직을 옮긴 원균이 수군의 부산진 공격을 건의한 장계가 1월 22일 조정에 전달되었다. 이제는 육군 장수인 그가 수군작전을 건의한다는 것은 월권행위에 해당했는데, 결과적으로 보자면 바로 이 건의가 뒷날 그 자신을 죽음으로 몰아넣었다. 그의 건의 내용은 다음과 같다.

「 "…(중략)… 수군과 육군에 대하여 말씀드린다면, 임진년 초기에 적의 육군은 줄곧 내쳐서 한 달 만에 평양까지 쳐들어왔으나, 수군은 한 해가 지나도록 패전만 하고 끝내 남해의 서쪽으로는 오지 못하였습니다. 그러니 우리나라의 군사위력은 오로지 수군에 달려 있습니다. 신의 어리석은 생각으로는 수백 척의 수군으로 영등포 앞으로 나가 가덕도에 몰래 머물러 있으면서 가볍고 빠른 배를 골라서 서넛 또는 네댓 척씩 떼를 지어 절영도(현재의 부산 영도) 바깥쪽에서 무력시위를 하는 한편, 1백여 척이나 2백 척이 큰 바다에서 위력을 보여야 한다고 봅니다. 그렇게 하면 원래 해전에서 이기지 못해 겁을 먹고 있는 가등청정은 틀림없이 군사를 거두어 돌아가게 될 것입니다.
바라건대 조정에서는 수군으로 바다에 나가 맞받아침으로써 적들이 육지에 오르지 못하게 한다면 반드시 걱정할 것이 없을 것입니다. 이는 신이 **함부로 하는 말이 아닙니다. 신은 전에 바다를 지키고 있어서 이런 일을 잘 알기 때문에** 이제 감히 잠자코 있을 수가 없어 우러러 아룁니다."」

–〈선조실록〉 선조 30년(1597년) 1월 22일 기사–

원균은 장계에서 '함부로 하는 말이 아닙니다'고 하였는데, 이는 일본의 첩자 요시라가 일러준 방법을 그대로 말한 것이다. 그리고 '전에 바다를 지키고 있어서 이런 일을 잘 알기 때문에'란 부분은 자신이 예전에 경상우수사였기 때문에 해전에 능숙하다는 뜻이다. 그러나 한번 생각해 보자. 그렇게 바다를 잘 안다면 왜 임란 초기에 고니시의 수송 부대가 바다를 건너올 때 제대로 싸워보지도 않고 함대와 무기를 자침(自沈)시키고 이순신에게로 도망갔는가?

하지만 이미 이순신을 탐탁지 않게 생각하고 있던 선조는 원균의 이러한 장계를 보자 몹시 마음에 들었다. 저 장계대로 원균을 수군 직책에 복귀시켜 주면 당장에 부산포에 죽치고 있는 왜군들을 싹 쓸어버릴 수 있을 것 같았다.

다음 날, 선조는 대신과 비변사의 담당 당상관들을 불러들여 만나 보는 자리에서 이런 소리를 했다. "이번에 이순신에게 어찌 청정의 목을 베라고 바란 것이겠는가. 단지 배로 시위하며 해상을 순회하라는 것뿐이었는데, 끝내 하지 못했으니, 참으로 한탄스럽다."(〈선조실록〉 선조 30년 1월 23일.)

「이산해: "이후에는 힘껏 수군을 조치해야만 믿을 수가 있습니다. 신이 지난번 호서(湖西)에 있을 적에 마침 원균을 만났습니다. 원균이 말하기를 '왜적을 무서워할 게 무엇인가?' 하기에 신은 처음 듣고는 망령되다 여겼습니다. 지금에 와서 보니 수군을 믿고 그런 말을 한 것을 알게 되었습니다. 이번 김신국(金藎國)이 【김신국이 군기선유관(軍機宣諭官)으로 이원익(李元翼)에게 내려갔다가 돌아왔다.】 돌아왔는데, 신이 물었더니, 그가 말하기를 '도체찰사 역시 수군을 믿고 있다.' 고 하였습니다.

선조: 왜적의 추장(倭酋) 【행장(行長)을 말한다. 행장이 김응서(金應瑞)에게 청정(淸正)을 도모할 계책을 일러주었는데, 유성룡(柳成龍) 등이 적의 말을 경솔히 듣다가 그들의 계책에 빠질까 싶다며 경솔히 움직이지 못하게 했기 때문에 이런 일이 있게 된 것이다.】은 손바닥을 보이듯이 가르쳐 주었는데 우리는 해내지 못했으니, 우리나라야말로 정말 천하에 용렬한 나라이다. 지금 장계를 보니, 행장 역시 조선의 일은 매양 그렇다고 조롱까지 하였으니, 우리나라는 행장보다 훨씬 못하다. 한산도의 장수(이순신)는 편안히 누워서 어떻게 해야 할 줄을 몰랐었다.

윤두수: 이순신은 왜적을 두려워하는 것이 아니라 사실은 싸우러 나가기를 싫어하는 것입니다. 임진년에 정운(鄭運)이 죽은 것도

절영도(絕影島)를 거쳐 배를 몰고 오다가 적의 화포에 맞아 죽었습니다.

이산해: 이순신은 정운과 원균이 없기 때문에 이렇게 머뭇거리는 것입니다.(이는 허튼소리다. 이순신은 정운이 없던 1593년에도 잘 싸웠다.)

김응남: **이순신이 싸우러 나가지 않으려고 했기 때문에 정운이 목을 베려고 하자 이순신은 무서워서 어쩔 수 없이 억지로 나가 싸웠습니다.**(말도 되지 않는 억지소리이다.) 그러므로 해전에서 이긴 것은 사실 정운이 격려해서 된 것입니다. 그래서 정언신(鄭彦信)은 늘 정운의 사람됨을 칭찬했습니다.

선조: 지금 이순신에게 어찌 청정의 머리를 베어 오기를 바라겠는가. 그저 배를 띄워놓고 시위나 하고 바닷길을 따라 돌아다니기만 하다가 끝내 아무 일도 못할 것이니, 참으로 한탄할 일이다. 오늘 도체찰사의 장계를 보니, 군사를 끌고 나가 위력을 시위하기로 약속은 이미 되어 있다고 하더라만."

선조가 한참동안 한탄하고는 길게 한숨지으며 말했다.

"우리나라는 이제 끝났다. 어떻게 해야 하는가, 어떻게 해야 하는가."」 —〈선조실록〉 선조 30년(1597년) 1월 23일 기사—

이게 도대체 무슨 심보일까? 뻔히 불가능한 일을 하지 않았다고 저렇게 말하다니. 선조는 지금 이순신에게 죄를 씌울 빌미를 만들고 있는 것이다.

경상우병사 김응서는 1월 17일 조정에 장계를 보냈으나, 그 역시 요시라가 흘린 거짓 첩보에 놀아나고 있다.

「도원수가 두루미 한 마리와 매 한 쌍을 행장에게 보내 주라고 하기에 신이 이달 6일에 군사 송충인에게 주어서 들여보냈습니다. 그가 17일에 돌아와서 보고하기를 "이달 12일에 바람이 순조로워서 청정의 휘하에 있는 왜선 1백 50여 척이 일시에 바다를 건너와서 서생포에 머무르고 있고, 청정 자신도 휘하의 배 130여 척을 거느리고 바다를 건너왔는데, 동북풍이 불어서 배를 통제하지 못하여 거제 길로 향해 가다가 가덕도에 머물렀으며, 14일에는 다대포를 향해 가면서 진터를 살펴보았습니다."고 하였습니다.

그러나 우리나라의 수군은 미처 정비가 되지 않아서 (청정과) 맞아 싸우지 못했습니다. 바람이 순조롭지 않았던 것은 사실 하늘이 우리를 도와준 것인데, 사람들이 제 할 일을 다 하지 못해서 그만 앉은 채로 기회를 놓치고 말았으니 분함을 이기지 못하겠습니다.

행장도 몹시 통탄해 하면서 말하기를 "너희 나라에서 하는 일은 번번히 이 모양이니 뉘우친들 무슨 소용이 있겠는가. 청정이 이미 바다를 건넜으니 나는 전날에 한 말이 청정의 귀에 세어 들어갈까봐 걱정이다. 모든 일을 되도록 치밀하게 하라"고 하였으며, 또 송충인에게 말하기를 "이 다음에도 할 일이 있으면 너는 꼭 돌아와야 한다"고 하였습니다. 그래서 곧 들여보내어 다시 유도하여 그 내막을 알아내서 급보를 올릴 작정입니다.

대체로 우리나라에서 하는 일은 이렇게 질질 끌기 때문에 결코 성사될 수가 없으니 그저 혼자서 답답해질 뿐입니다.」

요시라가 조선에 흘린 허위 정보들을 보면, 1월 13일 가토 기요마사가 다대포에 도착하기 전의 보고들은 왜군이 2~3월 후에야 군대를 움직일 것이라는 내용이었고, 청정이 1월 13일에 이미 부산 앞바다에 도착하고 난 다음의 보고들은 모두 1월 19일 이후에야 조정에 도착한다. 말하자면 모두 사후보고였던 것이다.

가토의 군대가 1월 4일에 대마도에 도착했다고 요시라가 1월 11일에 김응서를 만나 보고했는데, 이것은 1월 19일에야 조정에 전해진다. 가토의 군대가 1월 12일에 서생포에 도착했다는 군사 송충인의 보고는 경상우병사 김응서의 장계를 통해 1월 23에나 조정에 보고된다. 그리고 가토의 군대가 1월 13일에 이미 다대포에 도착했다는 보고는 1월 21일에 전해진다. 그리고 조선 수군이 바다에 나가 적을 기다리다가 적을 맞아 싸워야 한다는 원균의 장계는 1월 22일에 올라온다.

이 모든 정보들로부터 알 수 있는 것은, 어떤 정보에 의하더라도 요시라가 1월 11일자에 김응서에게 건의한 "남해상에서 가토를 요격하는" 작전은 시기적으로 이미 실천 불가능한 것임이 분명하게 드러난다는 점이다.

요시라의 보고(1. 11) → 김응서의 장계(1. 19) → 조정의 지시(?) → 이순신에게 전달(?) → 부산 앞바다로 출동(?)으로 작전 지시가 하달되는 동안, 가토 기요마사의 군대는 이미 벌써 부산 앞바다의 다대포에 도착해서(1. 14) 조선 수군의 출동에 대비하고 있었던 그런 상황이었다.

이런 상황에서 이순신이 출동했더라면 왜군들이 그토록 바라마지 않았던 해전방식인 '사냥개 곰몰이 작전'에 말려들어 힘든 전투를 할 수밖에 없는 처지가 되었을 것이다.

'사냥개 곰몰이 작전' 이란 날쌘 사냥개들이 서로 번갈아 치고 빠지기를 하며 느리고 둔중한 곰을 괴롭히듯이, 속도가 빠른 쾌속선이 주력인 왜 수군이 육중하고 느린 판옥선을 내세운 조선 수군을 상대하는 전술이다. 조선 함대의 사정거리 밖에서 슬슬 가까이 왔다 멀어지기를 반복하며 약을 올리다, 조선 수군이 쫓아오면 해안 근처의 포구 안으로 숨고, 조선 수군이 포구 쪽으로 진입해 오면 육지 쪽에서 총포 사격을 가하고 도망치던 왜 수군도 뱃머리를 돌려 협공하는 식이다.

이러한 사실들을 감안해 본다면, 앞에서 보았던(1597년 1월 23일) 조정에서의 '이순신 탄핵' 논의는 그야말로 말도 되지 않는 모함의 말들만 나열해 놓은 것이었다.

이순신에게 부산 앞바다로 먼저 나가서 기다리고 있다가 바다를 건너오는 적을 맞받아치라고 지시하려면, 적이 오기 전에 적정에 관한 분명한 정보와 작전 재량권을 주고 그에 어울리는 지시든 명령이든 내렸어야 하는데, 당시 조정은 적정에 관한 사후 보고서에 근거하여 사후적으로 이순신에게 책임추궁을 하고 있는 모습인 것이다.

결국, 요시라의 거짓첩보 사건은 조선 수뇌부들의 불화를 노려 이순신을 제거하려는 일본의 교활한 이간계(離間計)였으며, 여기에 선조와 대신들이 놀아난 것이다.

선조수정실록에 가등청정을 요격하라는 요시라 반간계의 진상이 실려 있기에 이에 한 번 발췌해 본다.

「통제사 이순신을 하옥시키게 하고 원균으로 삼도수군통제사를 대신하게 하였다.

이보다 앞서 평행장(平行長)과 경상 우병사 김응서가 서로 통하여, 요시라가 그 사이를 왕래하였는데, **그가 말한 바가 마치 가등청정(加藤淸正)과 사이가 좋지 않은 듯해서 우리나라는 그걸 믿었었다.** 이때에 왜적이 재침을 모의하면서 우리나라의 수군을 꺼려했고, 그 중에서도 더욱더 순신을 꺼렸다. 이에 요시라를 보내서 말하였다.

'강화하는 일이 이루어지지 않은 것은 실로 가등청정이 주장하고 있어서이다. 만약 그를 제거한다면 나의 한이 풀리게 되고 귀국의 근심도 제거될 것이다. 모월 모일에 가등청정이 어느 섬에서 잘 것이니, 귀국에서 만약 수군을 시켜 몰래 잠복해 있다가 엄습하면 결박할 수가 있을 것이다.'

응서가 이로써 보고하니, 임금이 황신(黃愼)을 보내어 순신에게 비밀히 유시하였다. 그러나 순신은 '바닷길이 험난하고 왜적이 필시 복병을 설치하고 기다릴 것이다. 전함(戰艦)을 많이 출동하면 적이 알게 될 것이고, 적게 출동하면 도리어 습격을 받을 것이다.' 하고는 마침내 거행하지 않았다.

그런데 **그날 가등청정은 과연 다대포(多大浦) 앞바다에 왔다가 그대로 서생포(西生浦)로 향했는데, 이는 실로 행장과 함께 작은 군사로 우리를 유인하고자 한 것이었다.** 그런데 조정에서는 오히려 조정의 명령을 따르지 않았다는 이유를 들어 순신을 하옥시켜 고문과 신문을 하게 하였다. 그리고 마침내 전남병사(全南兵使) 원균을 통제사로 삼았다.」

–〈선조수정실록〉 선조 30년(1597년) 2월 1일 기사–

상황이 이런데도 불구하고 선조는 이순신을 역적이라고 단정지었다. 왜? 결국은 억지로 죄를 뒤집어씌운 것이다. 그전부터 이순신을 경계하고 있던 선조에게 기막힌 건수가 생기지 않았는가.

사실, 요시라가 거짓 정보를 흘려 조선 조정을 혼란케 하기 전인 1596년 11월 7일, 이미 선조는 이순신을 제거하려는 생각이 있었다. 그날 회의에서 선조는 '원균이 (바다에서 왜군을 맞아 싸워) 공로를 많이 세웠고, 이순신은 그의 뒤만 따라다녔으며, 이순신이 왜군을 많이 잡았다고는 하지만 그렇게 된 것도 원균의 덕분이다.' 라는 식으로 이순신을 폄하하고 원균을 옹호하였다.

이미 그때부터 선조의 의중 속에는 이순신을 내치고 원균을 통제사로 삼으려는 결정이 싹트고 있었던 것이다. 부산 앞바다로 출정하여 가토를 치라는 선조의 명령을 이순신이 그대로 따르지 않았다는 것은 하나의 구실에 불과했다. 물론, 결정적인 구실이었지만.

1597년 1월 27일, 선조는 이순신을 제거하기 위한 제 7차 어전회의를 열었다. 어리석은 임금이 스스로 자기 나라를 망치기 위한 모함과 음모를 결의하는 한심한 역사적 현장이다.

「선조: "적선이 비록 2백 척이라고 하나 이는 가장 많은 셈이다.

유성룡: 16개 부대가 거의 다 나온 모양입니다. 행장(小西行長)의 군사들이 두치 쪽 길로 가서 정탐한 것을 보면 전라도를 엿보는 것 같습니다.

선조: 전라도 등지는 방비가 전혀 없고 또 수군으로 오는 자가 하나도 없다는데 어쩔 셈인가.

유성룡: 그곳에는 명령이 잘 통하지 않기 때문에 군사가 곧 나오지 않았습니다. 또 중간에 간사한 관리들이 권세를 농락하고 있

어서 여러 장수들의 명령이 하나도 시행되지 않습니다. 어쩌다 가 한번 명령이 떨어져도 걸핏하면 여러 달이 지나가며 오는 자도 있고 오지 않는 자도 있으니 참으로 한심한 상황입니다.

윤두수: 이순신은 조정의 명령을 받들지 않고 싸움에 나가기 싫어서 한산도로 물러가 지키고 있는 바람에 큰 계책이 실현될 수 없었던 것이니. 이에 대하여 신하들로서 어느 누가 통분해 하지 않을 수 있겠습니까.

정탁: 이순신은 과연 죄가 있습니다.

선조: 순신이란 어떤 자인지 모르겠다. 계미년(1583년. 충무공이 39세 때 녹둔도 둔전관으로 있을 때 여진족을 물리치고도 이일 병사의 모함으로 죄를 입어 백의종군한 일이 있었다.) 이후로 사람들은 모두 그가 간사하다고들 말하고 있다. 이번에 비변사에서는, 여러 장수들이 그의 명령을 듣지 않고 고을 수령들도 그의 명령을 듣지 않는다고 했는데, 그것은 다름 아니라 비변사에서 그를 두둔하기 때문이다. 명나라 관리들이 조정을 기만하고 못하는 짓이 없는데, 이런 못된 버릇을 우리나라 사람들(이순신을 지칭)이 모두 본받고 있는 것이다.

순신은 부산의 왜적 진영을 불태운 사건에 대해 조정에 거짓 보고를 하였다. 영의정도 여기 있지만, 이런 일은 반드시 없어야 할 일이다. 이제는 설사 그가 제 손으로 가등청정의 머리를 갖고 오더라도 결단코 그의 죄는 용서받지 못할 것이다.

유성룡: 이순신은 신과 같은 마을 사람입니다. 신은 젊었을 때부터 알고 있는데, 그는 자기 직책을 잘 감당해 낼 수 있는 사람이라고 여기고 있었습니다. 그는 평소부터 꼭 대장이 되고 싶어 했습니다.

선조: 그가 글은 아는가?

유성룡: 그는 강직하여 남에게 굽힐 줄 모릅니다. 그래서 신이 그를 수사로 추천하였고, 임진년의 공로로 정헌대부까지 주었는데, 너무 지나치게 되었습니다. 대체로 장수들이란 바라던 대로 되어 마음이 흡족해지면 반드시 교만하고 나태해지는 법입니다.」

(*자료: 〈충무공 이순신전서〉(박기봉 편역) 제3권의 p.306~7. 참조)

"그가 글은 아는가?"라는 말 속에는 선조가 이순신을 싸울 줄은 알지만 무식한 일개 무장에 지나지 않는 자라고 무시하고 멸시하는 생각이 들어 있다. 임진년 이후의 전란에서 나라를 구한 장수에 대한 임금의 생각이 고작 이래서야 나라가 어떻게 지켜질 수 있겠는가. 그리고 유성룡의 답변을 보면, 유성룡조차 고니시 측에서 제보한 정보의 진위를 정확히 파악하지 못했으며, 이 같은 상황에서 이순신을 모함하는 온갖 말들이 쏟아지자 많이 혼란스러워하는 모습이다.

이날 선조는 서인의 편을 들어 원균을 높이 평가하는 한편 이순신을 지독히 폄하하고 모독하고 있다. 그의 발언을 간추리자면 ①전라도 등지는 방비가 전혀 없고, 수군으로 오는 자가 전혀 없다. ②간사하다. ③ 비변사에서 이순신을 두둔하니 여러 장수들이 이순신의 명령을 듣지 않고, 명나라 관리들이 조선 조정을 무시하고 행패를 부리는 것도 이순신 때문이다. ④이순신이 글은 아느냐? ⑤이순신은 너그럽게 용서해 줄 수 없다. ⑥이순신이 조정을 업신여긴다. ⑦임진년 이후로는 한번도 공을 세운 적이 없다. ⑧이제는 이순신이 가토 기요마사의 목을 베어오더라도 용서할 수 없다, 등이다. 읽고 있자니 그저 코웃음이 나올 뿐이다. 선조의 신경질적인 발언은 계속된다.

「선조: "이순신을 너그럽게 용서해 줄 수 없다. 일개 무장 주제에 어찌 감히 조정을 업신여길 생각을 한단 말인가. 우의정이 내려가면서 말하기를, 평소에는 원균을 장수로 임명할 수 없지만 적과 싸울 때는 써야 한다고 말했다."」

우의정 이원익의 말은, 원균은 싸움이 벌어졌을 때 일개 돌격대장 정도로는 쓸 수 있다고 했던 것인데, 선조는 그의 말까지 왜곡하여 인용하고 있다. 회의의 내용을 더 살펴보자.

「김응남: "수군 중에는 원균만한 사람이 없으니 이제 버려서는 안 되겠습니다.('원균만한 사람이 없다' 는 것은 분명히 엄청난 모함성 발언이다. 그가 세운 공로가 이순신의 반에 반만이라도 있다면 모를까.)

유성룡: 원균은 나라를 위한 정성이 적지 않습니다. 상당산성을 쌓을 적에 원균은 흙집을 짓고 그 안에 들어가 살면서 직접 성 쌓는 일을 감독했다고 합니다.(그러나 이미 앞에서 본대로, 상당산성을 쌓을 때 원균의 무리한 공사로 사람들의 원망이 컸으며 결국 비가 와서 무너지고 만다.)

선조: 그를 수군의 선봉으로 삼고자 한다.

김응남: 지당하신 말씀입니다.

이산해: 임진년 해전 때 원균과 이순신은 장계를 천천히 올리기로 서로 약속해 놓고는, 이순신이 밤중에 몰래 혼자서 장계를 올려 자기 공로라고 하였습니다. 이 때문에 원균은 이순신에게 원망을 품게 되었다고 합니다.(이 또한 사실과 다른 모함의 말에 불과하다. 이순신이 장계를 올린 것은, 원균이 자기가 저지른 잘못을 숨기려 하자 이에 반발하여 그런 것이다.)

윤두수: 이순신을 전라·충청 통제사로 임명하고, 원균을 경상도 통제사로 임명하면 어떻겠습니까? (노련한 언사로 선조의 화를 북돋우기 위해서 한 말인지, 아니면 어떻게든 원균에게 통제사란 직함을 주고자 하는 본심을 노골적으로 드러낸 말인지, 아직은 불확실하다.)

선조: 원균이 만일 적의 소굴로 곧바로 쳐들어간다면 누가 그를 막아내겠느냐.(참으로 어이없는 인물 파악이다. 막상 통제사가 된 원균은 선조의 기대를 무참히 저버렸다.)

김응남: 어사를 보내서 자세히 조사해 보도록 하는 것이 어떻겠습니까?

선조: 문관을 특별히 어사로 정하여 그간의 사정을 조사하게 하면 될 것이다.

윤두수·김응남: 이순신은 조용한 것 같지만 거짓이 많고 앞으로 나서지 않는 사람입니다.

선조(이덕형에게): 원균 문제를 급히 처리하도록 하라.

이덕형: 원균을 본래 수군으로 보내려고 했으나 논의가 일치되지 않아 이렇게 되었습니다. 요즘 변방 장수들의 문제를 보면, 이운룡 같은 경우는 한두 놈의 도적을 보고도 나가 싸우지 않고 그저 가만히 앉아서 장계나 올리고 있으니, 이런 사람은 여느 때 같으면 어찌 처벌을 받지 않을 수 있겠습니까. 원균을 좌도에 보내도 무방할 것 같습니다.

선조: 좌도에는 보낼 수 없다.(선조의 의도는 어디까지나 이순신을 삼도수군통제사의 자리에서 끌어내리고 대신 원균을 그 자리에 앉히려는 것이었다.)

김수: 서성이 술자리를 마련하여 두 사람을 화해시키려고 했더니,

원균이 이순신에게 '너에게는 아들 다섯이 있잖아!' 라고 하였다고 합니다. 그가 얼마나 원한을 품고 속이 쓰려 하는지 알 수 있습니다.(이순신의 아들 다섯이란 권준, 배흥립, 김득광 등 부하 장수들을 가리킨 것이다. 그러나 권준은 1541년 생으로 이순신보다 나이가 네 살이나 많은 인물이니, 그를 이순신의 아들이라고 부르는 것은 예의에 어긋난 처사다.)

이덕형: 군사 관계 일이란 반드시 기강이 선 후에라야 앞과 뒤를 알 수 있는 법인데, 전라도의 문제는 문란하기 짝이 없습니다. 신이 군사 정원수 중에 군사에 관한 공부를 한 사람이 얼마나 되는지 알아보기 위해서 8도에다 병조로 보고서를 올리라고 했더니, 황해도 같은 데서는 모두 이미 올라왔는데 전라도에서는 감감 무소식입니다. 허술하기 짝이 없습니다.(전시 중에 그런 통계를 위한 보고서 제출 요구 자체가 군사에 어두운 문신들의 '문서놀음' 에 지나지 않는 것인 줄도 모르고 있다.)

선조: 일본에 사신을 보내는 문제는 어떻게 하겠는가? 만일 보내지 않았다가는 후에 가서 뉘우치는 일이 없지 않을 것이다. (일본에 통신사 보내는 문제 하나를 가지고 그렇게도 오랫동안 질질 끌면서 결론을 내리지 못하던 선조가 왜적이 다시 쳐들어 와서 다급해지니 일본에 통신사를 보내야겠다고 재촉하고 나온 것이다.)

유성룡: 사태가 이미 급박하게 된 만큼 설령 보낸다고 하더라도 소용이 없을 것 같습니다.

선조: 사태를 두고 어렵다는 것인가, 아니면 의리상 어렵다는 것인가?

유성룡: 사태가 벌써 급한데 어떻게 의리를 생각하겠습니까.

선조: 의리야 아무리 엎어지고 자빠지게 된 형편이라 하더라도 어

찌 고려하지 않을 수 있겠는가. 전에 황신이 (왜국에 통신사로) 갔을 때에는 무슨 의리가 있어서 갔던가? 오늘 황제의 지시를 받들고 사신을 보내는 것만은 유독 의리에 어긋난다는 말인가?」
(*자료: 〈충무공 이순신전서〉(박기봉 편역) 제3권의 p.308~10.)

긴 회의 끝에, 선조는 원균을 수군으로 돌려보낼 뜻을 굳히고 그에게 경상우도 수군절도사 겸 경상도 수군통제사란 직책을 내린다. 경상도 수군통제사란 이날 어전 회의에서 처음 만들어진 직책으로 그 전까지는 존재하지도 않았다. 이는 원균이 삼도수군통제사가 될 예비 절차를 밟는 것이다.

이날의 회의에서 더욱 황당한 일이 있었는데, 대신 이산해는 적장인 고니시 유키나가와 첩자 요시라에게 포상을 내려주자고 말했다. 자기 나라를 침략하려는 적에게 상을 내리고, 조국을 위해 몸을 바쳐 가며 분전한 장수에게는 죄를 내린다는 말이 가당키나 한 일인가? 실제로 요시라는 거짓 정보를 제공했음에도 불구하고 조선 조정으로부터 은자 80냥을 하사받는다. 이순신이 명량에서 왜군 수백 척을 분멸한 대공을 세웠을 때, 선조가 하사한 은자는 고작 20냥이었는데 말이다!

다음날인 1월 28일, 선조는 승지 유영순(柳永詢)을 통하여 은밀히 당시 전라병사로 지내고 있던 원균에게 경상우도 수군절도사 겸 경상도 수군통제사로 임명하는 유서를 전하게 했다.

「우리나라에서 믿고 바라는 것은 오직 수군뿐인데, 통제사 이순신은 나라의 중대한 임무를 맡고서도 속임수만 부렸고 또 적을 내버려 둔 채 토벌하지 아니하여 청정(清正)으로 하여금 안심하고 바다를 건너올 수 있게 하였다. 나중에 마땅히 붙잡아다가 국문하고 용서해 주지 말아야겠지만, 당장에는 적과 더불어 진을 치고 있기 때문에 우선 공로를 세우도록 하였다.

나는 본래부터 경(원균)의 충성과 용맹을 알고 있기에 이제 경을 경상우도 수군절도사 겸 경상도 통제사로 임명하는 것이니 경은 나라를 위해 한층 더 분발하여 힘쓰고 우선은 이순신과 합심하여 지난날의 감정을 모두 풀어버리도록 하라. 그리고 왜적들을 모조리 무찔러 나라를 구함으로써 이름을 역사에 남기고 공훈을 종묘제기에 기록하여 영원히 남기도록 할지어다. 경은 삼가 받들도록 하라.」 —〈선조실록〉 선조 30년(1597년) 1월 28일 기사—

선조는 '경상도 통제사' 직을 신설해서 원균에게 주고 이순신은 전라·충청 통제사로서 원균과 같이 수군에 있게 하는 선에서 처리하려고 조치했던 것이다. 그러나 이 인사발령은 시행되지 않았다.

2월 4일, 사헌부에서 "통제사 이순신을 잡아오게 하여 군율에 따라 죄를 주라"고 주청을 하였고, 그 건의를 받아들인 선조는 2월 7일, 이순신과 원균이 함께 수군에 복무하게 하려던 생각을 버렸다. 원균에게 수군 전체를 맡기고 이순신은 처단하기로 작정한 것이다. 그래서 우부승지 김홍미(金弘微)에게 지시하여 이순신을 체포하라는 명령을 내렸다. "선전관에게 표신과 밀부를 주어 보내 이순신을 잡아오도록 하고, 원균과 교대한 뒤에 잡아오도록 일러 보내도록 하라."

일이 이렇게 돌아갈 때 이순신은 뭘 하고 있었을까? 한산도에서 가만히 보고만 있었을까? 아니다. 우리가 흔히 잘못 알고 있는 것 중

하나가 이순신이 조정의 명을 받고도 부산포로 출전하지 않았다고 하는데, 이순신은 거역한 적이 없다.

이순신은 2월 2일, 함대를 이끌고 부산포로 향한다. 비록 요시라의 거짓 정보와 조정의 혼선으로 인해 가토를 잡는 것은 실패했지만, 그래도 한번쯤 부산으로 나아가 적의 기세를 꺾어놓을 필요는 있었다.

1597년 2월 10일경, 이순신은 판옥선 63척을 거느리고 부산포 앞바다에 나타나 대규모 무력시위를 벌인다. 왜군들은 나가 싸울 엄두를 못 내고 육지의 요새 속에 웅크리고 있었다. 적이 배를 타고 나오지 않으니 이순신으로서도 어쩔 도리가 없었다.

이순신은 부산 앞의 절영도 앞바다에서 이틀을 머무른 후 한산도의 본영으로 돌아간다. 그러다가 가덕도 앞바다에서 하루 머무르던 중 왜군의 기습을 당한다. 척후선(판옥선에 따라붙는 소형선) 한 척이 습격당하여 나무하던 소년 한 명이 죽고 격군 다섯 명이 포로가 되어 끌려가고 말았다.

다음날, 이순신은 전 함대의 포격을 왜군들이 머무르고 있는 가덕도의 왜성에 퍼부었다. 마침 연합작전을 펴고 있던 경상우병사 김응서가 예하 병사까지 상륙시켜 공격하자, 위기에 몰린 왜군들은 다음날 안골포로 요시라를 보내어 포로를 풀어줄 테니 제발 돌아가 달라고 사정을 했다. 결국 이순신은 다섯 명의 격군들을 돌려받고는 포위를 풀고 돌아가려고 했다. 그런데……

2월 17일, 남쪽으로 내려가 있던 도원수 권율이 이순신의 부산 진격 작전에 관해서 올린 보고가 이날 처음으로 조정에 도착했다. 관련 보고는 2월 20일, 2월 23일 계속 조정에 올라왔다.(《선조실록》 선조 30년 2월). 이순신은 적을 치고 있던 가덕도 앞바다로 찾아온 선전관에게 체포되어 함께 한산도로 돌아갔다. 이순신은 선전관과 함께 온 원균에게 한산도에 있는 모든 물품을 인계했다.

드디어 2월 26일, 이순신은 신임 통제사 원균에게 사무 인계를 마치고 나서 죄인의 신분이 되어 한산도를 떠나 서울로 향했다. 자신이 5년 넘게 피땀 흘려 일구어온 한산도의 본영을 떠나는 그의 심정이 어떠했을까? 착잡하다는 말로는 도저히 다 표현할 수 없으리라. 이순신이 함거에 실려 떠나자, 그의 앞을 수많은 군사들과 백성들이 막아서며 울부짖었다.

이순신은 3월 4일 초저녁에 서울에 도착하여 옥에 수감되었으며, 선조는 우부승지 김홍미에게 전교하여 고문당하면서 심문을 받고 있는 이순신의 죄목 3가지를 적시해 주면서 "반드시 죽이고 용서하지 않도록 형벌을 끝까지 시행하라"는 뜻을 대신들에게 전하게 했다. (〈선조실록〉 선조 30년 3월 13일.)

선조가 말한 3가지의 죄목이란 이렇다.

「"이순신은 조정을 속였으니 무군지죄(無君之罪)요. 적을 쫓아 치지 않았으니, 나라를 저버린 죄(負國之罪)요. 남의 공을 빼앗기에 이르러 남에게 죄를 씌웠으니(*원균의 서자가 나이 십여 세가 되는데도 이순신이, 원균이 어린아이에게 공로를 평가해 주었다고 장계를 올린 것을 지적한 것임-〈선조실록〉 자체의 주, 작은 글씨로 부기되어 있다), 제멋대로 거리낌 없이 항동한 죄(無非縱恣無忌憚之罪)이다. 이토록 허다한 죄상이 있으니 법에 따라 처단해야 마땅하고 용서해주지 말아야 한다. 이제 끝까지 고문하여 그 내막을 밝혀낸 후 어떻게 처리할 것인지를 대신들에게 물어보도록 하라."」

-〈선조실록〉 선조 30년 3월 13일 기사-

첫 번째의 "조정을 속였으니 무군지죄(無君之罪)"란, 석 달 전인 선조 29년(1596년) 12월 12일에 있었던 부산 왜군 진영 방화사건 관계이다. 그날 밤에 부산의 왜군 진영에서 대화재가 발생하여 왜군이 큰 피해를 보았는데, 당시 일본으로 건너가는 사신의 짐을 운반하는 일로 부산에 갔던 수군 장수인 거제 현령 안위(安衛) 등이 돌아와서 통제사 이순신에게 그 대화재에 관한 보고를 하면서, 자신들이 은밀히 모의하여 그 일을 이루어 내었다고 하자, 이순신이 장계를 올려 그 사건을 임금에게 보고하고는 안위 등에게 포상해주기를 청했다. (〈선조실록〉 선조 30년 1월 1일).

그런데 바로 다음날 삼남 도체찰사로 남쪽에 내려가 있던 우의정 이원익(李元翼)의 지시를 받고 올린 이조좌랑 김신국의 장계가 조정에 도착했는데, 장계의 요지는 "부산 왜영의 대화재는 이원익의 군관이 미리 계획하여 성사시킨 것으로서, 이순신은 그런 내막을 모르고 부하에게서 보고받은 대로 장계한 것이기에 그 장계에 있는 대로 이순신의 부하들에게 상이 돌아가면 안 되고, 이원익의 군관에게 포상해야 한다"는 것이었다(〈선조실록〉 선조 30년 1월 2일). 바로 이것이 이순신이 '조정을 속인 무군지죄(無君之罪)'의 전모이다.

이 부산포 방화사건은 지금까지 많은 논란의 대상이 되고 있다. 상당수의 이순신 연구가들도 이 사건의 진위에 대하여는 잘 모르고 있어, 자칫 이순신의 부하들이 거짓 보고를 했다는 식의 결론을 내리고 있으나 〈선조실록〉을 조금만 더 살펴보면 그것이 아님을 알 수 있다.

부산포 방화사건의 진상은 이로부터 약 한 달 후인 1월 27일에 밝혀진다. 〈선조실록〉 선조 30년 1월 27일자 기사에 따르면, 선조는 "왜영을 불태운 일도 김난서(金鸞瑞)와 안위(安衛)가 몰래 약속하여

했다고 하는데, 이순신은 자기가 계책을 세워 한 것처럼 하니, 나는 매우 온당치 않게 여긴다. 그런 사람은 비록 청정(淸正)의 목을 베어 오더라도 용서할 수가 없다."라고 말하고 있다. 이순신을 무군지죄(無君之罪: 임금을 속이고 무시한 죄)를 저지른 죄인이라며 분개했던 장본인의 입에서 이런 말이 나오고 있는 것이다.

결국, 부산포 방화를 안위가 주도했다는 이순신의 장계는 거짓이 아닌 진실이었다. 여기서 "이순신은 자기가 계책을 세워 한 것처럼 하니 나는 매우 온당치 않게 여긴다."라는 구절은, 이순신이 허위보고를 올렸다며 그를 죄인으로 만들려다 진상이 밝혀지자 민망함을 감출 수 없게 되자, 어떻게 해서든 이순신에게 죄를 뒤집어 씌우려는 선조의 억하심정에 불과하다. 적의 기지를 불태우는 큰일을 안위가 직속상관인 이순신에게 사전에 어떤 논의와 보고도 없이 몰래 처리할 리가 있겠는가?

두 번째의 "적을 쫓아 치지 않았으니, 나라를 저버린 죄(負國之罪)"는 앞에서 설명한 대로 얼토당토않은 누명이다.

세 번째의 "제멋대로 거리낌 없이 행동한 죄(無非縱恣無忌憚之罪)"가 바로 작가 고정욱이 말하는 '원균의 아들까지 모함하는 성웅 이순신 운운'에 관련된 사건이다. 이 사건은 새롭게 등장한 사건도 아니었다. 이미 3년 전인 선조 27년 11월에 경연에서 거론되어 "그 일은 원균이 잘못한 일이었다"는 호조판서 김수의 보고까지 있었던 사건인데(〈선조실록〉 선조 27년 11월 12일), 이때 와서 재론되면서 이순신의 죄로 둔갑한 것이다.

그러나 이 사건 또한 이순신으로서는 매우 원통한 오명에 해당했다. 이순신이 문제를 제기했던 것은 분명 '원균의 첩이 낳은 어린 아들' 까지 군공자로 올려 상을 받게 한 것이었다. 그런데 당시의 원균 측이나 현재의 '원균 옹호론' 주장자들은, '원균의 본처가 낳은 장성한 아들인 원사웅' 을 내세워서 그 문제 제기를 이순신의 죄악으로 만들었다. 그리고는 "원균의 공을 가로채고 그 아들까지 모함하는 성웅(聖雄) 이순신"이라 하여 이순신을 매도하는 빌미로 삼고 있다. 이순신이 문제 삼았던 것은 원균의 10여세가 된 첩의 자식이지 장성한 아들인 원사웅이 아니었는데도 말이다.

여기에 고정욱의 소설 「원균 그리고 원균(소설 원균)」에서는 이덕형이 이 사건의 진상을 조사하러 남쪽으로 내려갔으며, 원균과 이순신을 불러다 대질심문을 하여 이순신의 잘못이 드러난 것처럼 나온다.

물론 이것도 사실이 아니다. 이순신은 원균과 함께 이덕형에게 불려가서 대질심문을 받기는커녕, 이덕형과 단 한 번도 만난 적이 없었음이 다음 해에 이덕형 자신이 쓴 장계의 내용에 의해서 확실하게 밝혀져 있다.

다음은 이순신이 노량해전에서 전사한 뒤에, 체찰사(體察使: 전쟁이나 군란이 있을 때 왕을 대신하여 지방에 내려가 군사관계 업무 전체를 두루 총괄하던 군직(軍職), 재상이 겸임했다.)로서 당시 전라도에 내려가서 머물고 있던 좌의정 이덕형이 현지에서 선조에게 올린 장계의 일부이다.

> 「좌의정 이덕형이 장계하였다.
>
> **"이순신의 사람됨을 신이 직접 확인해 본 적이 없고 한 차례 서신을 통한 적 밖에 없었으므로,** 그가 어떠한 인물인지 알지 못했습니다. 전일에 원균이 그의 처사가 옳지 못하다고 한 말만 듣고, 그는 재간은 있어도 진실성과 용감성은 남보다 못한 것으로 여겼습니다. 그런데 **신이 본도에 들어가 해변 주민들의 말을 들어보**

니, 모두가 그를 칭찬하며 한없이 아끼고 추대하였습니다. 또 듣건데 그가 금년 4월에 고금도(古今島)에 들어갔는데, 모든 조치를 매우 잘하였으므로 겨우 3~4개월이 지나자 민가와 군량의 수효가 지난해 한산도(閑山島)에 있을 때보다 더 많았다고 합니다. 그제서야 그의 재능이 남보다 뛰어난 줄을 알았습니다.」

–〈선조실록〉 선조 31년(1598년) 12월 7일 기사–

이순신의 후임으로 삼도수군통제사가 된 원균이 2월 28일자로 올린 장계가 3월 20일에 궁중에 도착했다. 내용은 2월 10일에 있었던 이순신 함대의 부산 공격을 헐뜯는 것이었다.

「"부산포 앞바다에서 나아갔다 물러섰다 하면서 병력의 위세를 과시하고 가덕도 등지에서 접전한 절차는 전 통제사 이순신이 이미 보고하였습니다. 그때의 일을 자세히 탐문하였더니…… 이번 부산 거사에서는 우리나라 군졸이 바다 가득히 죽어 왜적의 비웃음만 샀을 뿐 별로 이익이 없었으니 매우 통분한 일입니다. 이런 실수를 저지른 제장(諸將)들을 조정에서 처치하소서."」

–〈선조실록〉 선조 30년(1597년) 3월 20일 기사–

원균은 감옥에 갇혀 있는 이순신뿐만 아니라 그의 휘하 장수들까지 이순신 함대의 부산 진격전과 관련된 죄인으로 처단하라고 요청한 것이다.

그러나 같이 작전을 했던 김응서의 장계에는 전혀 그런 내용이 없으며, 권율도 김응서의 그런 장계를 인정하였다. 따라서 원균이 보낸 장계는 신빙성이 없다고 보아야 한다. 전형적인 모함인 것이다.

왜 원균은 이미 삼도수군통제사에서 파직되어 있던 이순신을 모함했을까? 답은 뻔하다. 원균은 이순신이 살아있으면 행여나 자신이 통제사에서 쫓겨나고 이순신이 다시 통제사로 임명될까봐 두려워했다. 그래서 이순신을 거짓으로 모함하여 죽여 없애려고 했던 것이다.

선조는 이순신을 어떻게 하려고 했을까? 가능하면 죽이고 싶었을 것이다. 예전 같았으면 그렇게 하지 못했겠지만 이제는 충성스럽고 믿음직한 수군 장수 원균이 있지 않은가. 그러나 당시 영의정이던 정탁(鄭琢)의 간곡한 부탁과 이순신과 함께 싸웠던 전라우수사 이억기 외에 도체찰사 이원익 등 뜻있는 신하들의 주청에 못 이겨 결국 4월 1일 이순신에게 "백의종군하라"는 명을 내린다. 생애 두 번째로 백의종군하게 된 이순신은 석방되어 도원수 권율의 휘하에서 복무하기 위하여 남쪽으로 내려간다.

그리고 수군통제사 원균이 3월 29일자로 올린 보고서가 4월 19일에 조정에 도착했다.

원균은 이 보고서에서 새로운 수군 작전을 제시했다. 이순신이 수군통제사였던 지난 1월에 자신이 제안했던 "수군이 부산 앞바다에 나가 무위를 과시하여 왜적을 물리쳐야 한다"는 수군의 단독작전 대신, 수군과 육군의 합동작전, 곧 "육군 30만 명을 뽑아서 수륙 합동작전으로 왜적을 쳐야 한다"는 것이 자신이 통제사가 되고나서 새로 생각해낸 작전이었다.(〈선조실록〉 선조 30년 4월 19일.)

30만 명의 육군이라. 계속된 전쟁으로 피폐화된 조선에서 그만한 병력을 동원할 여력이 있었을까? 1596년(선조 29년) 7월 충청도 홍산에서 이몽학(李夢學)이란 인물이 반란을 일으켰다. 그 직접적인 원인은 충청도 지역에서 1만 명의 군대를 동원하는데 백성들이 너무 고통이 심해서 들고 일어난 것이다. 불과 1만의 군사를 뽑는데도 힘들어

반란이 일어날 정도인데, 어찌 30만이나 되는 대병력을 징발할 수 있겠는가? 조선보다 3배나 넓은 국토와 훨씬 많은 농업 생산력을 보유하고 1백 년이 넘게 전시 체제였던 일본조차 전 국력을 기울여야 겨우 그만한 병력을 모을 수 있었다. 1596년 당시, 조선이 그 정도의 병력을 동원할 여력이 있었다면 전쟁은 벌써 끝났을 것이다. 명나라 원군 1만 명의 군량과 마초를 조달하는 일만으로도 쩔쩔맸던 조선이 무슨 수로 30만 명이라는 대군을 모을 수 있단 말인가? 현실적으로 가능성이 전혀 없는 허튼소리였다.

너무나 어처구니없는 제안인지라 조정에서도 이를 승인하기는커녕 논의조차 하지 않았을 정도였다.

그리고 이제 원균은 자신이 능력에도 맞지 않는 감투를 썼다는 사실을 실감하게 된다. 왜군을 직접 쳐부수지 않고 시체의 목을 잘라내어 자신의 공을 위장하고, 조정의 영수였던 윤두수와 친척이라는 인맥을 이용하여 얻어진 자리이니, 그것을 제대로 감당할 수 있을 리가 없었다.

7. 변명할 여지가 없는 칠천량의 참패

조선 수군의 주력함인 판옥선에서 대장군전(大將軍箭: 대포에 넣고 화약의 힘으로 발사하는 거대한 목조 화살)을 발사하는 그림

(1) 원균의 유일한 승전(?)이란 기문포 해전

이순신을 몰아내고 꿈에도 그리던 삼도 수군통제사가 된 원균은 얼마 못가 칠천량 해전에서 조선 수군을 몽땅 말아먹는 불멸의 위업을 달성하는데, 그 전에 그의 행적을 살펴보기로 하자.

원균은 1597년 2월 26일 한산도에 부임하였다. 그가 이순신으로부터 인수받은 품목은 전함 200척, 군량미 9,914석, 화약 4천 근, 대포 300문 등이었다. 임란 발발 초, 전라좌수영의 함대가 85척이었던 것을 감안한다면 이순신이 함대 증설을 위해 얼마나 노력을 기울였는지를 알 수 있다.

그런데 원균은 삼도 수군통제사가 되자 이순신의 휘하에서 싸웠던 유능한 장수들을 모두 쫓아내거나 강등시키고, 자신에게 맹종하는 자들을 주요 보직에 발탁하였으며, 군비 유지와 증강 등의 임무는 내팽개쳤으며, 대신 운주당(運籌堂)에 들어앉아 술과 기생에 푹 빠져 있어서 군의 사기는 엉망이 되었다.

유성룡의 〈징비록〉에도 비슷한 내용이 실려 있다. 한번 발췌해 본다.

「원균이 한산도에 부임해서는 순신이 시행하던 모든 군중 약속을 변경하고, 부하 장수와 군사들로서 순신에게 신임받던 사람은 모두 쫓아버렸으며, 그 중에서도 이영남은 전날 자신이 패배한 실정을 자세히 알고 있는 사람인지라 더욱 미워하였으므로 군사들이 매우 분하게 여겼다.

또, 순신이 밤낮으로 모든 장수들과 함께 전략을 토론하던 운주당

(運籌堂)에서 원균은 애첩을 데리고 같이 기거하며 울타리를 치고 있어서, 장수들이 그의 얼굴을 볼 수가 없었다.
원균은 술을 좋아해서 늘 취해 있었고(*칠천량 해전에서도 원균은 술에 취해 제대로 지휘를 하지 못했을 정도였다), 그래서 취중에 부하들에게 함부로 형벌을 심하게 가하니 군사들은 서로 말하기를, "만일 적이 온다면 도망칠 수밖에 없다"고 하였고, 장수들도 원균을 비웃고 군사에 관한 일은 전혀 말하지 않아 원균의 명령이 무시되는 형편이었다.」

이런 묘사들이 사실인지 의심스럽기도 하지만, 원균이 이후에 보여준 무능력함을 보고 있자면 저 〈징비록〉의 기록을 거짓이라고 단정짓기 어렵다.

원균의 사람됨에 대하여 다른 시각에서 전하고 있는 사료도 존재한다. 그가 통제사로 부임하기 전에 먼 친척이 되는 동암공을 찾아가 나눈 이야기가 안방준(安邦俊)이 지은 〈은봉전서(隱峰全書)〉에 실려 있다.

「나의 중부(仲父) 동암공(東巖公)【안중홍(安重洪)으로 세상 사람들이 동암처사라 불렀다. 후에 효행으로 헌릉참봉(獻陵參奉)에 제수되었다.】의 처가 바로 원씨의 친족이기 때문에, 원균은 통제사로 부임하던 날 나의 중부를 찾아와 뵙고 "내가 이 직함을 영화롭게 여기는 것이 아니라 오직 이순신에 대한 치욕을 씻게 된 것이 통쾌합니다."라고 하므로, 중부는 "영감이 능히 성심을 다하여 적을 무찔러 그 공로가 이순신보다 뛰어나야만 치욕을 씻었다고 할 수 있는 것이지, 그저 이순신의 직함을 대신하는 것으로 통쾌하게 여긴대서야 어찌 부끄러움을 씻었다고 할 수 있겠소."라고 하였다.

그러자 원균은 다시 "내가 적을 만나 싸우게 될 때 멀면 편전(片箭)을 쓰고, 가까우면 장전(長箭)을 쓰고, 맞부딪치는 경우에는 칼과 곤봉을 쓰면 이기지 못할 것이 없소."라고 하므로, 중부는 웃으면서 "대장으로서 칼과 곤봉을 쓰게까지 되어서야 될 말인가?" 하고 대답했다.

원균이 떠난 뒤에 중부가 나에게 "원균의 사람됨을 보니 큰 일을 하기는 글렀다. 조괄(趙括)과 기겁(騎劫)도 필시 이와 같지는 않았을 것이다." 하고 한참 동안이나 탄식하였다.

남쪽의 사람들은 지금도 이 일을 말하면 팔뚝을 걷고 분통해 하지 않는 사람이 없다.」

여기서 조괄(趙括)과 기겁(騎劫)은 중국의 전국시대 인물로, 조괄은 염파(廉頗)를 몰아내고, 기겁은 악의(岳毅)를 몰아내고 대장이 되었다가 참패한 장수들이다.

장수가 되었으면 자기 본연의 임무에 충실해 적과 맞서 싸울 궁리를 해야지, 자기 전임자를 몰아낸 것이 더 기쁘다니. 이렇게 생각이 좁고 옹졸한 자에게 어떻게 중요한 직책을 맡길 수 있단 말인가? 이런 한심한 소인배가 무슨 명장이란 말인가?

원균이 제법 호기롭게 "내가 왜군과 만나면 활과 칼과 곤봉을 써서 물리칠 테니 걱정 없다."라고 한 부분을 보고 그를 무슨 대단한 용장인양 착각하는 사람들도 있을 것이다. 그러나 전쟁은 한 개인끼리의 주먹다짐이 아니다. 이순신이 무예가 뛰어나서 왜군들을 상대로 대승을 거두었던가? 우수한 무기와 뛰어난 전략과 전술, 탁월한 정보 수집 및 군량과 병참의 안정적인 확보를 통해서가 아닌가.

그런데 원균이 말하는 승리의 비책이란 고작 (그것도 실제 그런지의 여부가 의심스러운) 자기 자신의 무예 자랑이다. 옛날 중국의 항우가 "검술은 고작 한 명을 상대할 뿐이지만, 병법은 만 명을 상대할 수 있다."라고 한 말의 뜻을 깊이 새겨보면, 원균의 어리석음이 얼마나 심각한지 깨달을 수 있으리라.

우습게도 원균은 자신이 한 말이 씨가 되어서 결국 인생을 망치게 된다. 원균이 선조에게 상소를 올려 이순신을 뭐라고 비방하였는가? 그가 수백 척의 전함과 수만 명의 군사들을 가지고 있는데도 적의 본거지인 부산포를 공격하려 들지 않는다고 겁쟁이로 몰아붙였지 않은가. 그러나 그 자신이 삼도수군통제사가 되자 무슨 이유로 겁을 먹었는지 한산도에서 우물쭈물하며 나가려 하지 않다가, 조정과 권율의 압력에 못 이겨 출정하여 결국 참패를 당하고 만다.

칠천량 해전이 벌어지기 4개월 전, 원균은 왜군과 기문포에서 싸워 이겼다고 조정에 보고한다. 그러나 그 전모를 알고 나면 승전이라는 말 자체가 민망할 정도다.

인맥을 동원한 인사로 〈삼도수군통제사〉라는 중책을 역임하게 된 원균은 선조의 비호로 이순신이 통제사로 지낼 때는 꿈도 못 꾸던 엄청난 지원을 받게 되는데, 그 후의 행적이 참으로 우습다.

원균이 이순신과 연합하지 않고 단독으로 싸워 승리한 전투는 이순신이 통제사 자리에서 쫓겨나 선조에게 목숨의 위협을 받고 있던 무렵인 1597년 3월 9일의 기문포 해전이 유일하다.

일부 원균 옹호론자들은 이 전투에서 원균이 대단히 큰 성과를 거두었던 것마냥 주장하는데, 조금만 사료를 들여다보면 거짓임을 쉽게 알 수 있다.

1597년 3월 24일, 원균이 기문포에서 왜적과 싸워 크게 이기고 수급 47급을 베었다는 승전보고가 올라온다. 이 기문포 해전을 기록한 장계에 따르면, 3월 8일 왜선 3척이 거제 기문포(器問浦)에 와서 상륙하자 원균이 즉시 함대를 거느리고서 출항하여 밤새도록 노를 저어 9일 이른 아침에 기문포에 당도하여 보니, 왜선 3척이 해안(海岸)에 매여 있는데 왜군들은 모두 상륙해 있었다고 한다.

원균이 이끄는 조선 함대를 본 왜군들은 겁에 질려 투항했고, 웬일인지 원균은 그들을 자신의 배에까지 불러와서 술을 먹여주며 잘 다독거려 보내준다. 그렇게 일은 좋게 마무리 되는 듯하였는데, 갑자기 원균은 돌아가는 왜선에 느닷없는 포격을 퍼붓도록 명령했다.

원균은 적을 달래 놓고 방심시키다가 불시에 기습하여 끝내려고 했던 것 같다. 소위 말하는 '뒤통수치기' 인데, 그러나 그것조차 너무 어설펐다.

조선 함대의 포격은 모조리 빗나가버려 한 개의 포탄도 왜선에 명중되지 못했다. 원균의 비열한 작태에 분노한 왜선들 중 한 척이 뱃머리를 돌려 조선 수군에게 달려들었고, 그들을 잡으려던 고성 현령 조응도의 판옥선에 올라타는 데 성공했다.

왜군이 임란 내내 조선 함대에게 속수무책으로 당하기만 했던 것은, 이순신이 그들과의 근접전을 철저히 회피하고 원거리에서 포격을 퍼붓는 전술로 상대해 왔기 때문이다. 그만큼 단병(短兵) 접전에서 왜군은 조선군보다 월등히 뛰어났던 것이다.

판옥선에 올라탄 32명의 왜군들은 조응도를 비롯한 병사 140명을 몰살시켰다. 그리고 왜군들은 판옥선을 점거하고 조선 함대에 맞서다가 결국 전멸당했다. 원균은 이 전투(?)가 아군의 사상자가 거의 없는 승전이라고 조정에 거짓 보고를 올린다. 적병 32명을 죽이기 위해 아군 140명을 희생시키는 것도 승리라면 말이다.

생각하면 할수록 기가 막힐 뿐이다. 고작 3척에 지나지 않는 소규모의 적을 상대하는데 원균이 쓴 방법을 보라. 술을 먹여 잘 달래서 돌려보내다가 왜군이 돌아갈 때 갑자기 대포를 쏘아댄다. 이것은 영락없는 비열한 작태가 아닌가? 술책을 써야 할 만큼 대규모의 적도 아닌 소수의 적을 상대하는데 그런 치졸한 방법을 써야 할 필요가 있었을까? 게다가 그렇게 해서 벌어진 무의미한 전투로 인하여 장수를 비롯하여 140명이나 되는 병사가 헛된 죽음을 당했다.

진상이 이런데도 불구하고 장계를 접수한 선조와 원균 편에 섰던 신하들은 '역시 원균은 맹장이로다!' 하며 입에 침이 마르도록 칭찬한다. 그리고 원균의 품계를 올려 주어야 한다고 주장한다.(참고로 선조는 이순신이 명량에서 승리했을 때는 품계를 올려 주지 않았다.)

그러나 얼마 후, 다른 장계와 문서가 올라옴으로써 이 전투의 황당한 전말이 만천하에 공개된다.

3월 22일, 경상 우병사 김응서(金應瑞)가 보고서를 보내왔는데, 거기에는 왜장(倭將) 풍무수(豊茂守)가 자신의 부하들이 원균에게 죽임을 당한 것에 대한 강력한 항의가 담겨져 있었다. 그에 따르면, 풍무수는 "자신이 미리 김응서에게 부하 3명을 보내어 나무를 베어가도 좋다는 벌목 허가증을 정식으로 받았는데도 불구하고 조선 수군이 이를 무시하고 모두 죽였다. 원균이 배로 불러들여 술을 접대하며 거짓으로 대접하자 (풍무수의) 부하들은 전혀 낌새를 채지 못하고 안심하고 배를 타고 돌아올 때, 조선 수군이 갑자기 포를 쏘아 부하들을 다 죽였으니, 이것이 무슨 도리인가? 나무를 베러 다니는 1~2척의 작은 배를 잡아봤자 전황에 영향을 주는 승리도 아닌데, 조선의 장수들은 공(功)을 탐하여 자주 이런 일을 일으키니 매우 괴이하다."라고 원균의 작태를 날카롭게 꼬집었다.(〈선조실록〉 선조 30년(1597년) 3월 25일 기사.)

원균의 유치한 술책으로 죽임을 당한 왜군들은 1597년 경상우병사 김응서에게 정식으로 벌목 허가증을 받은 나무꾼들이었던 것이다.

기문포 해전(?)의 소식을 접한 명나라 군대의 수뇌부에서도 휴전 중에 무슨 경솔한 짓이냐며 조선 조정을 강하게 질타하였고, 졸지에 현감을 잃은 고성현에서도 사건의 진상을 담은 장계를 조정에 올려 보냈다.

그럼에도 불구하고 선조는 비변사의 건의에 따라 원균에게 포상을 내린다. 이 황당무계한 사건이 기록상 유일하게 전해지는 원균의 승전인 '기문포 해전' 이다.

사실이 이럼에도 불구하고, 김태훈의 저서 「이순신의 두 얼굴」이나 최용범, 함규진의 공저 「간신열전」에서는 이 기문포 해전의 진상을 은폐한 채, 원균이 '승리' 를 거두었다는 사실만을 크게 강조하고 있다. 그리하여 독자들로 하여금, 원균이 '명장' 이었을 수도 있다는 인식을 은연중에 심어주는 효과를 거두고 있다. 역사의 단면만을 보여주는 대표적인 역사왜곡 수법이라 하겠다.

(2) 원균은 죽지 않았다!

그리고 드디어 칠천량 패전의 막이 오른다.

원균 옹호론자들은 칠천량 전투 당시 원균이 이끌던 조선 함대가 중과부적(衆寡不敵)으로 패했다고 주장하며, 더욱 심한 일부 사람들은 이순신의 휘하에 있었던 장수들이 원균의 지시를 잘 듣지 않았다고 책임을 전가하는데, 이는 모두 사실과 다르다. 진실을 절반만 알아도 원균은 세계 역사상 유래를 찾아보기 힘든 형편없는 졸장이었음을 알 수 있다.

왜 그런가? 원균의 칠전량 해전은 왜군과 장렬하게 싸우다가 어쩔 수 없이 패한 전투가 아니라, 왜군을 보고 놀라서 허겁지겁 도망가다 궤멸당한 사건이기 때문이다. 차마 전투라 칭하기도 민망할 정도다. 그야말로 원균의 진정한 능력(?)을 공개적으로 드러낸 사건이라 할 수 있다.(칠천량 참패에서 원균이 보여준 멍청한 작태를 상세히 알게 되면 더 이상 원균 옹호론을 들고 나올 사람은 없으리라 믿는다.)

그렇다면 원균은 어떻게 해서 칠천량의 참패를 연출하게 되었는가?

1597년 4월, 조정에서는 원균에게 부산포를 공격하라는 명령을 내린다. 왜 조정에서 원균의 부산포 공격을 종용했는가 하면, 당시 도원수 권율이 이끄는 조선 육군이 부산에 진입하기 전에 일본 수군의 관심을 붙잡아 두려는 의도였다. 1592년 9월 1일, 이순신은 63척의 함대로 육군의 지원 없이 부산을 쳐서 1백 척의 왜선을 격파하는 대승을 거두었다. 게다가 얼마 전에는 다시 부산을 공격하지 않았던가? 그러니 2백 척의 전함을 가진 원균이라면 이순신처럼 부산을 공격하여 이길 수 있을 것이라고 선조와 조정 대신들은 믿었던 것 같다.

하지만 원균은 이순신이 부산으로 함대를 끌고 가서 공격하지 않는다고 그를 겁쟁이로 몰아붙이며 자신에게 삼도수군통제사를 맡겨주면 한 걸음에 부산을 탈환하겠다고 호언장담을 했음에도 불구하고, 어찌된 일인지 정작 자신이 통제사가 되자 봄이 가고 여름이 와도 전혀 출병할 기미조차 보이지 않았다.(기문포에서 왜군을 상대한 일이 있었지만, 그건 승전이라기보다는 패전에 더 가까웠다.)

6월 14일, 일본군은 이중간첩(사실은 일본의 간첩이었지만 조선을 위하는 것처럼 위장하여 활동했다) 요시라를 김응서에게 보내어 일본군의 후속부대가 곧 바다를 건너오니 조선 수군이 지키고 있다가 공격하면 성공할 것이라는 밀서를 전했다.

첩보를 받은 도체찰사 이원익은 도원수 권율과 상의하여 수군의 출동을 명했다.

그러나 명을 받은 원균은 자신이 처음 주장한 대로 30만의 육군이 출병하여 가덕도와 안골포의 왜군을 모두 무찌른 다음에야 자기가 나서겠다며 출전을 하지 않았다. 이후 원균은 계속 수륙합동 작전을 요구하면서 수군 단독의 부산 진격전을 거부했다.

원균은 왜 그런 터무니없는 요구를 했을까? 당시 전란으로 피폐해진 조선의 상황에서 30만 명이라는 대군을 모은다는 것이 불가능한 일이라는 것을 정녕 몰랐을까?

아니다. 그도 알고 있었다. 그가 계속 육군 30만 명 운운한 속내는 사실, 부산을 진정으로 치겠다는 생각이 없다는 것이었다. 그가 통제사가 된 이유는 정말로 수군을 거느리고 왜군과 싸우기 위해서라기보다는, 이순신에게 개인적인 앙갚음을 하고 아울러 수사보다 더 높은 통제사의 직책에 올라서 자신의 사리사욕을 채우기 위함이었다. 임진년의 전란이 한참이던 해에 원균이 한 일을 생각해 보라. 병사들이

먹을 것이 없어 굶어 죽어가던 때에 배에 여자들을 태우고 다녔으며, 충청병사 시절에는 뇌물을 받는 대가로 병사들의 군역을 면제해주는 엄청난 군기문란까지 자행했다.

격이 높은 일류의 권력자는 권력을 가지고 무엇을 하는가를 목표로 삼지만, 이류의 권력자는 권력을 계속 유지하는 것 자체가 목적이다. 그런 면에서 볼 때, 원균은 분명히 후자에 속했다.

이순신은 통제사 시절, 4만 명과 250척의 판옥선을 확보하여 수군의 전력을 두 배로 증강시키고, 군량을 충분히 모은 연후에야 적의 근거지인 부산을 치겠다는 계획을 세우고 그대로 실행에 옮기던 중이었다.

그러나 원균이 통제사가 된 이후에는 전력 증강은커녕 오히려 기존에 있던 병사들마저 탈영을 하는 실정이어서 전력이 감소되는 형편이었다. 그 한 예로 판옥선의 승선 인원은 한 척당 190명인데 원균이 한산도로 온 이후, 병사들이 원균의 횡포를 피해 계속 달아나버려 판옥선의 승선 인원이 한 척당 94명으로까지 줄어들었다. 판옥선의 노꾼들만 127명이 필요한데, 병사가 줄어드니 63명이서 맡아야 했다. 그 결과 배의 속도는 이순신이 통제사로 있을 때보다 절반 수준으로 떨어졌고, 예전보다 무리하게 작업을 하던 노꾼들은 더 빨리 지쳐버려 조선 수군은 제대로 싸울 수가 없었다.

그것을 알면서도 원균은 병사들의 군기를 바로 잡아 탈영을 막거나, 군량을 비축하거나, 정보를 수집하여 새로운 전략을 짠다든가, 함선을 새로 건조한다든가 하는 행동은 전혀 하지 않았다.

겨울잠에 들어간 곰처럼 한산도에 틀어박혀 매일을 술과 기생에 빠져 살며 나오려 하지 않는 원균의 작태를 보고 개탄한 이원익은 부하인 남이공(南以恭)을 한산도로 보냈다. 남이공은 한산도의 수군 본영까지 직접 가서 원균에게 어서 출정하라는 이원익의 서슬 퍼런 명령을 전했다.

그제서야 원균은 어쩔 수 없이 6월 18일 한산도의 본영으로부터 1백 척의 함대를 이끌고 나가 다음 날인 6월 19일, 안골포를 공격하기에 이르렀다.

그러나 안골포의 왜군들은 조선군으로부터 빼앗은 대포를 해안 곳곳에 배치해 놓고 원균이 이끄는 함대가 오기만을 기다리고 있었다. 조선 수군이 시야에 들어오자 그들은 화포와 조총탄을 퍼부으며 위협했다.

이러한 위험 속에서도 조선 수군은 후퇴하지 않고 왜군 함대에 육박하여 포격전을 감행하였다. 그것은 원균의 지휘 때문이라기보다는 이순신 휘하에서 수많은 승리를 거두며 단련된 조선 수군의 기량 덕분이었다.

조선 함대의 공세에 왜군은 버티지 못하고 배를 버린 채 해안으로 도망쳤다. 조선군은 왜군이 버리고 간 배 2척을 노획했다. 그러나 전과로 보면 그리 크지 않은 사소한 승리였다.

다음은 가덕도였다. 가덕도에 주둔하고 있던 왜군은 이미 안골포로부터 더 증파되어 와서, 그들은 또 배를 타고 그들의 본거지로 들어갔다. 조선 수군들이 급히 배를 저어 추격하여 거의 모든 적선을 포착(捕捉)하기에 이르자 왜군들은 마침내 배를 버리고 작은 섬으로 숨어 들어갔다. 조선 함대가 왜군을 포위하고 화포와 화살을 어지럽게 쏘아붙이자 왜병들은 대부분 섬 안으로 숨어 들어가 찾을 수가 없었다.

이 정도의 전과에 만족했는지, 아니면 더 이상 적진 깊숙이 들어가는 것은 위험한 일이라고 판단했는지, 원균은 수군에게 철수할 것을 명했다. 수군이 그만두고 돌아오려 할 즈음에 안골포의 왜군들이 배를 타고 역습해 오자, 조선군은 다시 돌아서서 접전하였다.

왜군들은 뱃전에 서서 알몸을 드러낸 채 조금도 두려워하는 기색이 없이 조선군 함대의 후미를 둘러싸거나 배의 좌우를 협공하면서 빗발치듯 조총을 쏘아댔다. 이 과감한 행동에서 그들이 조선 수군에 대한 두려움을 이제 상당 부분 극복했다는 사실을 알 수 있다. 이순신과 원균, 두 지휘관의 이름이 갖는 무게의 차이가 나타난 것이다.

조선군은 함대에 방패를 늘어놓아 총탄을 막고 화살을 응사하며 맞섰다. 그러면서 왜군을 유인하여 포위, 섬멸할 생각이었으나 때마침 날이 저물어 더 이상의 교전은 무리라고 판단하여 철수하였다.

이 과정에서 평산만호(平山萬戶) 김축(金軸)은 눈 아래에 탄환을 맞았고, 보성군수(寶城郡守) 안홍국(安弘國)은 이마에 총탄을 맞아 모두 전사하였다. 고위 지휘관이 두 명이나 죽었으니 조선군의 피해도 컸다. 물론 왜군도 어느 정도 피해를 입었으나 원래의 목적이던 안골포와 가덕도의 점령에 실패했으니 사실상 이번 조선군의 출정은 아무런 소득도 없는 셈이었다. 더군다나 1592년 9월 2일에 있었던 부산포 해전과는 달리, 왜군에게 치명타를 입히거나 전의(戰意)를 상실하게 하지도 못하였다. 오히려 그들에게 이제 조선 수군과 대등하게 싸울 수 있다는 자신감만 심어주었다.

6월 19일에 벌어진 안골포, 가덕도 해전의 소식을 전해들은 권율은 분노하여 6월 21일, 원균을 사천까지 호출하여 곤장을 치고 재출정을 명했다. 한 나라의 해군 총사령관이 병사들이 보는 앞에서 엉덩이를 드러내고 매를 맞다니. 원균은 수치심에 치를 떨었으나 차마 상사인 권율을 향해 분노를 터뜨릴 수는 없었다.

1597년 7월 4일, 원균은 2백여 척의 판옥선과 2만여 명의 병사들을 거느리고 한산도의 두을포를 출항하였고, 오후 2시경에 견내량을 통과하였다. 그런데 시작부터 원균은 실수를 저지른다. 출정한 시각이 오후 2시경, 하루에서 해가 가장 밝은 때를 고른 것이다. 대낮에 조선 수군의 대함대가 움직이자 왜의 척후병들은 상부에 보고하였다.

원균은 저녁 7시, 철천도의 외즐포에 도착하여 밤을 지내고 다음날 정오에 출발하여 옥포로 향하였다. 한편, 왜군은 안골포 남단에 있는 육망산(해발 187m)에 올라가 조선 함대가 옥포로 가는 모습을 확인하였다. 이순신이 새벽에 은밀히 이동하였던 것과는 반대로, 원균은 대낮에 드러내놓고 이동하여 왜군들에게 자신의 위치를 훤히 알린 것이나 다름없었다.

원균 함대의 행보에 안골포, 웅포, 가덕, 김해, 죽도 등지에 분산된 왜군들은 부산으로 집결했고, 조선 함대의 움직임을 정확히 알고 만반의 태세를 갖추었다. 어리석게도 원균은 계속 대낮 이동을 고집하였다.

원균이 이끄는 조선 수군은 7월 7일 새벽 4시, 옥포를 떠나 부산으로 향하였고, 약 3시간 후에는 가덕도 남방을 통과하였다.

그러나 이러한 움직임은 봉수대 및 응봉과 연대봉에 설치되어 있는 왜병의 감시 초소에 의해 포착되고 있었으며 왜장들은 부산 절영도의 후면에 함대를 대기시켜 놓았다.

말곶을 거쳐 다대포에 도착한 원균의 함대는 왜선 8척이 정박하고 있는 것을 발견하였다. 그것을 본 조선 함대가 일제히 돌진하자, 왜군들은 급히 배에서 내려 육지로 도망쳤다. 원균은 그렇게 해서 텅 빈 왜선 8척을 불살랐다. 그러고 나서 부산 절영도의 바깥 바다로 나아갔다. 하지만 뜻밖의 일이 벌어진다. 군수 물자를 싣고 들어오던 왜선 1천여 척이 조선 함대의 눈앞에 나타난 것이다.

설상가상으로 바다에 심한 풍랑이 일었고 한산도에서부터 4일 동안이나 격군들이 제대로 쉬지도 못한 채 계속 노를 젓느라 지쳐 있어 조선 수군은 제대로 싸울 엄두조차 내지 못했다.

원균은 전 함대에 퇴각을 명했지만 거친 파도와 바람으로 인해 선단을 제대로 이끄는 것조차 힘들었다. 격렬한 해류에 휩싸여 경상우수영 소속 전함 5척이 기장현 두모포로 떠내려갔고, 전라좌수영 소속 전함 7척은 서생포 앞바다까지 밀려갔다. 경상우수영의 전함들은 무사히 돌아왔지만, 전라우수영의 전함 7척에 탔던 병사들은 서생포에 주둔하고 있던 왜장 가토 기요마사의 병사들에게 남김없이 죽임을 당했다.

7월 9일, 다시 부산포로 향했던 원균은 도중에 시마즈 요시히로(島津義弘)가 이끄는 1천 척의 함대가 나타나자, 적의 수가 너무 많아 상대할 수 없다고 여기고 후퇴하였다. 그 과정에서 판옥선 20여 척이 적의 공격에 격침되었다. 제대로 된 전투 한번 안 해 보고 죽게 만든 아군의 병사가 자그마치 3천 명이나 되었다.

이 어처구니없는 작태가 7월 10일에 조정에 보고되자 이제까지 원균의 강력한 옹호자이자 후원자였던 선조마저 분노하여 '(원균이) 전일과 같이 후퇴하여 적을 놓아준다면 나라에는 법이 있고 나 역시 사사로이 용서하지 않을 것이다.' 라고 으름장을 놓았을 정도였다.

분노한 사람은 선조만이 아니었다. 권율은 7월 11일, 곤양으로 원균을 소환하여 두 번째 곤장을 쳤다. 제대로 싸우지도 않고 20척이 넘는 판옥선과 3천 명 가량의 병사들을 적의 입속으로 넣어주었으니 충분히 그럴만했다. 개전 직전 전라좌수영의 판옥선이 24척이었으니, 원균으로 인하여 발생한 손실이 얼마나 컸는지 대충 짐작이 갈 것이다.

원균 옹호론자들은 이때 권율이 원균에게 곤장을 치게 한 것이 너무 가혹했다고 주장하는데, 3천 명을 싸움 한번 안하고 죽게 했다면 곤장이 아닌 참수형에 처해져도 할 말이 없다. 이때 차라리 원균이 파직되었다면 다행이었으련만 선조는 무슨 생각에서인지 원균의 직위를 그대로 놔둔다.

두 번이나 곤장을 맞고, 게다가 든든한 '빽' 이었던 선조로부터도 버림받을 위기에 처하자 원균은 거의 자포자기 상태가 되었다. 그리고 '에라, 모르겠다. 될 대로 되라!' 하는 심보로 최악의 결정을 내리고 말았다.

이렇게까지 원균을 막다른 상황으로 몰아넣은 선조와 권율의 처사가 너무 가혹하다는 생각이 들지도 모른다. 허나, 애시당초 그들에게 부산 공략의 환상을 심어준 장본인은 다름 아닌 원균 자신이다. 허황된 호언장담의 대가를 치른 것이다.

7월 14일, 원균은 다시 부산포로 출정하였다. 그런데 부산진 포구의 일본 수군은 미리 조선 수군의 공격에 대비하여 교란작전을 유도하였다. 게다가 갑자기 풍랑이 일어나 조선군 함대들은 사방으로 흩어져 공격 목표를 찾지 못하고 헤매다가 간신히 가덕도로 돌아왔다.

가덕도에서 하루 머무르려는 결심을 한 원균은 나무와 물을 구하려고 4백 명의 병사들을 정찰병도 보내지 않고 상륙시켰다. 그러나 때마침 가덕도에 매복해 있던 왜군의 기습을 받고 말았다. 원균은 그들을 구할 노력은 전혀 하지 않고 애타게 구원을 호소하는 4백 명의 병사들의 비명(悲鳴)을 뒤로 한 채 그대로 도망쳐 버렸다. 상관에게 버림받은 가엾은 병사들은 모두 비참하게 죽임을 당했다. 이순신이 5개월 전, 가덕도에서 잡혀간 병사 5명을 구출하기 위해 과감히 상륙전까지 감행한 일에 비하면 너무나 대조적인 모습이었다.

원균의 한심한 작태에 당시 일본 수군 장수 도도 다카토라(藤堂高虎)도 "물을 얻으러 상륙하는데 정찰병도 보내지 않는 장수는 세상에 또 없을 것이다."(藤堂記-도도 다카도라, 조선일일기-케이넨)라고 비웃을 정도였으니 오죽하였으랴.

가덕도에서 왜군의 일격을 받은 원균은 함대를 이끌고 칠천량까지 후퇴하여 포구 안으로 들어갔다.

이와 같은 어이없는 패착이 권율에게 알려지자 분노한 그는 원균을 고성으로 소환하여 곤장을 쳤다. 권율이 곤장을 친 이유는 원균이 제대로 싸움 한번 해보지 않고 4백 명의 병사들을 죽게 만들었다는 것 때문만이 아니었다. 정찰병도 보내지 않고 육지에 상륙해 물을 구하게 한 어리석음과, 적의 공격을 받고 위기에 처한 아군을 외면한 채 도망쳐 버린 비열함에 대해 더욱 분노한 것이었다. 아군을 버리고 달아나는 자가 무슨 장군이며 명장이란 말인가. 아니, 인간으로서의 기본적인 성품조차 갖추고 있지 않으니 구제불능이라고 해야 할 것이다.

한 나라의 해군 총사령관이 불과 한 달 사이에 세 번이나 곤장을 맞았다. 매를 맞고 돌아온 원균은 울화가 치밀어 새로운 대책을 세우기는커녕 술을 통째로 퍼마셨다. 어찌나 화가 났던지, 적의 출현을 탐지하는 경계조차 세우지 않았을 정도였다.

초전부터 패주하자 알 수 없는 불안감을 느낀 경상우수사 배설은 "칠천량은 수심이 얕고 물목이 좁아서 전선을 마음대로 움직일 수 없으니, 빨리 다른 곳으로 이동해야 한다."라고 주장했으나 원균은 "이대로 패한 채로 물러날 수는 없다"라며 고집만 피울 뿐이었다.

왜 원균은 생고집을 피웠던 것일까? 만약 이대로 물러나 버린다면 자신은 더 이상 왕에게 용서받지 못한다. 이순신을 몰아내고 나면 자기가 한 걸음에 부산으로 달려가 적을 모조리 소탕하겠다고 큰 소리를 쳐왔는데, 세 번이나 전 함대를 이끌고 출정하였으나 볼만한 승리도 한번 거두지 못하고 철수한다면, 그 자신도 통제사 자리에 계속 있을 수 없다. 잘해야 관직 삭탈이고, 운이 나쁘면 귀양이나 사형에 처해질 수도 있다. 원균이 갑자기 용감해진 것이 아니라 자신의 권력과 지위 보존을 위하여 생떼를 쓴 것에 지나지 않는다.

그러나 자신의 권력을 지키기 위해서는 2백 척의 전선과 2만 명의 병사들이 모두 없어져도 괜찮다는 말인가?

칠천량에 함대를 정박시키게 한 원균은 술을 퍼마시고 끝없는 고주망태에 취해 있었다. 그것도 모자라 원균은 척후 함대를 보내 야간 경계 임무를 하려는 시도조차 하지 않았다. 총사령관이 그 모양이니 이억기나 최호를 비롯한 다른 장수들은 어떻게 손 쓸 방도가 없었다.

이렇게 위태로운 이틀을 보내고 있을 무렵, 7월 16일 새벽에 5~6척으로 이루어진 왜군의 기습 부대가 야습을 감행했다. 뜻하지 않은 왜군의 출현에 조선 수군은 혼란에 빠졌고 뒤이어 왜선 1천여 척이 공격해 들어왔다. 당시 왜군의 지휘관은 도도 다카토라와 와키자카 야스하루였다. 이순신에게 당한 패배를 이제 여기서 갚는 것이다.

갑작스러운 왜군의 기습에 조선 함대는 당황해 하면서도 각 장수들이 휘하 함대를 이끌고 나서서 응전한다. 그런데 이때, 보고를 받고 잠에서 벌떡 깨어난 원균은 희한한 용병술(?)을 발휘한다. 그는 모든 함대는 상선(통제사가 탑승하는 지휘선)을 중심으로 집결하라는 명을 내린다. 그리고 그 명에 따라 조선 함대가 상선을 중심으로 집결하기도 전에 원균은 도망가 버렸다. 조선군 병사들은 순간 너무도 기가 막혀 아무 말도 할 수 없었다. 전황을 지휘해야 할 총사령관이 자기만 살겠다고 부하들을 내팽개친 채 달아나다니. 이런 자가 무슨 용감한 장수란 말인가.

왜군의 대규모 공세에 총사령관마저 달아나자 조선 수군은 더 이상의 전의를 잃고 공황 상태에 빠져 무질서하게 패주했다. 그걸 보고 있던 왜군은 악착같이 추격해와 조선 수군을 에워싸고 격렬한 공격을 퍼부었다. 위기에서도 끝까지 분투하던 조방장 김완은 왜선의 포위망을 뚫고 도망가다 왜군에 붙잡힌다. 김완은 포로가 되어 일본의 나고야로 끌려갔다가 이듬해인 1598년, 탈출해 조선으로 돌아왔고 '해소실기'라는 책을 지어 원균에 대한 분노를 털어놓았다. 그 내용의 일부를 여기에 인용해 본다.

〈저(김완)도 또한 왼쪽 다리에 탄환을 맞아서 세력이 심히 외롭고 약하여 사졸(士卒)들이 빈주먹만 휘두르는 데까지 이르렀습니다. 제가 큰 소리로 팔을 흔들어 말하기를, "주장(主將)! 주장! 어째서 구하러 오지 않는 거요!" 하고 외치던 때에, 주장 원균(元均)은 술에 취하여 베개를 높이고 있어 기강(紀綱)이란 전혀 찾아볼 수 없었으며, 단지 군관 김대복(金大福)이 편전(片箭) 10여 개를 쏘고 나서 노를 재촉하여 점차 물러갈 뿐이었습니다. 수사 배설(裵楔)은 역시 배멀미에 지쳐 선방(船房 선실)에 들어가 누워서 인사불성이 되어 한결같이 군관의 지휘를 따를 뿐이니 어찌 위급한 어려움을 구할 수 있었겠습니까? 군관과 활을 쏘는 사수들은 나란히 서서 관망만 할 뿐으로 전혀 화살을 쏠 뜻이 없었고, 사도첨사(蛇渡僉使) 김익귀(金益貴)도 또한 이와 같았습니다.〉 –해소실기에서.

도망친 원균은 뒤따라오던 조선 수군을 모두 육지에 내리게 했다. 그렇게 해서 함대 탑승인원을 전부 상륙시키고 육로를 통해 도주하라는 지시를 내렸다. 이미 원균은 겁에 질려 이성을 잃고 그저 본능처럼 왜군을 피해 달아나고 있던 상황이었다.

전군이 붕괴되는 상황에서 조선군 병사와 장수들은 정신없이 패주했고, 전라우수사 이억기와 충청수사 최호만이 남아서 최후까지 싸우다 장렬히 전사했다.

원균에게 계속해서 함대를 이끌고 안전지대로 이동하자고 건의했던 경상우수사 배설은 그의 휘하 판옥선 12척을 이끌고 도주하였고, 이들이 뒷날 명량대첩의 전투함 13척 중 대부분을 이룬다. 역설적이지만, 그의 비겁함으로 인해 조선 수군은 구원받은 셈이다.

이렇게 조선 수군 함대는 너무나 허무하게 궤멸되었다. 일본 측 기록들을 종합해 보면 조선 함대 160여 척이 침몰되거나 불타버렸으며, 40여 척은 적에게 빼앗겼고, 나머지 얼마 안 되는 배들만이 달아났다. 병사 1만여 명이 왜군의 칼에 목숨을 잃었으며, 간신히 살아남은 병사들은 무질서한 패주를 거듭하며 뿔뿔이 흩어졌다. 다소 전과를 과장하는 듯 하지만, 어쨌든 칠천량 당시 조선 수군이 입은 피해는 치명적이었다. 물론, 이 중 일부는 숨어 있다가 명량 해전에서 이순신이 대승을 거두자 용기를 얻어 다시 모여든다.

대승을 거둔 왜군은 파죽지세로 남해안을 따라 서진을 했으며, 전라도와 충청도를 총공격해서 삽시간에 쓸어버렸다. 그 결과 남원성과 전주성이 모두 왜군의 수중에 떨어지고 말았다. 전주까지 밀고 올라간 왜군은 충청도와 경기도의 경계선인 직산 지역까지 북상한다. 원균이 자초한 칠천량 패전의 결과로 조선의 육상 방어선이 완전히 무너진 것이다. 단 한 번의 패전으로 너무나 엄청난 사태가 초래되고 말았다.

생각하면 할수록 원균이 저지른 실수로 인해 전세가 송두리째 망친 적이 한 두 번이 아니다. 임진왜란 때에는 왜군의 대선단이 바다를 건너오자 겁을 집어먹고 싸워보지도 않은 채 배와 무기를 버리고 그대로 도망쳐 적의 병력을 무사히 육지에 상륙시키도록 하게 만들었다. 이미 언급했지만 결과적으로 임진왜란의 전화가 그토록 길고 참혹해졌던 것은 바로 원균의 비겁한 태도 때문이었다. 정유재란 때에는 또 어떠했는가? 무모하고 엉터리 같은 임전태세만 보이다 무수한 병력과 함선을 모조리 잃고 제해권을 왜군에게 넘겨주었다(이순신이 명량에서 대승을 거두기 전까지). 그 결과 왜군은 임란 당시 한 번도 유린당하지 않았던 전라도를 마구잡이로 침탈하였으며 충청도와 경기도 인근까지 종횡무진으로 치고 올라갔다.

이 두 가지 사항만 보더라도 원균은 절대로 '명장' 이란 평가를 받을 수 없다. 형편없는 패전으로 전세를 엉망진창으로 망쳐놓는 무능력한 장수를 단지 전쟁터에서 전사(혹은 행방불명)했다는 이유로 명장이라고 불러야 한다면, 이 세상에 명장이 아닌 장수는 단 한 명도 없을 것이다.

왜군에게 함락된 성의 주민들은 결코 무사하지 못했다. 남원성에서만 무려 1만이 넘는 조선 백성들이 학살당하는 참사가 있었으니까. 당시 상황을 전하는 기록은 다음과 같이 증언한다. '죽은 자(조선 백성)가 모래알처럼 늘어져 있다.' 히데요시가 왜군에게 조선인들의 코를 베어 전공을 기록하라고 지시를 내린 때도 이 무렵이다.

그리고 이런 엄청난 사태를 자초한 원균은 홀연히 자취를 감춰버린다. 우리는 칠천량 전투에서 원균이 전사했다고 어렴풋이 알고 있지만, 당시 기록들을 보면 원균이 죽었다는 언급은 전혀 없다! 못 믿겠다고? 실록과 다른 사서들의 기록들을 차근차근 짚어나가자.

> 「선전관 김식(金軾)이 한산(閑山)의 사정을 탐지하고 돌아와서 들어와 보고하였다.
>
> "15일 밤 2경에 왜선 5~6척이 불의에 내습하여 불을 질러 우리나라 전선 4척이 전부 불타서 침몰하자 우리나라 여러 장수들이 창졸간에 병선을 동원하여 어렵게 진을 쳤는데, 닭이 울 무렵에는 헤아릴 수 없이 수많은 왜선이 몰려 와서 서너 겹으로 에워싸고 형도(刑島) 등 여러 섬에도 끝없이 가득 깔렸습니다.
>
> 우리의 수군은 한편으로 싸우면서 한편으로 후퇴하였으나 도저히 대적할 수 없어 할 수 없어 고성 지역 추원포(秋原浦)로 후퇴하여 주둔하였는데, 적의 세력이 하늘을 찌를 듯하여 마침내 우리나라

전선들은 모두 불에 타서 침몰되었고 여러 장수들과 군졸들도 불에 타거나 물에 빠져 모두 죽었습니다.

신은 **통제사 원균(元均) 및 순천 부사 우치적(禹致績)과 간신히 탈출하여 상륙했는데, 원균은 늙어서 행보하지 못하여 맨몸으로 칼을 잡고 소나무 밑에 앉아 있었습니다. 신이 달아나면서 일면 돌아보니 왜군 6~7명이 이미 칼을 휘두르며 원균에게 달려들었는데 그 뒤로 원균의 생사를 자세히 알 수 없었습니다.**

경상 우수사 배설(裵楔)과 옥포(玉浦)·안골(安骨)의 만호(萬戶) 등은 간신히 목숨만 보전하였고, 많은 배들은 불에 타서 불꽃이 하늘을 덮었으며, 무수한 왜선들이 한산도로 향하였습니다."」

—〈선조실록〉 선조 30년(1597년) 7월 22일 기사—

앞의 지문을 잘 보라. '원균의 생사를 알 수 없었다'는 얘기만 나오지 그가 죽었다는 얘기는 없다. 우리가 흔히 알고 있듯이 원균은 칠천량에서 장렬하게 전사한 것이 아니란 말이다. 놀랐는가? 그러나 놀라기에는 아직 이르다. 김식의 보고가 있은 지 나흘 뒤인 7월 26일에 올라온 장계에 따르면 우리 모두가 기절초풍할 사실이 실려 있다.

「7월 21일에 작성(成貼)한 도원수 권율의 보고서에서 말하기를, "신의 군관인 최영길(崔永吉)이 한산도에서 지금에야 비로소 나왔는데 그가 말하기를 '원균이 사지를 벗어나 진주로 향하면서 말하기를, 「사량(蛇梁)에 도착한 대선(大船) 18척과 전라선(全羅船) 20척은 본도에 산재해 있고, 한산에 머물러 있던 군민(軍民)·남녀·군기(軍器)와 여러 곳에서 모여든 잡선(雜船) 등을 남김없이 창선도

(昌善島)에 집합시켜 놓았으며, 군량 1만여 석은 일시에 운반하지 못하여 덜어내어 불태웠고, 격군(格軍)은 도망하다 패배한 배는 모두 육지 가까운 곳에 정박시켰으므로 사망자는 많지 않았다」고 하였다.' 고 하였습니다. 최영길을 곧이어 올려 보내겠습니다. 이순신(李舜臣)에게 흩어져 도망한 배를 수습하도록 사량으로 들여보내시기 바랍니다."」

−〈선조실록〉 선조 30년(1597년) 7월 26일 기사−

보았는가? 권율의 군관 최영길이 원균을 만났다고 했다! 그것도 아주 상세히 현재의 수군 상황을 보고하지 않는가.

기사를 잘 보면, 원균은 사지(죽을 곳)를 벗어나 진주로 향하면서 권율의 부하 최영길을 만났다고 한다. 즉, 원균은 칠천량에서 탈출하여 살아남았던 것이다.

심지어 일본 측의 기록에서도 원균을 죽였다는 내용은 전혀 없다. 또한 7월 22일 이후 살아있는 원균은 어느 사료에도 나타나지 않는다. 하긴 나타났다간 참수당할 테니 몸을 숨기는 것이 당연하다.

원균의 생사 여부는 한동안 조정에서 큰 논란이 된다. 그러나 그의 죽음이 공식적으로 확인된 것은 아니다.

「도체찰사 이원익(李元翼)이 급보하였다.

"…(중략)…임진난 이후 달아나 흩어진 장수와 군관들을 한 사람도 군법에 의해 처벌하지 않았으므로 오늘날에 와서는 관습이 되어 보통으로 여기게 되었습니다. 이번의 수군들은 처음부터 서로 힘을 겨루며 싸우다가 패멸한 것이 아니라 살아남은 자나 죽은 자나 모두 달아나기에 바빴던 사람들입니다.

중론을 참고해보니 힘을 다하여 싸우다가 바다 한가운데서 전사한 자는 조방장 김완(金浣)뿐이었습니다.(*그러나 김완은 전사하지 않고, 왜군의 포로가 되어 오사카로 끌려갔다가 다음 해에 탈출하여 귀국한다.) 많은 장수들에게 모두 군법을 시행할 수는 없다고 해도 원균은 주장(主將)이었으니 군사를 상실한 경우의 군법으로 처단해야 합니다. …(중략)…"

선조: "아뢴 대로 승인한다. 다만 **원균(元均)을 죽이려 할 경우 그가 마음속으로 복종하지 않을 듯하니, 헤아려서 처리하라.**"

비변사: "원균이 군사를 잃은 죄는 참으로 용서하기 어려우나 그간에 잘못한 죄를 오로지 원균에게만 책임지울 수는 없을 듯하니, **우선 원균이 나타나기를 기다렸다가** 다시 의논하여 처리하는 것이 어떻겠습니까?"

임금이 아뢴 대로 하라고 승인하였다.」

-〈선조실록〉 선조 30년(1597년) 8월 5일 기사-

도대체 무슨 말인지 헷갈릴 것이다. 그러나 자세히 읽어보면 결론이 나온다. 8월 5일까지 선조와 대신들은 원균의 생사를 행방불명으로 단정하고 있었던 것이다.

또한 7월 16일 칠천량 패전 이후, 이순신의 통제사 재임명까지의 정황을 보면 이해가 안 가는 부분이 많다. 일단 장수의 전사가 확인되면 권율이나 이원익 등이 공석인 통제사에 가장(假將: 임시장수)을 임명하여 무너진 수군 수습을 빠른 시일 안에 할 수 있다. 그리고 경상도 초계(草溪)에는 이순신이 대기하고 있었다. 그러나 이순신이 다시 통제사에 임명되는 8월 3일까지의 약 17일 동안, 조정은 어떠한 후속 조치도 하지 않고 있었다. 원균의 전사가 확인되지 않았으니 그럴 만도 하다.

더구나 유성룡이 쓴 〈징비록〉에서조차 원균의 생사에 대하여 '어떤 사람은 죽었다고 하고, 어떤 사람은 살아서 도망쳤다고 하니, 알 수 없다.' 라고 나온다.

임진왜란이 끝난 지 약 3년이 지난 1601년 1월 17일, 선조는 대신들과 회의를 하면서 "이제야 원균이 죽었겠지?" 라고 추정을 한다. 물론 원균이 튀어나와 자신이 죽지 않았다고 항변을 하는 대목은 전혀 등장하지 않는다.

역사 속으로 영원히 자취를 감추어 버린 원균. 도대체 어디로 간 것일까? 칠천량 해전에서 미리 겁을 먹고 달아난 경상우수사 배설이 고향에 내려가 은신한 것처럼, 세상의 눈을 피해 어딘가에 숨어 살았으리라. 비겁한 자여.

설령, 원균이 칠천량에서 빠져나오지 못하고 죽었다고 해도 그가 입은 불명예가 씻겨지는 것은 아니다. 그는 적과 용감하게 싸우다 전사한 것이 아니라 적을 피해 달아나다가 붙잡혀서 죽임을 당했기 때문이다. 한 나라의 해군 총사령관이 배를 버리고 도망치다 육지에서 적에게 죽는다는 것은 수치스럽기 그지없는 일이다.

그런데 원균의 생사 문제에서 당혹스러운 부분이 하나 있다. 임란 당시에 원균의 죽음이 확인되지 않았는데도 불구하고, 현재 경기도 평택에 원균의 무덤이 버젓이 있다. 이것은 어떻게 이해해야 할까?

원균의 무덤이 만들어지게 된 경위는 〈원균행장록(元均行狀錄)〉과

〈충훈부등록(忠勳府謄錄)〉에 실려 있다.

먼저 〈원균행장록〉에 따르면, 칠천량 패전 당시 적을 피해 원균이 육지로 달아나자 왜군이 습격해 목을 베어 가져갔고, 그들이 물러간 직후에 원균의 시신을 거두어 진위(振威: 평택의 옛 이름) 여좌동에 장사를 지내어 조정에서 예에 따라서 제문과 부의를 하사하였다고 한다.

그 경위를 〈충훈부등록〉에서는 더욱 상세히 묘사하고 있다. 원균 집안의 노비였던 백종(白從)이란 사람이, 원균이 정유년 칠천량 전투에서 죽자(戰亡) 전쟁 중이라 간단히 임시로 진위 땅에 매장(埋葬)하였다고 한다. 이 사실이 1641년 10월 11일, 충훈부에 보고 되었다.

(*참고로, 충훈부의 원균 매장 운운하는 원문은 "故宣武功臣贈左贊成原陵君元均戶奴白從, 右所陳爲白內等, 奴矣上典亦丁酉年戰亡, 亂離之餘草草權葬于振威地爲白有矣(→선무공신 증좌찬성 원릉군 원균의 노비 백종이 위와 같이 진술하였는데, 노비의 상전(원균) 역시 정유년 전쟁에서 죽었으며, 난리가 끝난 후 서둘러 진위 땅에 매장했다고 하였습니다.)"이다. *원문의 밑줄 친 부분은 향찰(이두문)이다. 그 뜻은; 爲白內等(하삽옵든): 하시오면. 爲白有矣(하삽잇되): 하시었으며.)

과연 이 사실을 어떻게 이해해야 할까?

〈원균행장록〉에서는 원균이 왜군의 습격을 받고 죽었으며, 그렇게 목이 잘린 원균의 시신을 〈충훈부등록〉의 기사에서는 노비 백종이 진위 땅에 임시로 매장하였다고 한다.

그런데, 이상하게도 원균과 싸워 크게 이긴 일본 측 기록에도 원균을 어떻게 죽였다든지, 그의 목을 베어 가져갔다는 등의 내용이 전혀 없다. 어떻게 된 일일까?

당시 왜국은 적의 목을 베어서 가져와야만 전공으로 인정되어 출세를 할 수 있는 사회구조였다. 따라서 장수와 병사들은 적의 목을 베는 일에 열을 올렸으며, 수급 검사를 무척이나 꼼꼼하게 했었다. 전쟁을 다룬 거의 모든 기록들에도 목이 잘린 적장에 대한 정보가 상세하게 나올 정도였다.

헌데 한 나라의 해군 총사령관 정도나 되는 거물급 장수의 수급을 베었다는 내용이 왜 일본 측 기록에 나오지 않을까? 이상한 일이지 않은가. 칠천량 전투 직후, 왜군들은 사방을 뒤지며 원균의 시신을 찾으려 했으나 끝내 찾지 못하자 이엽(李曄)이라는 조선군 장수 한 명을 붙잡아 왜국으로 끌고 가서는 조선 수군 총사령관이라고 거짓 선전을 했다고 한다.

조정에서도 생사 확인이 안 되고, 왜군 측에서도 끝내 찾아내지 못한 원균의 시신을 무슨 수로 찾아내어 매장을 했다는 것일까? 칠천량 패전 당시 1만의 조선 병사들이 죽임을 당했는데 그 아수라장의 현장에서 원균의 시신을, 더구나 목이 잘린 상태에서 정확히 알아낸다는 것은 불가능한 일이다.

참고로 1253년 고려 왕조 시절, 몽골군이 춘주성(春州城: 강원도 춘천)에 쳐들어 와서 수많은 백성들을 도륙하고 성을 함락시킨 일이 있었다. 전투가 끝난 후, 박항이라는 사람이 춘주성에 있던 부모의 안부가 염려되어 성을 찾아가니 성 아래에는 죽은 시체가 산더미처럼 쌓여 있었다고 한다. 그는 부모의 시신이라도 찾으려 했으나 시체가 너무 많고 얼굴을 알아볼 수가 없어서 끝내 찾지 못하고, 부모와 얼굴이 비슷한 사람의 시신 3백여 구를 수습해 간단히 묻어 주었다고 한다. 자기를 낳아주고 길러준 부모의 시신조차 끝내 찾아내지 못했는데, 하물며 목이 잘린 수천 구의 시신 중에서 무슨 수로 원균의 시체를 정확히 찾아낸단 말인가? 알 수 없는 일이다.

이 점을 감안한다면 결국 〈원균행장록〉에서 말하는 대로 칠천량 패전 이후에 원균의 시신을 수습해서 장사를 치렀다는 내용은 신빙성이 없다고 봐야 한다.

더군다나 칠천량 당시에 원균이 죽었다면, 그 유족들이 조정을 상대로 휼전(恤典)을 요구했어야 한다. 휼전이란 조정에서 생계가 어려워진 이재민을 구제하기 위하여 내리는 특전이다. 그러나 원균의 유족들은 그렇게 하지 않았다. 패전 직후라 원균이 죄인으로 몰려 그런 요구를 하기가 난처했으리란 추측을 할 수도 있으나, 1603년 조정에서 벌어진 논공행상 결과 원균은 1등 선무공신으로 책봉되었다. 그렇다면 그때 휼전 요구를 할 수도 있었지 않겠는가. 그러나 원균의 유족들은 1642년에 와서야 비로소 생계 곤란을 호소하고 휼전을 요청한다.(〈충훈부등록〉 1642년 10월 11일자.)

어째서 그런 것일까? 왜 원균의 유족들은 원균이 죽고 난 후에 당장 휼전(恤典)의 요구를 하지 않았을까? 만약 그가 실제로 싸우다가 전사하였다면, 상식적으로 생각해 보아도 그게 더 이치에 맞는 일인데.

이런 정황들로 미루어 보건대 원균은 칠천량 패전 이후에도 오랫동안 잠적해 있는 상태로 살아 있지 않았을까? 너무 황당한 추측이라고 반박할지도 모른다. 하지만 실제로 원균과 함께 칠천량 해전에 참가한 경상우수사 배설의 경우, 1597년 병을 치료하겠다고 군영을 떠나 종적을 감추었다가 2년 후인 1599년, 고향 선산에 숨어 있는 것이 발각되어 처형당한 사례를 보면 아주 터무니없는 것도 아니다.

그렇다면 현재 평택에 있는 원균의 무덤은 어떻게 받아들여야 할까? 아마 원균이 잠적 상태에서 살아 있다가 임란이 끝난 지 한참 후에 사망하자, 그의 시신을 유족들이 은밀히 옮겨서 매장한 것이 아닐까?

만약 원균이 칠천량에서 전사했다면 〈선조실록〉에서 보는 것처럼 그의 생사 확인을 못해서 조정에서 그처럼 우왕좌왕 하지도 않았을 테고, 일본 측에서도 원균을 죽였다는 기록이 있었어야 하며, 결정적으로 원균의 유족들이 조정에 휼전을 요구했어야 하는데 전혀 그런 것들이 없지 않은가.

원균의 무덤에 대한 사족을 덧붙이자면, 경상남도 통영시 광도면에 통칭 "장군묘"로 불리는 흙무더기가 있다. 이것이 원균이 매장된 흔적이 아닌가 하고 추정할 수도 있으나, 실제로는 봉분처럼 생겼을 뿐인 흙무더기라고 한다. 만들어진 시기는 19세기 초반으로 추정되며, 현지의 전설에 의하면, 밭일 중에 목이 없는 키가 큰 장수의 유골이 발견되어 현지 농민들이 수습했다고 한다.

그리고 원균의 아들 원사웅에 관련된 부분도 짚고 넘어가야겠다. 김탁환의 소설 〈불멸〉에서 원사웅은 칠천량 전투에서 장렬하게 전사한 것으로 묘사되지만, 이를 반박하는 자료들이 상당히 많다.

현재 국립중앙도서관에 보관되어 있는 고사료 중 〈십칠공신회맹록(十七功臣會盟錄)〉과 〈십구공신회맹록(十九功臣會盟錄)〉, 〈이십공신회맹록(二十功臣會盟錄)〉을 그 증거로 들어보겠다.

먼저 〈십칠공신회맹록(十七功臣會盟錄)〉을 보자. 이 책은 인조 3년인 서기 1625년에 이괄의 난을 토벌한 17명의 공신과 그 자손들이 서로 모여 나라를 바로잡아달라고 하늘과 종묘 사직에 고하고 이를 연명한 기록이다. 책의 내용은 책머리에 17공신회맹문(十七功臣會盟文)이라 하여 제문(祭文)을 짓고 조선국왕 신(臣) 이종(李倧: 인조), 왕세자 신왕(소현세자: 昭顯世子)이라고 서명한 다음에 호성공신 이광정(李光庭)으로부터 시작하여 진무공신 문중룡(文仲龍)까지 총 393인이 연대 서명하고 있다.

그런데 이 〈십칠공신회맹록〉의 29쪽에는 '선무공신 원균의 큰 아들이자 절충장군 전 지중추부사인 신 원사웅(宣武功臣 元均 長子 折衝將軍 前知中樞府事 臣 元士雄)' 이란 이름이 보인다. 원사웅은 1625년의 공신 모임에 참석하여 그 직위와 이름을 밝히고 있다. 즉, 이 당시 원사웅은 멀쩡하게 살아 있었던 것이다.

그리고 인조 5년인 1627년에 벌어졌던 이인거의 난을 평정하는 데 공을 세운 영사공신(寧社功臣) 및 구공신(舊功臣)과 그 적장자(嫡長子) 등이 1628년, 북악산에서 회맹제(會盟祭)를 행한 일을 기록한 〈십구공신회맹록(十九功臣會盟錄)〉의 62쪽에, '선무공신 원균의 큰 아들인 절충장군행룡 충부호군 신 원사웅(宣武功臣 元均 長子 折衝將軍行龍 衛副護軍 臣 元士雄)' 이란 구절이 보인다. 역시 1628년까지 원사웅은 살아서 공신 모임에 모습을 나타내고 있었다.

마지막으로 인조 24년인 1646년 9월에 심기원의 난을 진압하는 데 공을 세운 영국공신(寧國功臣)과 개국공신(開國功臣) 등의 참여자의 명단을 기록한 〈이십공신회맹록(二十功臣會盟錄)〉의 58쪽에는, 원사웅의 이름이 보이지 않고 대신에 '선무공신 원균의 장손인 전력부위 행충좌위부사용 신 원필(宣武功臣 元均 長孫 展力副尉 行忠佐衛副司勇 臣 元

祕)' 이란 구절이 있다. 문맥상의 내용으로 보아서 원필은 원사웅의 아들로 추정된다. 1646년 무렵에 원사웅은 죽고 그 아들이 대신 참가했던 것으로 보인다.

(참고로, 저 〈회맹록〉들의 쪽수들은 국립중앙도서관의 홈페이지에서 검색했을 때 나오는 쪽수를 말한 것이다. 사실 회맹록들의 진짜 쪽수는 저 29나 62, 58에서 1을 빼야 된다. 예컨대 〈십구공신회맹록〉에서 원사웅 관련 구절은 페이지 검색에서 '62'를 입력하면 나오지만 사실 책 자체의 쪽수로 볼 때는 61쪽이다. 그러나 이것은 컴퓨터가 페이지 수가 없는 겉표지를 1쪽으로 인식하면서 생긴 문제이다. 만에 하나 독자 여러분들이 국립중앙도서관 홈페이지에 접속해서 저 책들을 보고 싶다면 내가 말한 것처럼 29나 62, 58 등으로 입력해야 할 것이다.)

세 개의 회맹록을 근거로 밝혔듯이, 1628년에 원사웅은 회맹(會盟)에 참가하였고, 그 뒤 1646년에 원사웅의 아들인 원필이 대신 참가하였으니 원사웅의 사망 시기는 1628년에서 1646년 사이가 될 것이다. 임진왜란이 1598년에 끝났으니, 임란이 끝난 이후 최소한 30년 이상은 더 살았다는 말이 된다.

원사웅과 관련된 이야기를 하나만 더 하자면, 소설가 고정욱은 그의 소설 〈원균〉 1권의 첫 머리에서 자신이 원사웅의 후손이라고 주장하는 사람과 전화 통화를 주고받았는데, "원사웅이 자손을 남기기 위하여 전사하지 않고 전라도 쪽으로 도망쳐서 그곳에서 터를 잡고 자손을 퍼뜨렸다."라는 말을 들었다고 분명히 밝히고 있다.

이와 같은 정황으로 미루어보건대, 원사웅은 칠천량 전투에서 죽지 않고 살아남았던 것이 분명하다.

이번엔 〈난중일기〉에 기록된 칠천량 패전과 원균에 대하여 이순신이 전하는 이야기를 살펴보자. 칠천량에서 구사일생으로 도망쳐 살아남은 병사들이 원균을 어떻게 말하고 있는지 보라. 장렬하게 싸우다가 죽은 용감한 장수라는 표현은 전혀 없다.

> 「정유년(1597년) 7월 21일(양력 9월 2일). 맑다.
> 일찍 떠나 곤양군에 이르니 군수 이천추가 군에 있고, 백성들도 많이 본업에 힘써, 혹 이른 곡식을 거두어들이기도 하고 혹 보리밭을 갈기도 하였다. 낮에 점심을 먹은 뒤에 노량에 이르니, 거제현령 안위 · 영등포만호 조계종 등 십여 명이 와서 통곡하였으며, 피하여 나온 군사와 백성들로 울부짖지 않는 이가 없었다. 경상수사(배설)는 도망가 보이지 않고, 우후 이의득이 와서 보므로 패하던 정황을 물었더니, **사람들이 모두 울면서 말하기를, "대장 원균이 적을 보고 먼저 뭍으로 달아났다. 여러 장수들도 힘써 뭍으로 가서 이 지경에 이르렀다"는 것이었다. 그것은 대장의 잘못을 말한 것인데 입으로는 형용할 수가 없고 그(원균)의 살점이라도 씹어 먹고 싶다고들 하였다.**」

사람의 살점을 씹어 먹고 싶다고 말할 정도로 장병들의 원균에 대한 분노와 적개심은 극에 달해 있었다. 비유가 다소 잔인하지만, 저들의 입에서 그런 극언이 나오게까지 만든 장본인은 원균 자신이니 변명할 길이 없다.

칠천량 패전과 관련된 기록을 두 개 더 소개한다. 다음은 칠천량의 참패 소식이 조정에 전해지자 충격을 받은 선조와 대신들이 주고받은 대화들이다. 잘 보면 선조가 평소에 하늘처럼 떠받들던 명나라 원병에 대한 불신감마저 드러내 놓고 있다. 조선 수군의 궤멸에 얼마나 놀랐는지 알 수 있다. 1597년 7월 22일자 〈선조실록〉에서 발췌했다.

「원균이 지휘한 수군의 패배에 대한 대책을 비변사 당상들과 논의하다.

선조가 별전에 나가 대신과 비변사 당상을 불러들여 만나보았는데 영의정 유성룡(柳成龍), 행 판중추부사 윤두수(尹斗壽), 우의정 김응남(金應南), 행 지중추부사 정탁(鄭琢), 행 형조판서 김명원(金命元), 병조 판서 이항복(李恒福), 병조참판 유영경(柳永慶), 행 상호군 노직(盧稷), 좌승지 정광적(鄭光績), 주서(主書) 박승업(朴承業), 가주서(假主書) 이성(李惺), 검열 임수정(任守正), 이필영(李必榮)이 입시(入侍)하였다.

선조(김식(金軾)의 장계를 대신들에게 내보이면서): "수군(舟師)이 모두 대패하였으니 이제는 어찌 할 도리가 없다. 대신이 도독과 안찰(按察)의 아문에 가서 이 소식을 알려야겠다.

충청과 전라 두 도에 남은 배가 있는가? 어떻게 할 수 없는 일이라고 핑계만 대고 그대로 둘 수 있는가. 지금으로서는 남은 배로 수습하여 방어할 계책을 세우는 길뿐이다."

(좌우가 모두 한마디도 하지 않고 한참 동안 침묵을 지키고 있자, 선조가 소리 높여 말했다.)

선조: "대신들은 어찌하여 대답하지 않는가? 이대로 방치한 채 아무런 방책도 세우지 않을 셈인가? 대답을 않는다고 왜적이 물러나고 군사가 무사하게 될 것인가."

유성룡: "감히 대답을 드리지 않으려는 것이 아니고 너무도 기가

막히고 절박하여 계책을 생각지 못하여 미처 말씀드리지 못하는 것입니다."

선조: **"수군 전군이 대패한 것은 천운(天運)이니 어찌하겠는가. 원균은 죽었더라도 어찌 사람이 없겠는가. 다만 각도의 배를 수습하여 속히 방비해야 할 뿐이다."** (*주: 칠천량 참패의 원인은 직접적으로는 원균의 무능함 때문이지만, 간접적으로는 이순신 대신에 그를 삼도수군통제사로 임명한 선조의 인사정책의 실패 때문이다. 무슨 하늘의 뜻을 운운하는지 모를 일이다.)

선조(이어서): **"척후병도 세워두지 않았단 말인가? 왜 후퇴하여 한산(閑山)이라도 지키지 못했는가?"** (*주: 김완의 〈해소실기〉 및 다른 기록들을 종합해 보면, 원균은 술에 취해 곯아 떨어져 척후병도 세워두지 않았다고 한다. 오늘날 군대에서도 "작전에 실패한 군인은 용서받을 수 있지만, 경계에 실패한 군인은 용서받지 못한다."라는 격언이 있을 정도로 척후는 중요한 임무이다. 그런 척후도 제대로 세워두지 않은 원균은 장수로서의 기본적인 소임도 부족하다고밖에 할 수 없다. 이것 하나만 보더라도 원균 명장론은 얼마나 엉터리인지 알 수 있다.)

유성룡: "한산에 거의 이르러서 칠천도(七川島)에 도달했을 때가 밤 2경이었는데, 왜적은 어둠을 이용하여 잠입하였다가 불의에 포를 쏘아 우리 전선 4척을 불태우니 너무도 갑자기 닥친 일이라 추격하여 포획하지도 못하였고, 다음날 날이 밝았을 때에는 이미 적선이 사면으로 포위하여 아군은 부득이 고성으로 향하였습니다. 육지에 내려보니 왜적이 먼저 하륙하여 이미 진을 치고 있었으므로 우리 군사는 미처 손쓸 사이도 없이 모두 죽음을 당하였다고 합니다."

선조: "한산을 고수하여 호랑이나 범이 버티고 있는 듯한 형세를 만들었어야 했는데도 반드시 출병을 독촉하여 이와 같은 패배

를 초래하게 하였으니, **이는 사람이 한 일이 아니고 실로 하늘이 그렇게 만든 것이다.** 말해도 소용이 없지만 어찌 어쩔 수 없는 일이라고 방치한 채 아무런 대책도 세우지 않을 수 있겠는가. 남은 배만이라도 수습하여 양호(兩湖) 지방을 막아 지키게 해야 한다."

이항복: "지금의 계책으로는 통제사와 수사(水使)를 차출하여 계책을 세워 막아 지키게 하는 길밖에 없습니다."

선조: "그 말이 옳다."

(이어서) "적의 수가 매우 많았으니 당초에 풍파에 쓸려 죽었다는 설은 헛소리였다. 그들을 감당하지 못하더라도 한산으로 후퇴했더라면 형세가 극히 좋고 막아 지키기에도 편리하였을 것인데 이런 요새를 버리고 지키지 않았으니 매우 잘못된 계책이다. 원균이 일찍이 절영도(絕影島) 앞바다에는 나가기 어렵다고 하더니 이제 과연 이 지경에 이르렀다.

내가 전에도 말했거니와 저 왜적들이 6년간을 버티고 있는 것이 어찌 한 장의 봉전(封典)을 받기 위해서였겠는가. **대체로 적의 배가 전보다 대단히 크다고 하는데 사실인가?**"

(*주: 조선 수군의 주력함인 판옥선에 압도되어 번번이 참패한 왜군은, 휴전이 벌어지는 동안 대형선박 제조에 열을 올려 판옥선과 거의 같은 크기의 대흑선(大黑丸: 오오구로마루)이라는 전함을 만들어서 실전에 배치했다. 대흑선은 길이가 35미터에 폭이 11미터였고 3층으로 누각이 달려 있었으며 거의 1천명이나 되는 병사들이 승선할 수 있었다. 배수량이 판옥선보다 더 많았기에 가능한 일이었다. 그러나 탑재한 화포는 고작 3개에 불과했고, 병사들은 대부분 조총과 창검으로 무장하였기 때문에, 이는 조선 수군과의 접전에서 불리한 요인으로 작용하였다.)

김응남: "그렇습니다."

선조: "대포와 화전(火箭)도 배에 싣고 왔는가?"

김명원: "그것은 알 수 없고 김식(金軾)의 말에 의하면 왜적이 우리 배에 접근하여 올라오자 우리 장사들은 손 한 번 써보지도 못하고 패몰되었다고 합니다."

정광적: "아군은 칠병포(七柄砲)만을 쏘았다고 하니 참으로 마음 아픈 일입니다."

선조: "평수길(平秀吉: 도요토미 히데요시)이 항상 말하기를 '먼저 (조선의) 수군을 격파한 다음에야 (조선의) 육군을 노획할 수 있다.' 고 하였다더니, 이제 과연 그렇게 되었다."

노직: "9일의 싸움에서는 군졸들이 겁을 먹어 화살 하나도 쏘지 못하였다고 합니다."

선조: "이미 지난 일을 논의하면 무슨 도움이 있겠는가. 한편으로 통제사를 차출하여 남은 배를 수습하면서 다른 한편으로는 도독부에 알리고, 또 한편으로 중국 조정에 보고해야 할 것이다."

선조(이항복에게): "전군이 모두 패몰(전멸)하였는가, 혹 도망하여 살아남은 자도 있는가?"

이항복: "넓은 바다라면 패전하였더라도 혹 도망하여 나올 수 있지만 지금 이 상황은 그렇지 않아 비좁은 지역에 정박하였다가 갑자기 적선을 만나 궁지에 몰려 하륙하였으니 대체로 전군이 패몰(전멸)되었을 것입니다."

선조가 해도(海圖)를 살펴보며 항복에게 가리켜 보이면서 말했다.

선조: "후퇴해 나올 때, 견내량(見乃梁)에 이르기 전에 고성에서

적병을 만나 이와 같이 패배를 당했단 말인가? 저쪽을 경유하였다면 한산으로 쉽게 퇴진하였을 텐데 이곳을 경유하여 패배를 당하였는가?"

이항복: "그렇습니다."

유성룡: "한산을 잃는다면 남해는 요충지대인데 지금 이곳도 틀림없이 적의 점거지가 되었을 것입니다."

선조: "영상(領相)도 남해를 근심하고 있는가?"

유성룡: "어찌 남해만 근심이 되겠습니까."

선조: "이 일은 어찌 사람의 지혜만 잘못이겠는가. 천명(天命)이니 어찌하겠는가."

김명원: "장수를 보낸다면 누가 적임자가 되겠습니까?"

이항복: "오늘의 할 일은 단지 적절한 인재 선발에 있습니다."

선조: "원균은 처음부터 가려고 하지 않았으나, 남이공(南以恭)의 말을 들으면, 배설도 '비록 군법에 의하여 나 홀로 죽음을 당할지언정 군졸들을 어떻게 사지에 들여보내겠는가.' 라고 했다고 한다. 대체로 모든 일은 사세를 살펴보고 시행하되 요해처는 고수해야 옳은 것이다. 이번 일은 도원수가 원균을 독촉했기 때문에 이와 같은 패배가 있게 된 것이다."

선조: "우리나라는 지금까지 적세를 알지 못하고 입으로만 늘 당병(唐兵), 당병이라고 하였는데, **만약 왜적이 움직인다면 수천에 불과한 중국 군사가 방어할 수 있을 것인가.** 그들이 이런 말을 들으면 반드시 나를 겁쟁이라고 여겨 그들의 조소를 받을 것이지만, 마(麻) 도독의 군사는 1만 명도 채 못 되고 양원(楊元)의 군사도 3천 명 정도이니 어떻게 남원을 지킬 수 있겠는

가. 만약 적이 돌아서 호남 연해에 정박한다면 남원 지방 정도는 마치 큰길 가운데 손가마를 놓아둔 것과 다름이 없는데 어찌 양원이 홀로 방어해낼 수 있겠는가. 만약 중국의 군사가 많이 집결되면 서로(西路)는 그런대로 보존할 수 있을지도 모르나 하삼도(下三道)는 수습하기가 어려울 것이다."

이항복: "왜적이 혹 광양·순천으로 향하면 양원이 혼자 지킬 수가 없습니다."

유성룡: "지금은 중국의 군사를 믿을 만하지 못하니, 마땅히 남은 배로 강화(江華) 등지를 수비해야 합니다."

윤두수: "비록 남이 있는 선박이 있다고 하더라도 군졸을 충당하기가 어려우니 아직은 통제사를 차출하지 말고 각도의 수사로 하여금 우선 그 지방의 군졸을 수습하여 각기 지방을 지키게 하는 것이 어떻겠습니까?"

유성룡: "산동(山東)의 수군이 나온다고 하더라도 풍랑이 점점 높아질 때이니 그들이 반드시 온다고 믿기는 어렵습니다."

선조: "**천병**(天兵: 명나라 군대)**이 온다고 해도 왜적이 어찌 두려워할 리가 있겠는가. 많은 사람들은 천병이 나오기만 하면 왜군은 저절로 물러갈 것이라고 하지만, 이 말은 틀린 말이다.** 한담을 아무리 늘어놓는다고 해도 국가의 성패에는 도움이 안 된다. 대신이 먼저 도독과 안찰에게 가서 알리는 한편 일변으로 수군을 수습해야지 그밖에 다른 선책은 없다."

선조(이어서): "내 말이 지나친 염려인 듯하지만, **중국 장수들은 늘 우리 수군을 믿는다고 했는데, 지금 이 같은 패보를 들으면 혹 물러갈 염려가 있으니, 만약 그렇게 될 경우에는 어떻게 해**

야 하는가?" (*주: 이 말에서 임진왜란 당시 수군의 전력은 조선이 명나라보다 월등했음을 알 수 있다.)

이항복: "아마도 경솔하게 물러가지는 않을 것입니다."

선조: "한산은 왜적과 가까운 거리에 있으므로 외로운 군사로는 지킬 수 없을 것이니 조금 후퇴하여 전라우도를 지키게 하는 것이 좋을 것이다."

유성룡: "그렇게 하면 결국 남해를 빼앗기고 말 것입니다."

선조: "내가 확실히 알지는 못하나 지금 수군이 패몰되었다는 소문이 전파되었다면 남방의 인심이 이미 놀라 흔들릴 것이니 다시는 어떻게 할 도리가 없을 것이다. 그러나 어떻게 할 수 없다고 해서 아무런 계책도 세우지 않을 것인가. 어찌 죽기만을 기다리고 약을 쓰지 않을 수 있겠는가. 단지 '기가 막히고 절박하다(悶迫)' 는 두 마디만 부르짖는다고 왜적이 물러나 도망하겠는가."

유성룡: "남해와 진도를 지키다가 감당하지 못하면 물러나서 다른 요새지를 택하여 지키는 것이 옳을 것입니다."

선조: "우리나라는 위로 천조(天朝: 명나라)가 있으니 왜적의 소유가 될 리는 없다. 그러하니 모든 일에 할 수 있는 데까지 힘을 다하여야 할 것이다."」

—〈선조실록〉 선조 30년(1597년) 7월 22일 기사—

그러나 칠천량 패전을 놓고 패장들의 처벌을 논하는 회의에서도 선조는 끝내 '원균 한 사람에게만 책임을 묻지 말라.' 하는 식으로 원균을 감싸기에 급급했다. 참패의 주범에 대해 선조가 저렇게 관대한 것을 두고 독자들은 이상하게 여길 수도 있으나, 당시 선조가 서인의 영수인 윤두수를 총애하고 있었으며, 윤두수는 열렬한 서인이었던 원균과 친척관계였을 뿐만 아니라 매우 절친한 사이였던 사실을 기억해 두기 바란다.

물론 조정 내의 모든 인사들이 그 같은 묵계에 대해서 찬성하거나 침묵하고 있었던 것은 아니다. 선조 31년(1598년) 4월 2일자 기사에 적힌 사관의 논평이다.

【사신은 논한다. 한산의 패배에 대하여 원균은 책형(柵刑: 기둥에 죄수를 묶고 창으로 찔러 죽이는 형벌)을 받아야 하고 다른 장졸(將卒)들은 모두 죄가 없다. 왜냐하면 원균이라는 사람은 원래 거칠고 사나운 하나의 무지한 위인으로서 당초 이순신(李舜臣)과 공로 다툼을 하면서 백방으로 상대를 모함하여 결국 이순신을 몰아내고 자신이 그 자리에 앉았기 때문이다. 겉으로는 일격에 적을 섬멸할 듯 큰소리를 쳤으나, 지혜가 고갈되어 군사가 패하자 배를 버리고 뭍으로 올라와 사졸들이 모두 어육(魚肉)이 되게 만들었으니, 그때 그 죄를 누가 책임져야 할 것인가. 한산에서 한 번 패하자 뒤이어 호남(湖南)이 함몰되었고, 호남이 함몰되고서는 나랏일이 다시 어찌할 수 없게 되어버렸다. 시사를 보건대 가슴이 찢어지고 뼈가 녹으려 한다.】

그토록 믿었던 원균이 수군을 몰락시키고 홀연히 사라지자 선조는 큰 충격을 받았다. 그리고 자신이 얼마나 어리석었는지를 뼈저리게 깨달았다. (그러나 그것을 순순히 인정한 것은 아니다. 임란이 끝나고 나서도 선조는 계속 원균을 두둔하며 끝내는 그에게 1등 선무공신의 직위를 준다. 그로 인하여 오늘날까지 원균 옹호론이 판치는 결과를 초래하였다.) 결국 고심 끝에 선조는 1597년 8월 3일, 한 때 자신이 역적이라고 매도하며 죽이려고까지 했던 이순신을 다시 불러내어 그에게 삼도수군통제사의 직책을 맡긴다. 우연인지 아니면 하늘의 뜻인지 바로 그 전날, 이순신은 자신의 복직을 알리는 꿈을 꾸었다고 한다.

그러나 이순신이 처한 현실은 끔찍하기만 했다. 칠천량에서 너무 많은 함선들과 병사들을 잃었고, 그것들을 당장 복구할 시간이 없었다. 더구나 간신히 살아남은 패잔병들은 겁을 집어먹고 어떻게 해서든 전투를 회피하려고 하던 상황이었다.

모두가 무리라고 고개를 저었지만 이순신은 결코 절망하거나 낙담하지 않고, 묵묵히 전투 준비에 들어갔다. 그리하여 이순신은 칠천량에서 배설이 도망칠 때 이끌고 나온 판옥선 12척과 새로 건조한 판옥선 1척을 모아 총 13척의 함대를 편성한다. 그가 싸워야 할 상대는 칠천량에서 대승을 거두어 기세가 오를 대로 오른 왜군의 대함대 330척이었다.

제아무리 명장이라고 해도 이렇게 압도적으로 불리한 상태에서 승리를 바란다는 것은 솔직히 비현실적인 일이다. 이순신을 통제사로 복귀시키긴 했지만, 선조조차 그 엄청난 차이에 질려 차라리 수군을 폐지하고 육군에 편입시키라는 지시를 할 정도였다.

그러나 이순신은 '**신(臣)에게는 아직도 13척의 배가 남아 있나이다. 신의 몸이 죽지 않고 살아있는 한 적들은 감히 우리를 업신여기지 못할 것입니다.**' 라는 비장한 말을 남기고 명량(鳴梁: 울돌목)으로 향했다.

그리고 9월 16일, 이순신은 명량에서 기적같은 대승리를 거두어 제해권을 확보하고 나라를 존망의 위기에서 구해낸다. 이 날의 전투에서 왜군의 선봉에 섰던 구루지마 미치후사 함대는 전멸하고 그 자신도 전사했으며, 총사령관인 도도 다카도라는 기함이 격침되어 중상을 입은 채로 바다에 빠져 둥둥 떠다니다가 구출되었다. 선두 부대를 맡아 조선 수군과 치열한 교전을 벌인 구루지마 함대가 대파되었다는 것은 그렇다 쳐도, 전군을 통솔하는 총사령관이 탑승한 기함마저 파괴되고 사령관 본인도 배를 잃고 바다에서 허우적거렸다는 사실은 무엇을 의미하는가? 그것은 명량대첩에서 왜 수군이 궤멸적인 타격을 입었다는 증거이다. 만약, 133척 중에서 그 반의 반도 안 되는 31척만이 격침되었다면 이런 결과가 나올 수 있을까?

더욱 믿을 수 없는 일은 (이순신 함대에서는 흔히 있는 일이지만) 조선 수군의 사상자가 극히 적었다는 것이다. 수만여 명의 왜군을 죽인 조선 수군의 사망자는 대장선에 탔던 김탁(金卓)과 계생(戒生)이라는 병사 단 두 명뿐이었다. 그 외 십여 명이 가벼운 부상을 입었고, 조선 함대 13척은 단 한 척도 침몰되지 않았다. 세계 전사에 보기 드문 완벽한 승리였다.

이순신이 거둔 승전에 대하여 많은 의견들이 엇갈리지만, 나는 그가 조정에 장계한 대로 적선 31척을 분멸한 정도에서 그치지 않는다고 본다. 당시 칠천량에서 조선 수군을 궤멸시켜 사기가 충천해 있던 왜군은 이번 기회에 이순신마저 반드시 죽일 기세로 덤벼들었을 것이고, 그런 그들이 고작 133척 중 31척이 격파되었다고 순순히 물러났겠는가?

또한 명량해전에서 동원된 왜선의 숫자는 사료마다 각각 다르다.

〈지봉유설(芝峰類說)〉은 1백여 척, 〈난중일기〉는 133척, 〈징비록〉은 2백 척, 〈해동명장전(海東名將傳)〉은 1백 척으로 전하고 있다.

이에 반해 일본 측 기록들에는 조선 측 자료보다 훨씬 더 많은 6백 척 가량이라고 전하고 있다. 패배했을 때는 가급적 아군의 숫자를 줄이고 적의 숫자를 늘려 기록하는 경향을 감안한다면, 당시 이순신의 전과는 본인이 보고한 것보다 훨씬 많지 않았을까? 왜선에 탑승했다가 탈출한 조선인 포로의 증언에 따르면, 이순신 함대의 악전고투 결과 왜군은 전체 함대와 병력의 절반을 잃고는 더 이상의 전의를 상실하여 후퇴했다고 한다.

여러 주장들을 종합해 보건대, 이순신이 왜선 133척을 격파하고 왜군 2만여 명을 전사시켰다고 보는 것이 가장 타당하다고 생각한다.

그렇다면 왜 이순신은 자신의 전공을 축소시켰는가? 그것은 그가 처한 입장에 따른 결과였다. 임금을 속이고 조정을 능멸했다는 죄목을 뒤집어쓰고 죽음의 직전까지 내몰렸던 이순신이다. 그런 그가 자신이 거둔 전과를 그대로 보고하면 그를 무능했다고 매도했던 선조의 입장은 상당히 난처해지지 않겠는가. 이와 같은 이유로 어쩔 수 없이 전과를 축소할 수밖에 없지 않았을까.

또한 선조가 이순신의 승첩을 믿어주지 않을 것이라는 점이었다. 실제로 선조는 명량해전과 노량해전의 승전보를 의심하며 선뜻 믿으려 하지 않았다. 그러나 31척이든 300척이든 어쨌거나 이겼다는 사실에는 변함이 없으니, 크게 문제될 사항은 아니다.

명량의 경이로운 대승은 사실상 전쟁의 종결이나 다름없었다. 이 승리로 왜군 수뇌부는 조선을 정복하려는 계획을 포기했으며, 어서 빨리 본국으로 무사히 철수할 궁리나 하게 되었다. 원균이 2백 척의 대 함대를 가지고도 못 해낸 일을, 이순신은 고작 13척의 배로 해낸 것이다! 둘 중에 어느 쪽이 더 훌륭한 장수인지는 세 살 먹은 어린아이도 알 수 있는 일이다. 원균을 열렬히 옹호하던 조정의 서인 대신들도 더 이상 '원균'이란 이름을 거론하지 않을 정도였으니 오죽하랴. 그런데 소설가 김탁환은 그의 소설 〈불멸의 이순신〉 8권에서 이 명량대첩을 두고 이순신이 꿈에서 '원균처럼 싸우면 이길 것이다.'라는 계시를 받아 그대로 이행한 끝에 이겼다고 설정했다. 더욱 황당한 것은 '이순신은 사실 왜군과 싸우지 않고 어선을 공격했으며, 그가 조정에 바친 수급들도 왜군의 것이 아닌 조선인 어부들의 것이라는 소문이 있었다.'라는 참으로 고약한 내용으로 이순신을 모함하고 있다. 그토록 원균을 애타게 사랑하던 저자가 칠천량에서 원균의 졸렬한 붕괴와 이순신의 기적 같은 대승을 비교하니 저절로 억장이 터져 이런 식의 생떼를 쓴 것은 아닐까? 이런 밑도 끝도 없는 헛소리에 일일이 반박하는 것이 바보 같아서 그만 둔다.

건강이 나날이 악화되어 가던 도요토미 히데요시에게 명량해전은 사실상의 사형선고나 다름없었다. 자신의 야망이 허망하게 붕괴되어 가는 내면의 소리를 들으며 마침내 1598년 8월 18일, 히데요시는 오사카성에서 63세의 파란만장한 생을 마쳤다. 히데요시가 사망하자 남해안의 왜성에 틀어박혀 있던 왜군들은 더 이상의 전의를 상실하고 그토록 기다렸던 철수 준비에 들어갔다.

그러나 7년 동안, 조선에서 온갖 만행을 저지르던 왜군들을 이순신이 순순히 보내줄 리 만무했다. 이순신은 왜군 장수 고니시 유키나가에게 뇌물을 받고 전투를 회피하려던 명나라 수군 제독 진린(陳璘)을 설득하여 그와 함께 임진왜란 최후의 전장인 노량으로 향했다.

드디어 1598년 11월 19일 새벽 4시경, 조·명 연합 수군 함대와 시마즈 요시히로(島津義弘)가 이끌던 왜군 함대 사이에 치열한 접전이 벌어졌다. 이 날 벌어진 노량해전은 야간에 치러진 전투인 관계로 초전부터 대혼전으로 접어들었다.

그 와중에 진린 제독이 이끌던 명나라 함대가 왜군에게 포위되자 이순신은 이를 구하기 위하여 관음포를 향해 돌진해 들어가던 중 왜군이 집중적으로 쏘아대던 총탄에 맞아 전사하고 말았다. 전투가 한창 벌어지던 도중에 사령관이 저격당한 사태는 절체절명의 위기였다. 그러나 이순신은 자신의 죽음을 발설하지 말고 계속 전투에 전념할 것을 지시했다. 다행히 그의 죽음은 알려지지 않았고, 조·명 연합 함대는 전투에 몰두할 수 있었다.

이순신의 전사와 관련하여 시중에 떠도는 가장 강력한 가설 중의 하나가 바로 이순신의 '자살 설' 이다. 이순신의 자살설은 임란 내내 뛰어난 전쟁 영웅들을 견제하고 때로는 죽여 없애려고 한 무능한 임금 선조의 태도로 인하여 널리 생겨났으며, 이순신을 다룬 많은 문학 작품과 연구서적 및 드라마에서도 이런 자살설을 마치 정설처럼 다루고 있다.

이제 지겨울 정도로 언급되는 김탁환의 〈불멸(그리고 개정판인 '불멸의 이순신' 에서도)〉에서 이순신의 자살설에 관련된 부분은 매우 적나라하게 묘사된다. 〈불멸〉에 따르면, 이순신과 그의 부하들은 실제로 도성으로 쳐들어가 조정을 장악하겠다는 음모를 꾸민다. 그러나 이 같은 계획은 곧 조정에 의해 간파되고 서인의 수장인 윤두수가 한산도로 직접 내려와서 이순신에게 '모든 것이 밝혀졌으나 그 간의 전공을 참작하여 왜군과 용감히 싸우다가 죽으라, 그렇게 한다면 반란음모를 획책한 사실을 무마해 주겠으되 그렇지 않으면 역적이 되어 단죄를 받을 것이다' 라고 제안을 한다. 이에 이순신은 윤두수의 제안을 따랐고 결국 스스로 죽음을 택했다는 것이다. 김탁환은 소설의 마지막 부분에서까지도 끝내 이순신을 이런 식의 악의적인 서술로 폄하하고 있다.

이런 〈불멸〉의 설정을 그대로 따른 KBS1 TV 드라마 〈불멸의 이순신〉도 이순신이 전쟁이 끝난 후 선조로부터 받게 될 갖은 견제와 핍박을 우려하여 노량해전 중에 일부러 아군의 선두대열 앞으로 돌출하여 스스로 자살을 선택하는 것으로 묘사했다.

김탁환 같은 악의적인 폄하 의도는 아니지만, 2000년대 초반의 한국 사회를 뜨겁게 달궜던 명작 〈칼의 노래〉의 저자 김훈은 이순신이 명량해전 직후 면사첩(免死帖)을 받았다고 서술하였다. 그리고 이 면사첩을 선조가 보낸 것으로 단정짓고, 그가 이순신을 극도로 증오하고 있으나, 단지 죽이지는 않겠다는 뜻으로 보냈다고 결론을 내렸다. (나의 대학 시절, 담당 교수도 학생들 앞에서 그런 의견을 피력하였다. 뛰어난 문학 작품의 위력이 어느 정도인지 알게 해주는 실례이다.) 〈칼의 노래〉의 해당 내용 중 일부를 옮겨본다.

〈이원길이 돌아간 지 보름 만에 임금이 보낸 면사첩을 받았다. 도원수부의 행정관이 면사첩을 들고 왔다. '면사(免死)' 두 글자뿐이었다. 다른 아무 문구도 없었다. 조정을 능멸하고 임금을 기만했으며 임금의 기동출격 명령에 따르지 않은 죄에 대하여 죽음을 면해주겠다는 것이었다. 면사첩을 받던 날은 하루 종일 비가 내렸다. 나는 '면사' 두 글자를 오랫동안 들여다보았다. 죄가 없다는 것도 아니고, 죄를 사면해 주겠다는 것도 아니고, 다만 죽이지는 않겠다는 것이었다.
너를 죽여 마땅하지만 죽이지는 않겠다고 임금은 멀리서 그렇게 말하고 있었다.〉

〈칼의 노래〉에서 김훈의 결론은 이 같은 절망적인 상황 속에서 이순신은 견디다 못하여 끝내 '전사로 위장된 자살'을 선택하였다는 것이다. 전반적으로 비장한 작품의 분위기에 잘 맞아 떨어지는 설정이긴 하다.

또, 이순신의 자살설 못지않은 유력한 가설 중 하나가 바로 은둔설인데, 이순신의 묘지를 이장(移葬)한 날짜가 그가 전사한 지 13년 후나 되어 마치 임진왜란이 끝나고 나서 13년 동안 이순신이 죽은 것으로 위장하여 숨어 살다가 죽었고 그 후에 매장을 했다는 것이다. 한국 환타지 문학계의 거두인 이우혁의 〈왜란종결자〉에서는 이런 자살설을 선택하고 있다.

과연 이순신은 '전사로 위장된 자살'을 했던 것일까? 아니면 죽은 것으로 위장하여 숨어 살았던 것일까?

이순신의 부하들이 명량대첩 직후 조정의 횡포에 분개하여 반란을 모의하였다는 〈불멸〉의 주장은 어떠한 사료에도 전혀 근거가 없는 허구적인 창작이다. 사실 '허구'야말로 소설의 본질이라 할 수 있겠으나 김탁환은 이를 방패로 삼아 자신의 역사왜곡을 아무런 거리낌 없이 저지르고 있다.

또한 '면사첩 문제'에 관해서도 짚고 넘어가야 한다. 많은 이들이 알고 있는 것과는 달리, 이순신에게 면사첩을 보내준 장본인은 선조 임금이 아닌 명나라 장수 양호였다.

〈1597년 정유년 11월 17일[양력 12월 25일]〈갑진〉 비가 내렸다.
경리 양호(楊鎬)의 차관(差官)이 초유문(招誘文: 적이나 적에게 붙었던 자들을 너그러운 조건으로 용서한다는 포고문)과 면사첩(免死帖: 죽음에 처하지 않게 할 것임을 약속하는 증명서)을 가지고 왔다.〉 —〈난중일기〉

명나라가 초유문을 보내온 것은 수복지의 민심을 조기에 안정시키고자 했기 때문이다. 초유문은 명군 사령관 양호의 명의로도 발급할 수 있다. 그러나 면사첩은 '죽을 사람도 살리는 증명서' 이기에 황제만이 가지는 권한이다. 춘원 이광수가 지은 〈이순신〉(1931년 작품)에서도 '면사첩은 명(明)의 천자만이 내릴 수 있다' 고 하였고, 오늘날 명, 청 시대를 다룬 중국의 사극물에서도 황제 — 면사첩 관련 내용은 자주 등장한다.

면사첩은 본래 조선에는 없었던 명나라의 제도로서, 명나라 황제가 내려준 것이기 때문에 조선의 임금조차도 중국 황제에 거역할 각오가 없이는 이순신을 감히 죽일 수 없다. 따라서 이순신이 명나라 황제에게 반역의 죄를 범하지 않는 이상, 조선에서는 누구도 이순신을 해칠 수 없다!

이 면사첩이 명나라 황제에게서 내려왔다는 점에서 이순신이 전란이 끝난 후에 또다시 선조와 반대 측의 질시로 죽임을 당할까봐 최후의 전투에서 스스로 죽는 쪽을 택했다는 자살설은 근거가 없는 것임이 증명된다. 즉 중국 황제가 내려준 면사첩을 소지하고 있는 한, 전란이 끝난 후에 또다시 조선의 권력자들에 의해 모함을 당하여 목숨을 잃게 될까봐 걱정할 필요가 없게 되었기 때문이다.

더구나 그가 전사한 직후, 그의 시신을 직접 눈으로 확인한 증인들이 많이 존재한다. 그 중에서도 가장 유력한 증인은 명나라 제독 진린이다.

적들이 달아난 후 진린은 자신을 구해준 이순신의 함대로 다가와서 함께 승첩을 축하하기 위하여 흥분한 목소리로 "통제사! 속히 나오시오!"라고 하였으나, 들려온 말은 천만뜻밖에도 "전사하였습니다."란 부음이었다.

그 말을 듣자 진린 도독은 정신없이 이순신의 기함으로 건너가서 그의 시신을 붙잡고 "통곡하였고", 전사하게 된 자초지종을 듣게 되자 슬픔을 주체하지 못하여 "세 번이나 넘어지고 주저앉았다." 그리고 진린 도독은 이순신과 이승에서의 마지막 작별을 고하면서 "공은 죽은 뒤에도 나를 구했구려!"라고 인사하였다.

비록 이상의 설명이 문헌의 기록을 그대로 옮긴 것은 아니라 하더라도, 자신의 목숨을 구해준 은인이자 이국땅에 와서 유일하게 존경심을 갖고 함께 싸웠던 조선 수군통제사가 전사했다는 말을 듣고도 자기 배에서 통곡만 하고 바로 옆에 있는 기함으로 건너가서 직접 그의 시신을 확인해 보지도 않은 채 그냥 가버린다는 것이 있을 수 있는 일일까? 그런 사람이 후에 손수 제문을 지어 제사지내고, 귀국에 앞서서는 아산 고향까지 찾아가서 자식들을 만나서 조문하고, 죽은 후 자기 묘비에다 이순신과의 일화를 기록해 두도록 한다는 것이 있을 수 있는 일일까?

이순신을 기록한 〈난중일기〉, 〈장계〉, 〈진중음〉, 〈선조실록〉, 〈선조수정실록〉, 〈징비록〉 등 수많은 문헌 중 그 어느 것에도, 그가 죽음이 두려워서 구차하게 삶을 부지하려는 소인배 같은 모습은 보인 적이 전혀 없다. 그는 이미 일찍 젊었을 때부터 생사는 천명(天命)에 달린 것으로 여기고 초탈해 있었다. 특히 노량해전을 전후하여 그는 이미 자신의 생이 끝날 때가 되었음을 예견하고 있었고, "이 원수들을 무찌를 수만 있다면, 죽어도 여한이 없다!"라고 하늘에 기도할 정도로 자신의 목숨을 왜적의 섬멸과 나라의 보존에, 백성들의 평화로운 삶을 위한 제물로 바칠 수 있기를 하늘에 기도하고 있었던 것이다.

이순신이 자살했다는 근거로 자주 거론되는 것이 숙종 때 대제학을 지낸 이민서라는 사람이 남긴 〈김충장공유사(金忠壯公遺事)〉에 나오는 '이순신은 바야흐로 전쟁 중에 갑주를 벗고 스스로 탄환에 맞아 죽었으며,' 라는 구절이다.(여기서 충장공이란 임란 때 의병장이었던 김덕령에게 사후에 내려진 시호이다.)

그러나 이민서가 지은 〈김충장공유사〉는 임진왜란이 끝난 지 90년 후에 작성된 것으로, 당시 정황을 나타내는 어떠한 사료와도 일치하지 않으며, 이는 그가 대역죄로 몰려 억울하게 죽은 김덕령을 변호하기 위하여 꾸며낸 이야기에 불과하다.

포위된 진린 도독을 구하기 위하여 북을 두드리며 함대를 이끌고 돌격해 들어갔던 이순신이 어떻게 갑주를 벗을 수 있었겠는가? 명나라의 좌선봉장 등자룡(鄧子龍)도 진린을 구하려는 과정에서 총탄에 맞아 전사했으며, 수십 명의 조·명 연합함대 장수들이 총탄에 맞아 사상을 당했다. 그렇다면 등자룡 등도 모두 갑주를 벗었기 때문에 목숨을 잃었던 것일까? 당시 조선과 명나라, 왜국의 모든 갑옷은 조총의 유효 사정거리 50미터 안에서 총탄을 맞게 되면 예외 없이 뚫렸다. 이순신이 직접 선두에 서서 기함을 이끌고 왜군을 향해 돌격했던 것은 위기에 빠진 진린 도독을 구하기 위해서였지, 결코 자살을 하기 위하여 그랬던 것은 아니다.

대표적인 이순신 연구가 남천우의 저서 〈이순신〉에 따르면, 선조는 이순신을 다시 잡아다가 죽이려는 공작을 이미 진행 중에 있었기 때문에 이순신이 이를 우려하여 치욕스럽게 죽느니 차라리 장렬하게 전사하는 쪽을 택하였다고 한다.

그러나 지난날 이순신을 모함했던 장본인인 원균은 칠천량 패전 이후 사라졌으며, 원균을 두둔했던 대신들도 칠천량 패전의 책임을 지고 물러난 처지였기에 당시 이순신을 모함하는 세력은 없었다. 반면에 이순신의 정치적 후원자였던 유성룡은 조정의 수장인 영의정으로 재직 중이었으며, 이순신을 잘 알고 아꼈던 이원익은 우의정에, 이항복은 병조판서에, 권율은 도원수직을 수행하고 있었다. 이 같은 인사배치를 보더라도 선조가 이순신을 죽이기 위하여 공작을 꾸미고 있었다는 주장은 타당성이 없다.

자살설이나 은둔설 모두 이순신의 본질을 잘 모르고 나온 억측들이다. 무엇보다 이순신은 결코 죽음이 두려워서 자살이나 은둔을 선택할 나약한 위인이 아니었다. 자신의 생명이 위험에 처해질 수 있는 요시라 사건에서도 끝까지 소신을 굽히지 않았으며, 원균이 저지른 칠천량의 패전으로 조선 수군이 사실상 완전히 붕괴된 절망적인 상황에서도 이순신은 끝까지 용기를 잃지 않고 왜군에 맞서 홀로 대적하였다. 이런 사람이 어찌 죽음을 피하려고 얄팍한 술책을 부린단 말인가? 이순신의 자살설이나 은둔설을 주장하는 태도는 자칫 이순신을 모독하는 행위가 될 수 있다.

(하긴, 이미 김탁환은 이런 시도를 하여 이순신 폄하에 앞장섰다. 그리고 근거 자체가 잘못된 지식에 의거한 이순신 자설설은 정설이나 다름없이 굳

혀져 있으니, 더욱 슬플 뿐이다. 우리 사회는 아직도 이순신에 대한 연구가 제대로 되어 있지 않다.)

노량해전의 결과, 왜군 함대 총 3백여 척 중 250여 척이 침몰하거나 불에 타버렸으며 수만 명의 왜군 병사들이 이름 없는 시체가 되어 바다 밑으로 가라앉았다. 시마즈 가문의 기록에 따르면, 노량해전에서 시마즈 가문의 장수급 인사가 무려 50여 명이나 전사했으며, 시마즈 요시히로 자신이 탄 기함도 격침되어 간신히 탈출했다고 한다.

길고 참혹했던 전란은 드디어 끝을 맺었다. 자신의 목숨을 바쳐 위기의 조국을 구하고, 수많은 전장에서 기적을 이루어낸 이순신은 최후의 싸움에서 극적으로 삶을 마감했다. 안으로는 시기심 많은 권력자들과 밖으로는 강대한 외적에 맞서 홀로 나라를 지키고자 했던 그의 강인한 의지가 죽어서도 남아 있었던 것일까? 조선은 임란 이후 3백년 동안 일본의 침략에서 무사히 살아남아 긴 평화를 누렸다. 바다에는 군사들의 함성 대신 어부들이 흥겹게 부르는 풍어가가 울려 퍼졌고, 전란의 피해는 빠른 속도로 복구되어 갔다.

그런데 전쟁이 끝난 지 5년 후인 1603년, 조정에서 벌어진 논공행상에서 원균의 이름이 다시 거론되기 시작한다. 비변사에서 정왜공신(征倭功臣) 명단을 올렸는데, 선조는 어떻게 원균을 2등에 넣을 수 있느냐고 분개하며, 신하들의 거센 반대를 무릅쓰고 원균을 선무 1등공신으로 책봉해야 한다고 주장했다.

많은 사람들의 반대에도 불구하고 선조가 억지와 궤변을 들고 나와 원균을 기어이 이순신, 권율과 함께 선무 1등공신으로 책봉하려고 하자, 이항복은 결국 굴복하면서도 반박의 여운이 맴도는 어조로 다음과 같은 말을 남겼다.

「(이항복이) 회답 보고하였다.

"원균은 당초에 군사가 없는 장수로서 해상의 대전에 참여하였고, 뒤에는 수군을 패전시킨 과실이 있었으니 이순신·권율과는 같은 등급으로 할 수 없어서 낮추어 2등의 공으로 기록했던 것인데, 방금 성상의 분부를 받들었으니, 올려서 1등에 넣고 정운(鄭運)도 공훈자 명단에 수록하겠습니다."」

-〈선조실록〉 선조 36년(1603년) 6월 26일 기사-

여기에다 이 실록을 쓰고 있던 사관도 '원균은 수군의 함선들을 침몰시키고 군사를 해산시킨 죄가 매우 컸다(*原文: 元均, 沈舟艦·散遣軍卒之罪, 甚大)' 라는 논평을 남겨 선조의 명령에 반발하는 분위기가 강했음을 시사하고 있다.

더구나 선조가 책봉하는 공신의 기준이란 참으로 요상하기 그지없었다. 전쟁터에서 왜군을 맞아 용감하게 싸운 선무공신은 1등이 이순신, 권율, 원균이고, 2등은 신점(申點) · 권응수(權應銖) · 김시민(金時敏) · 이정암 · 이억기(李億祺)이며, 3등은 정기원(鄭期遠) · 권협 · 유사원(柳思瑗) · 고언백(高彦伯) · 이광악(李光岳) · 조경(趙儆) · 권준(權俊) · 이순신(李純信) · 기효근(奇孝謹) · 이운룡(李雲龍) 등 18명으로 구성되었다.

그런데 이 중에서 선무공신에 책봉된 의병장은 이정암 단 한 사람에 불과했다. 그나마 곽재우나 김덕령, 조헌, 고경명, 조경남, 정문부, 사명대사 등 전장에서 적을 맞아 관군 못지않게 용감하게 싸웠던 의병장들이 모두 빠졌다는 비난 여론에 대한 구색 맞추기에 지나지 않았다.

또한 이순신의 휘하에서 녹도만호로 싸우다가 임진년 부산포 해전에서 전사한 정운도 후보 명단에는 올랐지만 결국 공신으로 책봉되지는 못하였다. 더구나 신점은 전장에서 싸운 공이 아니라 명나라에 원병을 청하러 갔다는 이유로 공신에 책봉되었다.

반대로 선조를 따라 도망다니던 사람들로 이루어진 호종공신(扈從功臣: 임금이 피난 갈 때 따라서 모시고 간 공로가 있는 신하라는 뜻)은 1등과 2등, 3등 공신까지 합쳐서 모두 86명이나 되었다. 물론 그 숫자에 포함된 이항복이나 이원익, 유성룡 같은 사람들은 공신이 될 자격이 충분하다. 하지만 호종공신들의 면면을 살펴보면 임진왜란 당시 어린 나이로 아버지 선조를 따라 피난길에 올랐다가 일찍 사망한 신성군도 2등 공신에 오른 반면, 분조를 이끌며 흔들리는 민심을 수습하고 큰 공을 세운 세자 광해군은 책봉되지 못하였다. 게다가 내시들이 무려 24명이나 공신에 책봉되었다. 기가 막힐 노릇이다. 전쟁터에서 목숨을 내놓고 싸웠던 장수들의 공로가 선조를 따라 도망 다니던 어린 왕자나 내시들보다 더 못하단 말인가?

선조의 이런 괴상한 공신 책봉의 기준은 무엇이었을까? 이는 왜군을 물리친 주역이 조선군이 아닌 명군의 도움이라는 선조의 생각 때문이었다. 선조는 전쟁 공신의 녹훈 문제에 대하여 "이번 왜란을 평정한 것은 오직 명군의 힘이며, 우리나라 장수들은 명군의 뒤를 따랐을 뿐, 제 힘으로 적을 무찌른 일이 없다. 그리고 명군이 출병하게 된 연유는 자신을 호종(扈從: 피난 가는 임금을 모시고 따라간)한 신하들이 위험을 무릅쓰고 중국에 호소하였기 때문이며, 그 덕에 왜적을 토벌하고 강토를 회복하게 되었다"라고 단언할 정도였다.

어찌하여 선조는 왜란을 극복한 주역이 조선군이 아닌 명군이라는 생각을 가지고 있었을까? 이는 이순신을 비롯한 무장들의 공로가 부각되면 될수록, 그에 반비례하여 선조 자신의 무능함과 비겁함이 더욱 확연히 드러나기 때문에 이를 막기 위함이었다. 그리 되다간 자칫 왕의 권위를 왕 스스로가 깎아내리는 결과를 초래할 수도 있었다.

선조가 시종일관 원균을 두둔했던 이유도 여기에서 찾을 수 있다. 선조는 원균을 높이고 이순신을 깎아내림으로써, 원균을 추천하여 조선 수군의 궤멸을 불러왔던 자신의 책임을 회피함과 동시에 자신의 권위를 지키고자 했던 것이다.

명군이 왜군과 제대로 싸워 승리를 거두었던 적은 평양성 탈환전 이후로 없었지만, 선조나 다른 사대부들에게 그런 것은 상관없었다. 그리고 전장에서 싸운 장수보다도 명나라에 원병을 청한 사람들이 더 공신으로 대우받고, 여기에 선조의 전쟁영웅 견제까지 덧붙여지면서 선조를 따라서 도망을 갔던 사람들은 공신이 되었어도 전장에서 장렬히 전사한 사람들은 공신이 되지 못하였다. 또한 호종 공신들의 공을 높이면 비슷한 처신을 한 선조의 과오도 희석되는 효과를 노릴 수 있다.

이런 선조의 편파적인 행위에 대하여 우려하는 목소리는 이미 그 당시부터 나왔다. 선조실록 36년(1603년 계묘년) 4월 28일(甲寅) 2번째 기사에 의하면, 공신도감에서 선조에게 건의하기를 "호종(扈從)했던 사람들은 이처럼 많이 (공신 자리를) 주고, 왜적을 정벌한 사람들은 이처럼 적게 한다면, 뒷날에 생길 근심을 또한 생각하지 않을 수 없습니다(且扈從, 則從優磨鍊, 而征倭則如是略小, 後日之虞, 亦不可不念)"라는 말이 나왔을 정도로, 선조는 왜군과 싸운 무장들보다 자기를 따라

도망 다녔던 신하들을 더 중하게 여겼던 것이다. 그렇다면 선조는 신하와 백성들을 향하여 훗날 다시 전쟁이 난다면 목숨을 내걸고 힘들게 적과 싸우지 말고, 자신을 따라서 도망이나 잘 다니라고 말한 셈이 된다. 참으로 우스꽝스러운 일이 아닐 수 없다.

이리하여 원균은 죽어서도 다시 살아난 셈이 되었다. 원균을 1등 선무공신으로 책봉했다는 구절 하나를 근거로 원균이 무슨 절세의 명장이니, 억울하게 사라진 역사의 희생양이니 하면서 원균을 옹호하는 사람들이 아직도 적지 않으니 말이다.

8. 후세 사람들의 원균 평가

"춘산에 불이 나니 못 다 핀 꽃 다 붙는다.
저 뫼 저 불은 끌 물이나 있거니와
이 몸에 내(川) 없는 불 일어나니 끌 물 없어 하노라."

—의병장 김덕령(金德齡)이 옥중에서 남긴 시—

(1) 임란 이후부터 지금까지 사람들이 본 원균

임진왜란이 끝나고 나서 후세 사람들은 원균을 어떻게 보았을까? 아래는 차천로(車天輅)라는 사람이 지은 원균에 대한 조시(弔詩)이다. 제목은 〈도중문 남방주사 등륙패몰 조원장군(途中聞 南方舟師 登陸敗沒 弔元將軍: 도중에서 남방의 수군이 뭍에 오르다가 패몰했다는 말을 듣고 장수 원균을 조상하는 글)〉이다. 그의 〈오산집(五山集)〉이란 저서의 〈오산선생속집권지이(五山先生續集卷之二)〉의 칠언율시(七言律詩) 부분에 실려 있다. 육두문자나 욕설을 쓰지 않으면서 원균의 어리석음을 날카롭게 질타하고 있다.

「不讀孫公九地篇	그대 손자병법의 구지편(九地篇)도 읽지 않았던가!
將軍事業亦甚憐	장군이 한 일이란 참으로 가련하구나.
蚤知浦漵成天穽	개펄은 하늘도 빠지는 함정인 줄 일찍 알았다면
豈擁戈船縛海煙	어째서 전선 이끌고 해무 속으로 들어갔던가.
誰惜豊肌饗螻螘	살찐 몸뚱이 개미 밥 되는 걸 누가 애석해 하랴만
謾抛戎卒哭醒擅	군사들을 시체 앞에서 울부짖도록 내버려 두었네.
畫蛇著足君休問	뱀을 그리면서 발을 더했으니, 그대여 묻지 말게
只合從前戒墨牽	예로부터 그림 그리는 이에게 경계하던 것이니」

그리고 임진왜란이 끝나고 나서 약 1백 년 후인 숙종 무렵, 조정에서는 다시 원균이란 이름이 거론된다. 어떻게 말하고 있을까?

「민정중(閔鼎重)이 말하기를,

"원균(元均)이 전선(戰船)을 많이 모아 바다에 침몰(沈沒)시키고 달아났으나, 이순신(李舜臣)이 십여 척으로 적(賊)을 격파하였는데, 쓰인 배는 또한 모두 위급한 상황에 임하여 만들었던 것이었습니다. 장차 마땅한 사람을 얻지 못한다면, 배가 비록 많다고 하더라도 또한 어디에 쓰겠습니까?"

하니, 임금이 명하여 상의해서 변통(變通)하도록 하였다.」

-〈숙종실록〉 숙종 7년(1681년) 5월 3일 기사-

배를 아무리 많이 만들어도 원균 같은 자가 지휘관이면 모두 헛수고라는 주장이다.

민정중은 송시열(宋時烈)의 문인으로 서인이며 원균도 서인이었다. 이순신은 남인이었는데 이미 예송(禮訟) 논쟁으로 두 세력의 사이가 악화된 상황에서도 같은 서인인 원균을 마땅한 사람이 아니라고 하고 있고 숙종도 이에 동의하고 있다. 여기에 다른 사람들이 반발을 하지도 않는다.

그 뒤의 원균은 세 번 더 언급되는데 두 번은 암행어사로 유명한 박문수가 백성들에게 가해지는 가혹한 노역을 비판하면서 위의 민정중과 비슷한 말을 한다. 박문수는 소론인데 서인이 노론과 소론으로 나누어진 상황이니 그 역시 서인이다.

「또 적을 막는 길은 오로지 장수다운 사람을 얻는가 못 얻는가에 달려 있습니다. 하나의 통영인데도 원균(元均)이 장수가 되자 군대 전체가 패망하고, 이순신(李舜臣)이 장수가 되자 가는 곳마다 겨룰 만한 상대가 없었습니다.」

-〈영조실록〉 영조 26년(1750년) 7월 3일 기사-

「원균(元均)이 장수가 되어서는 패전하였고, 이순신(李舜臣)이 장수가 되어서는 승전(勝戰)했으니, 장수의 잘하고 잘못하는 데에 달린 것이지, 어찌 선척(船隻)의 낙인(烙印) 여부에 달린 것이겠습니까?」 -〈영조실록〉 영조 29년(1753년) 2월 22일 기사-

한마디로 원균은 무능한 장수의 대명사가 된 것이다. 위에서 언급한 여러 발언들은 백성들에게 부담을 지우며 군비를 강화해봤자 원균 같은 자가 지휘관이 되면 다 틀린 일이니 지휘관의 선택을 잘해야 한다는 뜻이다.

정조 때 〈이충무공전서(李忠武公全書)〉가 발간되는데, 이것 역시 이순신을 기리는 책이다. 정조의 친필 서문이 머리에 붙어 있으니 개인이 쓰는 전기와는 비교도 할 수 없는 공식적인 조선왕실의 입장이다. 이에 대한 자료는 조선왕조실록에 딱 한 번 보이고 이것이 원균이 나오는 마지막 기사다. 역시 원균을 비겁한 장수로 인식하고 있었음을 알 수 있다.

「용인(龍仁)의 유학(幼學) 안석광(安錫光)이 상소를 올렸다.

"신의 6대조 안홍국(安弘國)은 힘껏 싸우다가 만력(萬曆) 정유년 6월 19일 안골포(安骨浦) 앞 나루에서 한 몸을 바쳤는데, 『충무공전서(忠武公全書)』에는 '통제사(統制使) 원균(元均)과 7월 15일 한산도의 군진(軍陣)이 무너질 때에 같이 죽었다.' 라고 기록되었습니다. 죽은 것은 같으나 싸우다가 죽은 것과 군진이 무너져서 죽은 것은 아주 다릅니다. 뜻을 두었던 일이 이로 인하여 묻혀 버리고 공적이 이로 말미암아 없어졌으니, 삼가 바라건대 특명으로 『충무공전서』에 고쳐 기록하게 해주소서."

예조(禮曹)에서 아뢰었다.

"힘껏 싸우다가 죽은 것이나 군진이 무너져서 죽은 것이나 죽은 것은 마찬가지입니다만 용맹함과 비겁함은 판이합니다. 지명과 날짜가 이처럼 서로 틀리니, 당초 책을 편집한 신하로 하여금 사적을 다시 상고해서 사실대로 바로잡도록 하소서."

임금이 지시하였다.

"내각(內閣)으로 하여금 공사(公私)의 문적을 다시 고증하게 한 뒤 바로잡아야 하거든 바로잡도록 하라."」

-〈정조실록〉 정조 21년(1797년) 8월 19일 기사-

안흥국은 위에 나온 보성군수로서 원균의 무능함 때문에 칠천량 전투에서 전사한 사람이다. 그 후손도 자신의 조상은 싸우다 전사했지 원균과 같이 도망치다가 칼에 맞아 죽지 않았다고 주장하고 있다. 조정에서도 그의 수정 요구를 받아들였다. 조선시대를 살다 갔던 사람들이 원균에 대한 인식이 어떠했는지 더 이상 안 봐도 알 수 있지 않은가?

서인이 집권하던 정조 시기의 조정에서 같은 당파였던 원균을 기리는 전서(全書)를 발간하지 않고 이순신을 기리는 전서를 낸 사실은 무엇을 의미하겠는가. 이미 이순신과 원균에 대한 판가름은 내려져 있었던 것이다.

실록 외의 기록으로 안방준(安邦俊)이 지은 〈은봉전서(隱峰全書)〉에도 기막힌 내용이 있다.

「백사(白沙: 이항복(李恒福)의 호)가 말하기를, "주상(主上)께서 일찍이 수군과 육군을 지휘한 여러 장수들의 공을 논하면서 '이순신과 원균의 해상 대첩과 권율의 행주 대첩이 마땅히 으뜸가는 공이다'고 하였으니, 이는 바뀔 수 없는 정론(正論)이다."고 하였고, 또 말하기를 "원균은 다만 남으로 인해서 성공한 자인만큼 진실로 이순신과 더불어 공을 겨룰 수는 없다."고 하였다.

백사는 어찌하여 그렇게 잘못된 말을 했는가? 왜적이 수군을 거느리고 멀리 호남을 향해 진격해 갔을 때, 이순신은 목숨을 걸고 계략을 짜내어 한산도에서 차단함으로써 적으로 하여금 서쪽으로 노를 저어가지 못하도록 한 지 모두 6년이나 되었다. 그러나 원균은 겁이 많아 어찌할 바를 모르다가 스스로 그 전선을 몽땅 침몰시키고 바닷가에 숨어 엎드려 있는 것을 이순신이 끌어내어 진중에 두고, 돈과 군량을 넉넉히 보급해주고, 자기가 싸워 얻은 적의 머리와 포로를 원균에게 나누어주어, 원균이 군율로 다스려지는 것을 면하게 했을 뿐 아니라 상까지 받도록 하였다.

그러므로 원균은 이순신에게 그 양육(養育)받은 은혜가 참으로 셀 수도 없이 많은데도, 원균은 득의한 뒤로 오히려 시기하는 마음을 품고 무릇 이순신을 해치는 흉측한 짓이 극도에 이르렀다. 이순신 스스로 '바다의 왕(海王)'으로 자처하고 있다는 헛소리까지 지어내어 퍼뜨리면서 모함하고, 가등청정(加藤淸正)이 바다를 건너게 되자 은밀히 장계를 올려 이순신이 두려워서 머뭇거리며 나아가지 못한다고 말하여, 순신은 결국 체포되어 국문을 받기에 이르렀다. 원균이 그를 대신하였으나 한시도 넘지 못하고 조선 수군 전부가 패망을 당했으니, 그에게는 목을 벨 죄만 있고 기록할 만한 공은 없는데도 도리어 이순신, 권율과 함께 나란히 으뜸 공로자로 부르는 것은 도대체 무슨 이유인가?

대개 원균은 서울에 살아서 그의 가족들이 지위 높은 권신(權臣)들과 연결되고 또 시국을 담당한 사람을 아첨으로 섬겼으므로 그를 도와준 자가 많았다. 그 때문에 임금을 속이고 형벌과 상을 뒤엎었던 것인데, 백사는 그런 것을 듣지도 못했던가? 어전에서 공을 논할 때 어찌하여 이를 아뢰어 우리 선왕(先王: 선조)으로 하여금 옳고 그름을 명백히 알도록 하지 않았는가? 물러나온 뒤에 처음에는 '바뀔 수 없는 정론(正論)'이라 말하고 끝에서는 '감히 이순신과 공을 겨룰 수 없다'고 말하니, 정론이란 것은 과연 그런 것인가?」

〈은봉전서〉의 저자는 이항복이 원균을 완곡하게 비판한 것에 대하여, 왜 더 강한 어조로 원균을 비판하지 않았느냐고 따지고 있다.

임란 이후, 조선왕조 동안 사람들의 의식 속에 쭉 이어져 내려온 원균의 이미지를 대략 살펴보았다. 일제시대와 군사정권 시대에도 '어리석고 한심한 졸장'이라는 원균의 모습은 별로 달라지지 않았으니 여기에서 상세하게 묘사할 필요는 없을 것 같다. 그런데 박정희 군사정권이 무너진 1980년대 초반부터 이러한 전통적인 원균 상(像)이 갑자기 변하기 시작한다.

'원균은 용감한 장수였다, 이순신은 원균의 공을 가로챘다'

이런 현대판 원균옹호론이 다시 고개를 쳐든 것은 1980년대 초반부터였다. 원균옹호론의 첫 번째 기수는 울산대 교수인 이정일이었다. 그는 1981년 역사학회를 통해 발행한 논문 〈원균론〉(역사학보 89집)과 1982년 12월 〈마당〉이란 잡지에 〈원균은 억울하다〉라는 글을 실어 '원균 옹호론'을 정식으로 제기했다.

그는 〈선조실록〉에 실려 있는 원균 지지파들의 이순신 비난 발언들과 선조가 원균을 극력 두호한 발언, 그리고 임란 후에 원균이 '일등공신'으로 선정된 사실 등을 근거로 삼아 원균은 '불같은 성미의 저돌적인 용장'으로서 이순신과 공로를 다투던 사이였고, 이순신을 신격화시키는 과정에서 부당하게 악역을 맡았다고 주장했다. 그는 "원균은 논리적인 타당성이 없음에도 불구하고 이순신이 민족적 영웅으로 부각됨에 따라 상대적으로 점점 더 악인으로 되어 갔던 것이다"라는 논지를 폈다.

1980년대 초반에 이런 주장이 등장했을 때 많은 국민들은 상당히 신선하고 충격적인 이야기로 받아들였다. 특히 대학가에서는 이순신 찬양에 매우 적극적이었던 박정희 정권에 대한 반감 때문에 이런 주장을 크게 반긴 학생들이 많았다.

그러나 임진왜란의 역사를 제대로 공부한 사람들의 눈에는 그것이 전혀 새로운 이야기가 아니었다. 원균의 지지파인 서인의 거두들이 선조 앞에서 거듭 되풀이했던, 〈선조실록〉에 실려있던 주장들이 그대로 나타난 것에 불과했다. 그것은 또한 긴 전란 기간 중에 가장 뛰어난 수군 장수로서 조선 최대의 군권을 한 손에 장악하고 있던 이순신을 계속 견제하고 싶어 했던 선조가 그대로 받아 야멸차게 반복했던 소리들이기도 했다.

이정일의 주장이 처음 나온 이래, '원균 옹호론'은 문학 작품과 인문 서적, TV 드라마를 통해 계속 망령처럼 떠돌고 있다.

특히 소설 분야에서 '원균 옹호론'이 기승을 부렸는데, 이는 창작의 자유가 보장된 문학의 특성상 어쩔 수 없는 일이라 하겠으나 그 왜곡의 여파가 너무도 심한 것이, 자칫 사람들이 이순신과 원균에 대해 잘못된 선입견을 갖게 되지나 않을지 걱정이 된다.

그 중 대표적인 작품들로 고정욱의 〈원균 그리고 원균〉(상·하 전2권, 여백, 1994)과 김탁환의 〈불멸〉(미래지성, 1998년 10월. 2004년 6월에 황금가지에서 〈불멸의 이순신〉이란 제목으로 재 발간되었다)이다. 이 두 소설의 공통점은, 원균 측이 이순신에 대하여 퍼부었던 비난과 모함들을 모두 진실인 것처럼 취급하여 소설의 기본 얼개로 삼고 있고 있다는 점이다. 거기서 더 나아가 역사왜곡까지 서슴지 않고 있다.

1. 고정욱의 〈원균 그리고 원균〉(상·하 전 2권, 여백, 1994): 최근에는 〈소설 원균〉(산호와 진주. 2004년 8월)이란 이름으로 다시 발간되어 원균 옹호론에 불을 지피고 있다.

이 소설은 출간 당시 책 표지 및 대대적으로 퍼부은 책 광고에다 다음과 같은 문구를 큰 활자로 박아 실어서 사람들에게 충격을 주었다.

"원균의 4백 년 원혼이 우리를 부른다."

"원균의 공을 가로채고 그 아들까지 모함하는 성웅(聖雄) 이순신 … 밝히고 싶지 않은 역사의 사실입니다."

고정욱이 이 소설에서 시도한 것은 문자 그대로 '원균 옹호론'이다. 선조 때 원균 측에서 이순신을 깎아내리고 원균을 추켜세웠던 주장들이 소설의 기본 토대를 이루고 있다. 그 목적을 위해서는 역사적 사실과는 전혀 다른 전개도 서슴지 않는다.

그 한 예로, 고정욱은 괴이한 사서 〈원균행장록〉을 인용하여 작품 속에서 원균의 사후, 그에게 '충정공'이란 시호가 주어졌다고 주장하지만, 원균이 그런 시호를 받은 사실은 실록 및 기타 국가 공인자료에 전혀 나와 있지 않다. 더구나 〈원균행장록〉은 저자가 역사와 군사학에 어두운 사람이어서, 다른 사료들과 교차 검증을 해보면 사실과 다른 부분이 워낙 많아서 사료로서의 가치를 전혀 인정받지 못하고 있는 실정이다.

또한 앞에서도 밝혔듯이, 이순신이 문제 삼은 원균의 아들은 10여 세인 첩의 아들이지 성인(成人) 원사웅(元士雄)이 아니었다. 많은 사람들이 이를 혼동하고 있어서 안타깝다.

그리고 고정욱은 작품 속에서 이덕형이 이순신과 원균을 심문하면서 이순신의 잘못을 밝혀냈다고 하는데, 그 역시 전혀 사실이 아니다. 이덕형은 한 번도 이순신 및 원균과 직접 대면하거나 심문한 적이 없으며, 전쟁이 끝난 후 한산도에 내려가서 이순신의 인품을 전해 듣고는 큰 감명을 받았다고 그 자신이 선조에게 고백하고 있다.

그러나 이 소설로 인해 무명이던 고정욱은 순식간에 베스트셀러 작가의 반열에 올랐으며, 〈원균 그리고 원균〉의 토대 위에서 불세출의 원균 옹호작인 (그리고 이순신 폄하작인) 김탁환의 〈불멸〉이 탄생하게 되었다.

2. 김탁환의 〈불멸〉(미래지성, 1998년 10월): 〈불멸의 이순신〉이란 이름으로 2004년 6월경에 새로 출판되었다.

〈불멸〉은 그야말로 지금까지 26년의 세월동안 살아서 꿈틀거렸던 원균 옹호론의 절정에 이르는 작품이다. 이 작품은 2004년 방영된 KBS 1TV의 대하드라마 〈불멸의 이순신〉의 원작이 되어 많은 시청자들의 공분을 자아내기도 했다.

〈불멸의 이순신〉의 초반 전개는 김탁환의 〈불멸〉의 개요를 그대로 따라간다. 이순신은 어릴 적에 빌빌거리는 약골이었으며, 힘세고 용감한 동네 큰형 원균에게 두들겨 맞고 살아 열등감을 가지고 있었다. 원균이 동네 관아에서 관군의 삼지창을 훔쳐오라고 하자, 이순신은 그 말에 따라 관군들의 추격을 받으면서까지 훔쳐내어 자랑스럽게 원균에게 가져다준다. 또한 이순신은 산속에서 길을 잃고 헤매다가 원균의 도움을 받아 간신히 살아났고, 그 때부터 '나는 커서 균이 형님처럼 되겠다.' 라는 각오를 다지는 것으로 설정되어 있다.

심지어 〈불멸의 이순신〉 3회의 대본에서는 노량해전에 앞서 이순신이 바닷가에서 원균을 그리워하다가 그의 환영과 함께 물에 들어가 정답게 노는 장면이 나오는 데, 웬일인지 방송에서는 이 장면은 삭제되었다. 시청자들의 반발을 의식한 탓일까.

그나마 '불멸의 이순신' 이 중반기를 지날수록 원균에 대한 시각은 점차 비판적으로 변해갔다는 점은 다행스럽다. 아무래도 열화와 같은 시청자들의 항의가 극의 내용을 바꾸도록 한 듯싶다.

하지만 드라마 작가들이 원균에 대해 이상한 애정을 가지고 있었는지, 그의 인생 최대의 오점이 된 칠천량 전투를 마치 원균이 장렬하게 싸우다 왜군의 조총에 맞아 죽은 것으로 묘사한 부분은 절로 실소를 자아낸다.

도대체 김탁환은 어떤 동기로 〈불멸〉을 쓰게 되었을까? 들리는 말로는 1992년 8월 해군 충무공 해저유물 탐사단이 인양했다고 하여 국보 237호로 지정되었던 '별황자 총통'이 가짜로 판명되는 사건을 보고 김탁환은, 이순신과 관련된 역사가 거짓이 아니었을까, 하는 생각이 들어 〈불멸〉을 썼다고 하는데, 더욱 기가 막히는 노릇이다. 어찌 질 나쁜 사기꾼들이 만들어낸 가짜 무기 몇 점 때문에 충무공의 역사를 송두리째 부정한단 말인가?

또 일부 주장들에 따르면, 김탁환이 20년 동안 이순신에 대한 연구를 해서 〈불멸〉을 지었다고 하나, 헛웃음만 나올 뿐이다. 그렇게 공을 들여 만든 작품이 어찌 이순신을 일방적으로 폄하하고 원균을 추켜세우는 형편없는 졸작이 되었을까? 아니, 작가는 대체 조선왕조실록을 제대로 보기나 한 것일까? 내가 생각하기에는 1980년대에 나온 〈원균정론〉과 〈원균행장록〉과 실록에 약간 나오는 원균 옹호성 기사만 보고 쓴 것 같다.

〈불멸〉의 허구성은 앞에서 치밀하게 논파했으므로 여기서 더 이상 언급하지는 않겠다. 그러나 불행한 것은 〈불멸〉과 〈불멸의 이순신〉의 여파로 우리 국민들 중에서 원균을 '호탕하고 용감했지만, 시대의 변화에 따라 어쩔 수 없이 매장되어간 불행한 장수'라고 보는 시선들이 차츰 늘어나고 있다는 점이다.

3. 〈다시 쓰는 간신열전〉(최용범·함규진 공저, 페이퍼로드, 2007년 01월)

최근에 발간된 책이다. 그러나 이 책은 앞에서 언급한 고정욱이나 김탁환의 작품보다 더욱 질이 나쁜 서적이다. 개인적으로 나는 이 책을 읽으면서 너무나 분노가 치밀어 심장이 멎는 것 같았다.

이 책에서 작가들은 원균은 간신(姦臣)이 아니며 시대의 흐름에 밀려 어쩔 수 없이 간신이 된 불행한 장수라고 변명한다. 그리고 글의 끝에 가서 원균의 칠천량 패전은 그의 책임이 아닌 선조와 권율의 책임이며, 원균이 좀 포악하고 탐욕스럽긴 했지만 그 정도는 이순신도 크게 다르지 않다고 주장한다.

기가 막혀 말이 나오지 않을 황당한 소리다. 같은 책의 다른 곳에서는 뇌물을 받아먹는 권력자들을 신랄하게 비판하던 저자들이 갑자기 왜 원균에 대해서는 이중 잣대를 적용하는 것일까? 더구나 이순신이 원균의 부패상과 크게 다르지 않았다는 부분에서는 내 눈을 의심할 뻔했다.

이순신이 언제 원균처럼 뇌물을 받아먹고 병사들을 군역에서 빼내주었던가? 이순신이 언제 원균처럼 조선인 어부들을 죽여 그 목을 왜인들의 것처럼 꾸며 공을 세우려 했던가? 이순신이 언제 원균의 아비인 원준량처럼 관가의 재물을 몽땅 털어가 밀무역에 썼던가? 이순신이 언제 원균처럼 부하의 아내를 겁탈하는 등의 파렴치한 짓을 저질렀던가? 나는 이 책을 쓰면서 이순신에 대한 부분은 수두룩하게 살폈으나 이순신이 원균처럼 탐욕스럽거나 부패를 저질렀다는 언급은 전혀 본 적이 없다. 대관절 이 무슨 가당치도 않은 역사 왜곡인가.

칠천량 패전의 책임은 누가 뭐라고 해도 원균이다. 권율에게 곤장을 맞았다고 화나서 술을 퍼마시고 경계도 안 세운 채 뻗어 있다가 왜군의 기습을 받고는 혼비백산하여 정신없이 도망가다가 죽었는지 살았는지도 모르는 최후를 마친 멍청하고 무능력한 인사가, 어떻게 13척으로 명량에서 대승을 거둔 명장과 같은 취급을 받을 수 있는가?

더구나 저자들은 원균이 기문포 해전에서 승리를 거두었다는 단편적인 사실만 강조할 뿐, 그 해전의 경과나 과정은 소개하고 있지 않아 우습다. 혹시 원균이 왜군들에게 술을 먹이고 잘 달래서 보내다가 갑자기 대포를 쏘자, 그 비열한 행위에 격분한 왜군들이 반격을 감행해 현감 조응도를 죽이고 판옥선을 탈취하는 등의 우스꽝스러운 일을 말하면 원균 옹호론에 타격이 갈까봐 그랬던 것일까.

마지막 부분에서 저자들은 원균이 나쁘건 이순신이 나쁘건 그건 다 지나간 옛날 일이니 이제 와서 따져본들 무슨 소용이냐고 물타기를 한다. 어처구니가 없어 헛웃음만 나온다. 지난 일을 따져본들 무슨 소용이냐고? 그런 논리라면 굳이 지나간 역사를 배울 필요가 무에 있는가.

'간신' 을 경계하자고 쓴 이 책에서 진짜배기 '간신' 인 원균을 온갖 궤변과 허술한 논리로 옹호하려 애쓰는 모습을 보니, 화가 나다 못해 안쓰럽기까지 했다. 그들을 위해서, 원균이 저지른 칠천량 패전 이후 분노한 사관이 선조실록에 적어 놓은 평을 다시 써놓아야만 할 것 같다.

【사신은 논한다. 한산(여기서는 칠천량을 가리킴)의 패배에 대하여 원균은 책형(柵刑: 기둥에 죄수를 묶고 창으로 찔러 죽이는 형벌)을 받아야 하고 다른 장졸(將卒)들은 모두 죄가 없다.

왜냐하면 원균이라는 자는 원래 거칠고 사나운 하나의 무지한 위인으로서 당초 이순신(李舜臣)과 공로 다툼을 하면서 백방으로 상대를 모함하여 결국 이순신을 몰아내고 자신이 그 자리에 앉았기 때문이다. 겉으로는 일격에 적을 섬멸할 듯 큰소리를 쳤으나, 지혜가 고갈되어 군사가 패하자 배를 버리고 뭍으로 올라와 사졸들이 모두 어육(魚肉)이 되게 만들었으니, 그때 그 죄를 누가 책임져야 할 것인가.
한산에서 한 번 패하자 뒤이어 호남(湖南)이 함몰되었고, 호남이 함몰되고서는 나랏일이 다시 어찌할 수 없게 되어버렸다. 당시의 일들을 눈으로 보건대 가슴이 찢어지고 뼈가 녹으려 한다.】

-선조 31년(1598년) 4월 2일-

이 〈다시 쓰는 간신열전〉은 원균 옹호론과 이순신 옹호론을 함께 다루면서 절묘한 물 타기를 하여, 결과적으로 독자들에게 원균 옹호론에 귀를 솔깃하게 만드는 결과를 가져오고 있다.

원균은 참으로 행복한 장수가 아닐까? 적과 싸워 한 번도 제대로 된 승리를 거두지 못하고 겁에 질려 도망만 다니다가 윗사람에게 잘 보여 높은 관직에 올랐고, 그러다가 형편없는 졸전 끝에 전군을 패망하게 만든 악덕의 화신임에도 불구하고 세상에서는 아직도 '명장'이니 '용장'이니 하고 불러주며 칭송하니 말이다! 세계 역사상 이렇게 복을 타고난 장수가 또 있을는지 궁금하다. 그와는 반대로 적과 싸워 백전백승한 불세출의 명장 이순신을 단지 박정희가 치켜세웠다는 이유만으로 애써 폄하하는 사람들도 많으니 도대체 무엇이 명장이고 졸장이 되는지 그 기준을 알 수 없다.

지금까지 원균에 대한 후세인들의 평가를 살펴보았다. 그렇다면 당시 사람들은 이순신을 어떻게 보았을까?

임란 직후와 그 이후 사람들이 남긴 이순신에 대한 평가들이다. 아래 글을 읽고 나서, 이순신이 현대에 와서 재조명되는 과정에서 영웅이 되었다고 말하지 말라. 이순신은 이미 임진왜란 당시부터 영웅이었다!

「순신의 사람됨이 말과 웃음이 적고 얼굴이 단아하고 근엄하게 생겨서 마치 수양하고 있는 선비와 같았으나 속에는 담기가 있었다(寡言笑容, 貌雅飭, 如修謹之士, 中有膽氣).」

—서애 유성룡(柳成龍)

「충무공의 집사와 하인 및 공을 섬긴 사람들을 만나서 공의 용모와 기호와 자태가 어떠한 사람이었는지 물어 보았다. 공은 큰 체구에 정기가 어린 얼굴과 붉은 수염을 하고 담략과 기개가 있는 사람이었다(詰公容貌·嗜好·姿狀爲何如人, 公長軀·精容·赤髥·膽氣人也).」

—백호 윤휴(尹休)

「이순신이 나라를 위하는 충성과 적을 방어하는 재주는 옛날에도 그 짝이 없었습니다. 싸움터에 이르러 머뭇거리는 바도 또한 병가(兵家)의 이기고자 하는 계획인데, 기회를 보고 정세를 살피고 있는 것을 가지고 방황하면서 전투를 하지 않는다고 하여 죄인이 될 수 있겠습니까. 주상께서 만약에 이 사람을 죽인다면 사직이 망할 것이거늘 어찌하려 하십니까.」

—정경달(鄭景達)의 변호 기록 내용

「한산도에 진을 치매 적이 감히 엿보지 못하고, 한바다를 가로막으매 그대 힘만 믿었더니, 지난해에 패전한 것 원통한 말 어이

할꼬. 그대 그냥 두었던들 그럴 리가 있었으랴. 대장을 잘못 바꿈, 이 나의 허물이라, 누구더러 도와달란들 기운 짐을 어이하리. 두 번 다시 부임하여 무너진 뒤를 이어 혼란을 수습하고 군졸을 불러 모았도다 …(중략)… 공로는 사직에 있고 빛나는 충성 절개 죽어도 영화롭다. 인생 한 세상에 한 번 죽음 못 면하네. 죽을 곳에서 죽은 이로 그대 같은 이 드물도다. …(중략)… 나는 그대(이순신)를 버렸으나, 그대는 나를 버리지 않았도다.」

—선조가 내린 제문

(*그는 죽어서야 충무공에 대한 질투와 분노를 풀었던 것이다. 하긴, 죽은 자를 경계할 필요는 없었을 테니.)

「"아, 공으로 하여금 만일 그날에 죽지 않게 했다면 일개 공신에 지날 것이 없는데 이제 마침내 그 충성을 선양하고 절개를 표창함이 천지에 찬란하니 비록 죽어도 오히려 살았도다."

"성을 버리고 군사를 패한 무리들은 몸이 그대로 성하여 제방 창문 아래서 늙어 죽는데 이순신의 충렬은 마침내 몸을 버림에까지 이르렀으니 하늘의 보답이 어찌 이리도 공평치 못한고."

"그러나 구차스레 제 목숨을 보존한 자들은 저 나뭇잎 위에 붙은 먼지와 다를 것이 없거니와, 이것으로서 저것에 비긴다면 하늘의 은총이 또한 풍족하다고도 할 것이다."」

—충민사기(忠愍祠記) 중에서. 영의정 박승종

「이순신(李舜臣)의 사람됨을 신이 직접 확인해 본 적이 없었고 한 차례 서신을 통한 적밖에 없었으므로 그가 어떠한 인물인지 알지 못했습니다. 전일에 원균(元均)이 그의 처사가 옳지 못하다고 한 말만 듣고, 그는 재간(才幹)은 있어도 진실성과 용감성은 남보다 못할 것이라고 여겼습니다.

그런데 신이 본도에 들어가 해변 주민들의 말을 들어보니, 모두가 그를 칭찬하며 한없이 아끼고 추대하였습니다. 또한 그가 4월에 고금도에 들어가자 만사를 적절히 조치하여 불과 몇 달 사이에 민가와 군량이 옛날 한산도에 있을 때를 능가한 것을 알고 비로소 그 역량이 남보다 뛰어남을 알게 되었습니다.

그리고 신은 유제독(劉提督: 명나라의 육군 제독 유정(劉綎))이 힘을 다해 적과 싸우려는 뜻이 없다는 걸 간파한 뒤에는 국가의 대사를 전적으로 수군에 기대하지 않을 수 없었습니다. 그리하여 신이 수군에 자주 사람을 보내어 이순신으로 하여금 기밀의 일을 주선하게 하였더니, 그는 성의를 다하여 나라에 몸 바칠 것을 죽음으로 스스로 맹서하였고, 영위하고 계획한 일들은 모두가 볼만하였습니다. 따라서 신은 나름대로 생각하기를 '국가가 수군의 일에 있어서만은 훌륭한 주장(主將)을 얻어서 우려할 것이 없다' 라고 여겼습니다.

그런데 불행하게도 그가 전사하였으니 앞으로 수군의 일을 책임지고 조치하게 하는 데 있어 그만한 사람을 구하기가 어려울 것입니다. 참으로 애통합니다. 첩보가 있던 날 군량을 운반하던 인부들조차 이순신이 전사했다는 소식을 듣고는 통곡을 하였고, 무지한 노약자라 할지라도 대부분 눈물을 흘리며 서로 조문하기까지 하였으니, 이처럼 사람을 감복시킬 수 있었던 것이 어찌 우연한 것이겠습니까.」

—〈선조실록〉 선조 31년(1598년) 12월 7일 기사에 실린 좌의정 한음 이덕형(李德馨)의 장계

「황천에서 다시 일으켜 볼 수 없음을 생각하고 백 명을 대신 바치고도 물려 올 수 없음을 안타까이 여깁니다.」

—충무공 제문에서. 영의정 오윤겸

「절개에 죽는다는 말은 예부터 있지만, 제 몸 죽고 나라 살린 것, 이 분에서 처음 보네.」

—숙종이 현충사에 내린 제문에서.

「이순신은 백 번 싸운 장군으로서 한 손으로 친히 무너지는 하늘을 붙든 사람이었다. 그리고 이순신은 재질을 가지고도 운수가 없어 백 가지 재능을 한 가지도 풀어보지 못한 사람이었다.」

—영의정 서애 유성룡

「아침에 이순신(李舜臣)의 비문(碑文)을 보았는데, 죽을 힘을 다하여 싸우다가 순절(殉節)한 일에 이르러서는 눈물이 줄줄 흘러내리는 것을 깨닫지 못하였다. 이는 하늘이 우리나라를 중흥시키기 위하여 이런 훌륭한 장수를 탄생시킨 것이다. 이순신의 재능은 악비(岳飛)와 같은데, 더욱 작은 병력으로 큰 병력을 공격하는 데 능하였다. 그 당시 청정(淸正)의 간사한 모략에 빠져 잘못되어 벌을 받기에 이르렀고, 드디어 원균의 패배가 있게 되었다. 그러나 그 뒤 순신이 약간의 거북선을 가지고 대적을 격파하였으니, 참으로 쉽

게 얻을 수 없는 인재이다.」

—효종실록 효종 10년(1659년) 3월 30일자
기사에서 효종이 평가한 이순신—

「왜적이 가장 무서워하는 것이 이순신의 해군입니다. 그를 가둬서는 아니 됩니다. 원균을 대신 보내서는 안 됩니다.」

—도체찰사 오리 이원익(李元翼)

「이순신의 화평하고 어진 덕과 과단성 있게 일을 처리하는 재능 그리고 상과 벌을 곧바로 주는 용기 같은 것은, 만일 다른 사람이 이런 정도의 분이라면 백세에 이름을 날릴 사람이라 하겠지만, 이순신에게 있어서는 그저 당연히 해야 할 하찮은 일로 여겼을 뿐 공명을 바라지 않았던 그런 사람이었다.」

—영의정 백사 이항복(李恒福)

「통제사 이순신은 임진년에 수군을 거느리고 바다 가운데서 적을 막아 여러 번 왜선을 부수고 적을 사로잡아 죽이기를 수없이 했다. 적은 두려워하여 다시는 감히 수로를 통하여 서쪽으로 오지 못했다. 그래서 호서와 호남이 안전함을 얻어 나라를 회복한 것은 모두 그 힘이다.」 —이조판서 지봉 이수광(李睟光)

「이순신은 진실로 대적이 없는 참 장군이요, 다른 이들은 모두 겨우 몽매한 것이나 면한 정도이다.」 —오산 차천로(車天輅)

「이순신은 곧은 절개를 지켜 우뚝하니 벽처럼 선 사람이었다. 이순신은 몸을 꼿꼿이 하고 간 사람이며, 이순신은 전쟁을 당하여서도 뜻이 조용하여 언제나 여유가 있는 사람이었다. 이순신은 온 군대가 한 마음이 되어 감히 그의 명령을 어기는 일이 없던 사람이었다. 이순신은 비록 역사상의 명장으로 백 년에 한두 사람밖에 나오지 않는 위인이라 할지라도 이순신보다 더 훌륭한 분은 있을 수 없다.」 —홍문관 예문관 대제학 택당 이식(李植)

「이순신은 천지를 주무르는 경천위지(經天緯地 : 온 천하를 다스림)의 재주와 나라를 바로잡은 보천욕일(補天浴日)의 공로가 있는 사람이다.」 —명나라 장수 진린(陳璘)

「사람들이 모두 말하기를 죽은 순신이 산 왜놈들을 격파하였다(人皆謂死舜臣破生倭)고 하였다.」 —선조실록 사관(史官)

「이순신도 제갈량과 같이 나라를 위해 죽었다(與武侯同同死國事).」 —신도비문중에서. 영의정 잠곡 김육(金育)

「노량에서 이순신 장군은 임종 앞에서 기(旗)를 휘두르며 북을 치라고 분부했다. 그의 아들이 그의 명령대로 실행하였으므로 산 중달을 패주케 한 제갈량의 주책(籌策)을 쓴 것이며 이는 가장 범상치 않은 일이다.」 —하담자유고 판중추부사 김시양

「나는 일찍이 이 통제사를 따라 수군에 편입되어 있어 공을 세웠

다. 통제사가 죽자 계속하여 충민사에 있은 지 수십 년, 80살인 나는 스스로 제물을 차려 제사를 지냈다. 바다 위에 무슨 일이 있을 때는 통제사가 반드시 먼저 나의 꿈속에 나타나 뵈올 때 알려주니 틀림이 없었다. 이것은 아마 충무공의 영혼이 아직도 사라지지 않고 있다는 것이며 한 조각 나라를 위하는 마음만은 육체는 죽었어도 죽지 않고 있는 것일 것이다.」

—승평의 승(僧) 옥동(玉童)

「수군 통제사(이순신)는 진실로 하늘이 낸 거룩한 분으로, 일선장수에 임명되자 변경에 크게 자리 잡고 한산섬에서 적의 바닷길을 끊으면서 여섯 돌의 세월을 보내었습니다. 장수를 바꾼 일은 본디 적의 꾀에서 나온 것이지, 장군이 군사를 내는 시기를 그르친 것은 아니었습니다. 원균이 싸움에 패한 뒤에 아홉 척의 배와 남은 군졸로써 여러 번 벽파진에서 싸워 이겼으니 그 공은 종에 새겨 길이 남길만한 일이요, 노량 싸움에서 공이 임종할 때에 죽음을 숨기고 깃발을 흔들고 북을 쳐 싸움을 계속할 것을 분부하매 아들이 그 명령대로 하여 산 중달을 달아나게 한 것처럼 하였으니, 그 꾀가 더욱 기이하다 하겠습니다.」

—〈달천몽유록〉의 충무공에게 바치는 헌사

「天狗蝕月創溟渴	하늘 개 달을 먹어 바닷물 마르듯이
罡風萬里扶桑折	만리에 광풍 일자 동쪽 바다 무너졌다.
主屹雄關己倒也	우뚝 서서 웅장하던 관문 이미 무너지고
舟師十萬仍豕突	원수의 십만 수군 돼지 떼처럼 몰려온다.

元家老將一肉袋	늙은 장수 원균은 고기 포대 같은 사람
孤甲椄島蚍蜉絕	제 군사 다 잃고서 섬에서 죽었구나.
封疆重寄無爾我	나라 지킬 무거운 책임 너와 나에게 있으니
葦杭詎可秦視越	위기에 빠진 나라 어찌 보고만 있을 소냐.
左水營南門大開	좌수영의 남쪽 문 활짝 열리고
淵淵拂鼓龜船出	북소리 둥둥 울리며 거북선 나타난다.
似龜非龜船非船	거북 같으나 아니고 배 같으나 배 아니고
板屋穹然碾鯨沫	판옥에 지붕 덮어 고래 거품 뿜듯 헤쳐 간다.
四足環轉爲車輪	발 네 개 돌아가니 마치 차바퀴 같고
兩肋鱗張作槍穴	겨드랑이엔 비늘 돋친 듯 창구멍 뚫렸구나.
二十四棹波底舞	스물 네 개 긴 노는 물속에서 춤추는 듯
棹夫坐臥陽候窟	밑창에선 노꾼들 앉았다 누웠다 노를 젓네.
鼻射黑煙眼抹丹	코로는 검은 연기 뿜고 두 눈은 붉게 타며
伸如游龍縮如鼈	뻗치면 노는 용 같고 움츠리면 자라 같다.
蠻子喁喁喁且愁	왜군들은 겁나 통곡하며 근심에 싸여 있고
露梁閑山漲紅血	노량과 한산 바다 붉은 피로 물들였네.
赤壁少年逢時辰	공명의 적벽강 싸움 때를 잘만나 이긴 것이고
采石書生誇擔決	채석강에서 고래 탄 이태백 얘기도 허튼소리.
截蛟斬鰐鋩不缺	교룡과 악어 떼를 베고도 무뎌지지 않던 칼들
孰能橫海經百戰	수많은 해전에서 그 누가 바다 누볐던가.
二百年來地毬綻	2백 년이 지난 오늘 땅이 다시 허물어져
輪舶東行焰韜日	연기 뿜으며 증기선은 동해로 달리고 있네.
慰平震土虎入羊	평화롭던 이 땅에 범 같은 왜적들 몰려들고
火器掀天殺機發	도살의 총탄 소리 하늘에 사무쳤네.

九原可作忠武公　　나라 안에 충무공 같은 애국 명장 있다면
襄底炆奇應有術　　나라 건질 방책을 생각해 내리라.
創智制勝如龜船　　거북선 만들어 적을 이긴 그 묘한 지혜로
倭人乞死洋人滅　왜놈들 무릎 꿇리고 양놈들도 멸할 것이다.」

—매천(梅泉) 황현(黃玹)이 지은 충무공귀선가(忠武公龜船歌)

※ 황현(黃玹)

1855년~1910년. 호는 매천(梅泉)

전남 광양 출생, 대한제국 시기의 문인이자 시인.

1885년(고종 22) 생원시에 장원, 시국의 혼란함을 개탄하여 향리에 은거했으며, 개화기에는 구례(九禮) 지방 곳곳에 학교를 세워 교육에 힘썼다.

우국애족의 정신으로 일관하면서 살다가, 1910년 경술국치(庚戌國恥)를 당하자 비통함을 참지 못하여 〈절명시(絕命詩)〉 네 편을 남기고 아편을 복용하여 9월 10일 순국했다.

저서로는 〈동비기략(東匪紀略)〉과 〈매천야록(梅泉野錄)〉(고종 1년(1864년)부터 융희 4년(1910년)까지 어지러웠던 나라의 실정을 모든 분야에 걸쳐 편년체로 기록한 구한말의 비사(秘史). 6권 7책)을 남겼다.

9. 마치며

많은 사람들이 '원균'에 대하여 갖고 있는 선입견 중 하나가 바로 '지혜는 좀 부족하지만, 용맹한 장수'라는 것이다. 현대인들뿐만 아니라 원균과 동시대의 사람들 중에도 그렇게 생각하는 인사들이 많았다.

그러나 아군 병사들과 백성들에게는 그토록 모질고 가혹하게 굴면서 외적 앞에서는 제대로 싸워보지도 못하고 도망만 치다가 생사도 확인되지 않은 채 잠적해 버린 (혹은 난전 중에 칼에 베여 개죽음을 당했는지도 모를) 장수에게 용감하다는 평가가 주어질 수 있을까?

'겁이 많은 개가 짖어대고, 짖지 않는 개는 물어뜯는다.'는 말이 있다. 겉으로 보기에는 매우 사납게 보이는 모습이 사실은 속으로 겁을 먹고 있는 꼴을 들키지 않기 위하여 꾸미는 것에 불과하다는 말이다.

원균이 딱 그 꼴이다. 조정에 장계를 보낼 때나, 사람들과 만나 얘기를 나눌 때 어떻게 굴었던가? 왜군 따위는 한 주먹에 박살 내버릴 것처럼 호언장담을 늘어 놓지 않았던가? 그 말에 혹한 선조와 대신들이 그에게 수군을 맡기고 어디 한번 네가 말한 대로 나가서 왜군과 싸워보라고 했을 때, 원균은 어땠는가? 안방준이 지은 〈은봉전서〉에서 '나는 왜군을 만나면 편전과 활로 싸우고, 칼과 곤봉이로 상대하니 두려울 것이 없다.' 라고 자신만만하게 큰소리를 치던 모습은 온데간데없고, 대신 겁을 먹고 전전긍긍하는 추태만 보였을 뿐이다.

어쩌면 원균이야말로 진정한 겁쟁이가 아니었을까?

그러고 보니, 원균과 비슷한 장수가 떠오른다. 조선 명종 무렵에 활약한 장수 남치근(南致勤)이다. 우리에게는 의적 임꺽정을 토벌한 장수로 익히 알려져, 마치 대단한 용맹을 지닌 장수처럼 인식되고 있다. 하지만 정작 알고 보면 그렇지 않다.

명종 10년인 1555년 5월 16일, 전라남도 해남에 수천 명의 왜구가 쳐들어와 약탈을 자행했다. 조정에서는 여러 장수들을 보내 토벌케 했는데 이때 남치근도 포함되어 있었다.

그러나 남치근은 왜구들이 진을 치고 있는 장흥으로 가지 않고 총사령관인 이준경이 있는 사령부로 와서 '군사가 적으니 왜구와 어떻게 싸울 수 있느냐' 란 푸념만 늘어놓으며 출정하지 않았다.

이러는 사이, 왜구들은 영암성까지 쳐들어와 조선군과 치열한 농성전을 벌이다 전주 부윤 이윤경이 보낸 정예 기병대의 역습을 받고 패주해서 달아났다. 그런데 이때, 인근에 병사를 거느리고 주둔하고 있던 남치근은 겁에 질려 이윤경의 군대와 협공을 하지 않고 가만히 보고만 있었다.

이렇게 외적 앞에서는 순한 양처럼 온순하던 남치근도 자국 백성들에게는 정반대로 돌변한다. 1561년 10월 8일, 임꺽정 일당이 출몰하던 황해도로 부임한 남치근은 임꺽정과 내통했을 것으로 의심 가는 백성들을 모두 잡아다가 심한 곤장을 때려, 그 과정에서 많은 사람들이 억울하게 죽어갔다.

힘없는 백성 앞에선 그토록 포악하게 굴다가 강대한 외적을 만나면 겁쟁이가 되었던 원균과 남치근. 그들을 보고 있노라면 누가 진정한 겁쟁이고 용사인지 파악할 수 있지 않을까.

원균은 불행한 장수인지도 모른다. 만약, 임진왜란이 발발하지 않았더라면 다소 포악하고 탐욕스럽기는 해도 그저 그런 무장으로 조용히 살다 갔을 터인데. 전쟁이 일어나는 바람에 자신의 숨은 진가(?)가 적나라하게 폭로되어 결국엔 비참한 최후를 맞이하고야 말았다.

하지만 그런 결과를 초래한 것은 누구의 탓도 아니다. 바로 원균 스스로가 만든 비극이니, 누구를 원망하랴.

여기까지 읽어온 독자들은 원균 옹호론이 얼마나 허무맹랑한 가설에 지나지 않는 것인지를 확실히 알았을 것이다.

글을 쓰면서도 참 허탈했던 것이, 이미 4백 년 전에 이순신과 원균 두 사람이 가진 기량의 차이는 확실하게 결론이 났고 원균을 추앙하는 사람들은 없었는데, 왜 지금에 와서 원균 옹호론이란 망상(妄想)이 유포되고 있는 것인지 알 수 없는 노릇이다.

단순히 박정희 정권 시대에 강조되었던 이순신 찬미에 대한 반발 심리인가? 그렇다면 버려라. 나 자신도 박정희 전 대통령의 군사 독재에 대해서는 비판적이었다. 하지만 박정희 시대에 벌어진 일이라고 해서 모두 나쁜 것이고 부정해야 한다는 논리는 지나치게 편파적이다. 그것은 진보 세력들이 그토록 비판하는 흑백논리의 연장에 불과하다. 대관절 박정희가 추앙했다고 해서 왜 이순신이 비난을 받아야 하는가? 그렇다면 박정희는 막걸리를 즐겨 마셨으니 막걸리도 마셔서는 안 되는 나쁜 술이 되어야 하는가?

더구나 이순신을 추앙하는 사업은 박정희가 처음 벌인 것도 아니다. 이미 임진왜란 직후부터 이순신은 조선의 역대 왕들과 백성들의 열렬한 존경을 받았고, 그것을 박정희가 다시 복원한 것에 지나지 않는다.

아니면 거의 신격화된 이순신을 폄하함으로써 유명세를 얻고, 돈을 벌어보려는 상술에서 나온 얄팍한 속셈인가? 어리석은 짓이다. 먹고 살기에 바쁜 국민들을 대상으로 짧은 지식과 요란한 선전 문구를 내세워 진실을 호도해 보겠다는 사람들이 있는 모양인데, 그만 두라고 말하고 싶다. 조선왕조실록과 그 밖의 사료들을 직접 읽어본다면, 당신들이 말하는 원균 옹호론이 얼마나 엉터리 같은 허튼소리인지 누구나 알 수 있으니 말이다.

정 글을 써서 돈과 명예를 얻고 싶다면 차라리 이순신과 임진왜란을 다룬 훌륭한 책을 내는 것이 어떨까. 그 편이 진실과 역사에 부합하는 일이 아니겠는가?

청소년기가 되면 사람들은 일탈을 시도한다. 일부터 삐뚤어지고, 방탕한 삶을 살면서 쾌감을 얻으려고 한다. 허나, 나이가 들고 세월이 흐르면 더 이상 일탈을 시도하는 자는 없다. 일탈은 순간적인 쾌락은 줄지 몰라도 항구적인 기쁨을 주지는 못하기 때문이다.

원균 옹호론을 주장하는 사람들은 일종의 일탈을 범하고 있다. '우상' 이순신을 파괴함으로써 잠시의 즐거움을 누릴 수는 있겠으나, 곧 거대한 진실에 마주하게 되면 자신이 얼마나 어리석었는가를 뼈저리게 느낄 것이다.

불행한 일은 일부 극렬 진보 계열에 속하는 사람들이 "한국 사회에 더 이상의 영웅은 필요하지 않다!"거나, "한국은 이제 민족주의를 버리고 세계 시민주의로 나아가야 한다!"라는 강한 신념에 사로잡혀

'한국 민족주의'의 상징이 된 이순신을 어떻게 해서든 폄하하고 끌어내리려는 작업을 벌이고 있다는 점이다.

심지어 어떤 인사는 "이순신은 단지 살인자에 지나지 않는다"라는 극언까지 서슴지 않으니, 역사를 공부하는 한 사람으로서 참으로 화가 나고 어이가 없는 노릇이다.

그들이 역사를 제대로 공부했다면, 아니 하다못해 국사편찬위원회에서 인터넷에 띄운 조선왕조실록이라도 한 번 보았다면, 과연 저렇게까지 이순신을 모독하고 비난할 수 있을까?

어째서 이순신이 박정희에 의해 만들어지고, 띄워진 인물이란 말인가? 이순신의 공을 인정하는 데 인색하기 그지없던 선조조차도 그가 죽고 나서는 찬사를 보내는 데 주저하지 않았다. 임란이 끝나고 나서 3년 후인 1601년에 벌써 이순신을 기리는 사당이 세워졌다.

그 사당에 이항복이 직접 제문을 지어 보냈는데, '이순신이 무기를 만들고 고기를 잡고 소금을 굽는 등의 일하기를 마치 여색을 탐하는 것처럼 열정적으로 했다.'고 극찬했을 정도였다. 효종 10년인 1659년에 이미 남해에 이순신을 기리는 기념비를 조정에서 세웠으며, 맨 앞에서 언급한 것처럼, 이순신을 기리는 기념관인 현충사는 숙종 시절에 조정의 허가를 받아 건립되었다.

그리고 정조 때, 이순신의 장계와 난중일기를 수록한 『이충무공전서(李忠武公全書)』가 비로소 발간되어 우리는 현재 이순신의 행적에 대하여 충분히 자세하게 알 수 있다. 더구나 정조 때는 원균의 지지당파였던 서인이 집권하던 시기였다. 그런데, 그런 조정에서 원균이 아닌 이순신을 기리는 전서(全書)를 국책 사업으로 추진했다. 원균이 정말 명장이라면 최소한 『원균 전서』 정도는 내줘야 하지 않았을까?

국가에서 공식적으로 인정한 사례들 이외에도, 이순신의 후임자인 통제사들과 순수한 열정을 가진 백성들이 세운 이순신 관련 유적들은 셀 수 없이 많다. 내가 앞에서 언급했으니 그것들을 일일이 거론하지는 않겠다.

혹자는 이순신이 박정희에 의해 과장되었다고 비난하기도 하는데, 그것도 사실이 아니다. 오히려 현대에 오면서 이순신의 면모가 많이 훼손되고 있다.

불과 13척으로 3백 척이 넘는 적 함대와 싸워 이긴 명량대첩에 대해 과연 한국인들 중에서 제대로 아는 사람이 몇이나 되겠는가? 얄팍한 단견과 짧은 지식으로 인기를 얻으려는 사람들이 이순신을 재조명한다, 원균을 재조명한다, 하면서 오히려 이순신을 깎아내리고 있다. 내가 어렸을 때 동네 서점에 "이순신은 달아나는 적을 기어이 쫓아가 싸움을 벌이다 죽었다. 이는 도망치는 적을 쫓지 않는다는 동양 장수들의 미덕을 어긴 비겁한 행위였다."라는 책의 선전문구가 붙어 있는 것을 본 적이 있는데, 그 책을 누가 썼는지는 모르겠다.

이순신이 노량해전에서 전사했을 때 조선군뿐만 아니라 명나라 군사들을 비롯한 모든 병졸들이 통곡을 했으며, 짐을 나르던 인부들까지 슬피 울었다. 〈징비록〉과 〈선조실록〉에 따르면, 이순신의 시신을 실은 운구가 고향인 아산까지 가는 길마다 백성들이 운집해서 통곡을 하는 마당에 길이 막혀 나아갈 수 없었다고 한다(선조실록 1598년 12월 7일 무오년 다섯 번째 기사).

이제 책을 끝내야 할 시점이다. 독자 여러분들은 책을 읽으면서 어떤 생각이 들었는가? 이순신이 영웅이고 명장이라는 사실이 확인되어 기뻤는가? 아니면 어렸을 적, 학교에서 지겹게 반복했던 이순신

영웅론이 다시 거론되어 불쾌했는가?

불쾌했다면 미안한 일이지만, 국가 시책이라고 해서 모두 잘못된 것은 아니다. 물론 우리나라 국민들은 수십 년간의 군사독재에 시달리며, 국가에서 공인한 사실이라고 했다가 그것들이 거짓으로 들통나는 바람에 상처를 입은 적이 있어서 민감할지도 모른다(예: 수지김 사건이나 금강산댐 사건 등.) 그러나 이순신에 관한 내용들은 내가 무수한 사서와 인터넷 사이트 및 역사를 다루는 네티즌들과의 치열한 토론 끝에 얻어낸 결론이다.

아울러 이순신에 얽힌 민간의 전승과 영웅담은 무수히 많은데 원균에 관한 것은 왜 한 가지도 없는지 그 이유도 궁금하다. 원균 옹호론자들이 말하는 것처럼 원균이 용맹을 떨친 무장이라면 최소한 민간에 내려오는 전승담(戰勝談) 한두 가지쯤은 있어야 하지 않겠는가. 또한 원균을 기리는 기념비나 사찰, 사적 등은 왜 하나도 없는가?

끝으로 이 책을 읽었을 원균 가문의 후손들에게 말씀드린다. 여러분이 내 글 때문에 마음에 상처를 받았다면 죄송스럽다. 그러나 내가 찾아낸 원균의 이미지는 모두 사실이다. 누가 한 말이지만, 진실을 받아들일 용기가 없다면 역사를 배우지 말아야 한다.

그리고 하나 더 말하겠는데, 자신의 조상이 과거에 잘못된 일을 저질렀다고 해서 지나치게 상심하거나 자학에 빠질 필요는 없다고 본다. 내 조상의 과오가 크다면 현재를 살고 있는 내가 더 열심히 노력해서 사회에 공헌하여 그 과오를 은혜로 갚는다고 생각하면 되지 않겠는가?

아래의 두 문장으로 이순신과 원균, 두 사람에 대한 내 생각을 결론지으며 이만 마칠까 한다.

"이순신은 위대(偉大)한 장수였고,

원균은 위대(胃大)한 장수였다."

〈참고도서 및 사이트, 자료 목록〉

1. 이순신과 임진왜란 1~4권/이순신역사연구회 편(비봉출판사/2005년 4월)
2. 충무공 이순신 전서 1~4권/박기봉 편역(비봉출판사/2006년 12월 15일)
3. 조선왕조실록(〈중종실록〉·〈명종실록〉·〈선조실록〉·〈선조수정실록〉·〈광해군일기〉·〈인조실록〉·〈효종실록〉·〈숙종실록〉·〈영조실록〉·〈정조실록〉)
4. 고려사절요
5. 이순신과 히데요시/ 가다노 쯔기오(우석출판사/ 1997. 4. 28)
6. 인터넷 사이트인 다음(daum) 블로그 〈民草들의 머슴〉(http://blog.daum.net/leesunshinjon)
7. 이순신에 대한 평가와 문학적 형상화의 변천상- 송우혜
8. 충무공 이순신의 평가에 대한 고찰- 송우혜
9. 달천몽유록
10. 용호한록(용호한록)
11. 오산집(오산집)
12. 난중일기(난중일기)
13. 〈기묘록속집(기묘록속집)〉
14. 연려실기술(연려실기술)
15. 해소실기(해소실기)
16. George Alexander Ballard, *The Influence of the Sea on the Political History of Japan.*

17. 원균행장록(원균행장록)

이 책이 만들어지기까지 많은 분들이 도움을 주셨다. 특히 처음에는 나와 직접 통화를 하면서 자료의 인용을 허락해 주시고, 나중에는 원고의 수정과 편집까지 맡아 주신 비봉출판사의 박기봉 사장님과 직원 일동 여러분께 진심으로 감사의 말씀을 드린다.

돌이켜보면, 내가 비봉출판사에 원고를 보내게 된 것은 실로 행운이라고밖에 달리 표현할 말이 없다. 그렇지 못했다면 이 책은 출판되지 못하고 영원히 세상에 나오지 못하였을 것이다. 비봉출판사의 박기봉 사장님과 직원 여러분들은 내 생명의 은인 같은 분들이다.

그 외에, 바쁜 시간을 쪼개가며 좋은 자료들을 올려주신 모든 네티즌분들, 특히 자료의 인용을 허락해 주신 다음(daum)의 블로그 〈民草들의 머습〉의 주인장 설중매(雪中梅)님과 제승방략과 선묘보감과 은봉전서의 내용을 가르쳐 주신 네이버 네티즌 최제환(panzer62b)과 내가 존경하는 중견작가 배상열 님께 고마움을 표하는 바이다.

2007. 9.

도현신

10. 부 록

(1) 김간의 〈원균행장록〉

원균 옹호론자들이 신줏단지처럼 떠받드는 문헌이다. 그러나 이 〈원균행장록〉은 원균의 후손에게 의뢰받아 원균이 죽은 지 약 130년 후에 지은 것인데다가 그 내용에서도 사실과 다른 부분이 너무 많아서 사료로서의 가치는 거의 없다. 여기에 그 내용을 싣는다.

대사헌(大司憲) 김간(金幹: 원균행장록의 저자. 생몰 연대는 1646년(인조 24년)~1732년(영조 8년)).

「공의 이름은 균(均)이요, 자(字)는 평중(平仲)이고, 성은 원(元)씨이며, 본관은 원주(原州)이다. 공의 시조는 고려 태조 통합삼한(統合三韓) 공신 병부령 극유(元克猷)이며, 고조 몽(元蒙)은 군자감정(軍資監正)에 추증되었고, 증조 숙정(元叔貞)은 병조참의(兵曹參議)에 추증되었으며, 조부 임(元任)은 호조참판(戶曹參判)에 추증되었고, 부친 준량(元俊良)은 영의정(領議政)에 추증된, 평원부원군(平原府院君) 경상좌병사(慶尙左兵使)이다. 모친은 정경부인으로 추증된 양씨(梁氏)로서, 남원 희중의 딸이다.

공은 가정 경자년(1540년) 1월 5일에 출생하였는데, 어려서부터 날쌔고 힘이 세었으며, 자라서 무과에 급제하고, 선전관이 되었다가, 조산(造山) 만호로 있을 때에 변경 오랑캐를 토벌하는 데 공이 커서, 정규 등급을 뛰어넘어 부령부사가 되었다가 【앞에서 언급했듯이 니탕개의 난 당시 부령부사는 장의현(張義賢)이었다.】 다시 종성으로 옮겨 병사 이일을 따라 시전(時錢) 부락을 격파하였다.

임진년(1592년), 공의 나이 53세에 경상우수사로 제수되었는데, 그해 4월에 왜적이 침공해오니, 부산과 동래가 차례로 함락되었다.

이때 공의 수하에는 단지 배 4척만이 있을 뿐이어서 【스스로 많은 배를 침몰시켜 버리고 4척만 남았다.】 군사 세력의 부족으로 혼자서는 능히 적을 섬멸할 수 없음을 예측하고 우후 우응진으로 하여금 머물러 본영을 지키게 하고, 옥포 만호 이운룡, 영등포 만호 우치적, 남해 현감 기효근 등으로 하여금 물러가서 곤양을 지키도록 하고, 비장 이영남을 전라좌수사 이순신에게 보내어 힘을 합쳐 적과 싸우기를 청하였으나, 이순신이 지키는바 각자 한계가 있다고 하면서 듣지 않아, 서로 의견이 5~6차나 오갔다. 이때에 광양 현감 어영담과 순천 부사 권준이 이순신에게로 달려가서 바다로 나가 싸울 것을 힘써 권하니, 이순신이 비로소 허락하였다. 【이순신에게 출전을 권한 사람은 어영담과 권준이 아니라 군관 송희립과 녹도만호 정운이었다. 〈원균행장록〉의 지은이가 역사적 사실에 무지함을 스스로 드러내고 있다.】

공은 이순신이 도착하기 전에 수차례 적과 싸워 적선 10여 척을 불사르고 빼앗았다. 【배 4척으로 도망가고 있던 자가 어떻게 적선 10여 척을 불사르고 빼앗을 수 있겠는가. 이곳 이외의 어느 곳에도 이런 사실은 발견되지 않는다.】

5월 6일에 이르러 비로소 이순신이 전함 24척을 거느리고 전라우수사 이억기와 더불어 거제 앞바다로 모였고 【이때 이억기는 참전하지도 않았다.】 7일 새벽에 삼도의 수군들이 일제히 옥포 앞바다로 진격하니, 진을 치고 있는 적선이 개미떼와 같이 몰려 있었다. 공이 북을 높이 울리며 곧바로 진격하여 적의 중앙을 공격하고, 이순신 등이 일시에 승세를 타고 공격하여 적을 무너뜨리니, 불태워버린 적선이 100여 척이고 불에 타서 죽은 자와 물에 빠져 죽은 자는 그 수를 헤아릴 수 없었다. 【배 4척의 원균이 중앙을 공격하고 이순신 등은 그저 거들고 있는 것으로 묘사하고 있다. 첫 번째 옥포 전투에서 깨뜨린 적선의 수는 26척이다.】

빼앗은 적선 중에서 둥근 금부채 한 자루를 얻었는데, 부채면 한가운데 6월 8일 수길(秀吉)이라고 쓰여 있고, 바른쪽 가에는 우시축전수(羽柴筑前秀)라고 다섯 글자가 쓰여 있으니, 이는 필시 풍신수길이 우시축전수라는 왜장에게 내려준 것이 틀림없으며, 이날 목을 벤 적장은 곧 우시축전수가 틀림없었다. 【이것은 6월 2일 벌어진 당포해전 때 있었던 일이며, 이순신의 우후 이몽구가 왜장의 배에서 찾아낸 금부채이다. 그리고 우시축전수는 히데요시의 다른 이름이지 왜장의 이름이 아니다.】

공이 적진으로 돌격을 잘하여 적은 병력으로 능히 많은 적을 격파하니, 공이 향하는 곳에는 대적할 적이 없었다. 【원균이 자칭하는 '당파전술' 이란 이순신 함대의 포격을 맞고 다 부서져 가는 적선에 배에 들이대어 죽거나 다친 왜군들의 목을 베어내는 것에 불과하다.】

5월 8일에 선조께서 서울을 떠나셨다는 소식을 듣고 공은 여러 장수들을 거느리고 서쪽을 향하여 통곡하니 온 군중이 감동하였다. 공은 동생인 전(㙉)으로 하여금 포로를 행재소에 드리게 하였고 【임진왜란 중에 포로를 행재소에 보낸 일은 전혀 없었다.】 이순신 등이 또한 승리의 장계를 올리니, 임금은 크게 기뻐하시고, 공에게 특별히 가선의 벼슬을 더하여 내리시고 【이때 가선대부란 벼슬을 이순신에게 내렸지 원균에게 내렸던 것이 아니다.】 전(㙉)에게는 선전관을 제수하셨으며, 유지를 내려 격려하셨다.

5월 21일에 왜선이 당포로부터 공격해 오자 우리 수군이 해구로 나가 맞아 싸웠는데, 주위의 여러 섬에서 왜적의 무리가 사면으로 일제히 나오자, 이때에 이순신 등은 본진으로 돌아갔으므로 공은 육지로 올라가서 우선 적의 선봉을 피하고, 다시 사람을 보내어 이순신에게 구원을 청하고 배들을 노량으로 옮겨 놓았다. 얼마 후 이순신이 수군을 이끌고 와서 다시 모여서 적들을 곤양 근처에서 격파하고 사천 앞바다까지 쫓아가서 모두 섬멸하였다. 【이순신이 없을 때 원균은 단독으로 적과 싸우지 못하고 그의 도움만을 청했음을 〈원균행장록〉의 저자는 그만 실토하고 말았다.】

6월 당포에 이르니 적선이 바닷가에 나누어 정박하고 있었는데, 그중에 큰 배 한 척은 3층 누각이었고, 밖으로 붉은 장막을 드리웠는데, 그 속에서 한 사람이 금관과 비단옷을 입고 적들을 지휘하고 있는 것이 보이므로 우리 여러 장수들이 노를 재촉하여 곧바로 공격하였다. 순천 부사 권준이 활을 쏘아 맞추니, 금관을 쓴 자는 활촉 소리와 함께 거꾸러지고, 남은 왜적들은 놀라서 흩어지고 스스로 몸을 던져 물에 빠져 죽었다.

조금 있다가 적선 40여 척이 뒤로부터 공격해오자 우리 군사는 노를 돌려 이를 맞아 힘껏 싸워 오전 10시부터 해가 저물 때까지 이르니, 적들은 밤을 타고 도주하였다. 이날 전라우수사 이억기가 다시 와서 합세하니 【이억기는 이때 처음으로 참전하였다】, 먼저는 여러 장수가 적은 병력으로 적진 깊숙이 진격하는 것을 근심하다가 이억기가 도착한 것을 보고는 사기가 치솟아 동도 앞바다까지 적을 추격하여 북을 울리며 용감하게 싸워서 적장 다섯이 함께 탄 배를 붙잡았고, 율포와 가덕 전투에서도 완전한 승리를 거두었다.

전후 전투에서 공이 붙잡은 적선이 모두 55척이요, 적의 수급이 모두 103급이었다. 【2차 당포해전에서 조선군이 거둔 전과는 적선 72척을 불태우고, 적의 목을 벤 것이 95급이었다. 원균은 고작 배 4척을 가지고 조선 수군 전체가 거둔 것보다 더 많은 전과를 올렸다고 거짓말을 하고 있다.】

임금이 이 일을 들으시고 글월을 내리시어 칭찬하니, 그 내용은 대략 다음과 같다.

"경은 나라가 허락한 간담(肝膽)이오, 세간에 다시없는 영웅호걸이다. 당항포에서 수십 번 싸워 참수한 적의 머리가 강을 막았고, 한산도에서는 적선 70여 척을 불태우니 고래가 머리를 바쳤도다. 위급한 때를 당하여 기발한 계책을 냈다는 말이 옛이야기 속에서나 들었는데, 소수의 군사로서 큰 적을 무찌른 일을 오늘에 이르러 보았노라. 의연한 천진 절벽이요, 엄연한 일대 장성이로다. 주(周)나라가 흥할 때는 곧 윤길보(尹吉甫)의 정벌이 있었고, 당(唐)나라가 다시 일어섬은 실로 곽자의(郭子義)의 진충(盡忠)에 힘입었도다." 【그러나 선조실록에는 선조가 이런 유서를 보냈다는 기록이 전혀 없다. 국왕이 장수에게 보내는 글은 반드시 국가 기록에 남아야 하는데도 말이다.】

7월 6일에 공이 이순신 등과 또다시 노량에 모여서 적선 63척을 불태우고, 안골포 앞바다에 이르러 적선 40여 척과 마주쳐서 우리 군사가 번갈아 공격하여 적의 목을 베고 빼앗은 것이 더욱 많으니, 적은 버티지 못하고 거제와 부산으로 도망쳐 다시는 나오지 않았다.

7월 30일, 조서가 내려왔는데 "경이 올린 네 차례의 군공장계(軍功狀啓)를 보고 그 중에서 특별히 공이 있는 자를 먼저 논상(論賞)하여 내가 기뻐하는 뜻을 보이고자 하였으나, 그때에 본직에 있던 자를 지금에 와서 승진시키려면 자리를 바꾸고 갈아야 하는 불편함이 있으니 아직은 본직을 그대로 두고 다만 급수만을 올려 주었다가 후일에 등용케 하라. 소록(小錄)에 기록한 왜군의 물품들은 경이 노획한 자들에게 나눠주어 뒷사람들을 권장케 하라."라고 하였다. 【그러나 선조실록에는, 이때 원균이 승첩장계를 올리자 선조가 포상해 주고자 하였지만 비변사에서 원균이 보고한 전과는 이순신을 따라다니면서 이룬 공로이므로 보류하자고 건의하여 이루어지지 않은 것으로 나온다.】

9월에 자헌대부(資憲大夫) 지중추부사(知中樞府事)로 승진하고 또 교서를 내려 표창하였다.

처음에 적이 수륙 두 길로 나누어 서쪽으로 달리어 평양에서 만나서 명나라를 침범할 계획을 세웠으므로,. 적장 소서행장(小西行長)이 편지를 보내 협박하기를 "일본 수군 10여만 명이 또한 해로를 따라서 뒤쫓아 올 터인데, 대왕(선조)의 어가(御駕)는 장차 어디로 갈 수 있을지 알 수 없다."라고까지 하였는데, 이제 공과 이순신이 해로를 막아서 적이 한 명도 지나가지 못하게 하였다. 이로 인하여 소서행장이 평양에 오랫동안 머물러 있게 하였으며, 다시 서로를 범하지 못하게 하였으니, 그 뒤에 나라에서 양서(兩西: 평안도와 황해도)를 보전하여 마침내 광복의 공을 거두게 된 것이 모두 이에 힘입어 이루어진 것이라

하겠다. 【이것은 원균과 이순신의 공로가 아니라 전적으로 이순신의 공로이다.】

을미년(1595년) 겨울에 충청병사를 제수하고, 병신년(1596년) 가을에는 전라병사로 전임되었는데, 대궐을 하직하는 날 임금께서 하교하여 말하시기를 "경이 국가를 위하여 진력하는 충용(忠勇)의 정성은 고금에 그 예를 비길 데가 없으니 내가 일찍이 가상하게 여겼으나, 아직 그에 대한 보답을 못하고 있었는데, 이제 멀리 떠나보내게 됨에 친히 전송코자 하였으나 마침 몸이 불편하여 뜻대로 하지 못하노라." 하시고, 이에 궁중의 좋은 말 한 필을 하사하였다.

이때 왜적들은 여러 번의 수전에서 패하니, 소서행장이 이를 근심하여 왜인 요시라(要時羅)로 하여금 경상우병사 김응서(金應瑞)에게 왕래하게 하여 정성을 다하는 척하였다.

그러다가 정유년(1597년)에 이르러 가등청정(加藤清正)이 다시 나오게 되자 요시라가 은밀히 김응서에게 와서 말하기를 "두 나라의 화의가 성립되지 못함은 오직 가등청정 때문이며, 이로 인하여 소서행장은 가등청정을 심히 미워하고 있다. 이제 가등청정이 한 척의 배로 바다로 건너오게 되니, 만일 바다 가운데서 지키고 있으면 능히 생포할 수 있으니 이 기회를 놓치지 말라."고 하였다.

김응서가 이 사실을 상부에 보고하니, 조정에서는 그 말을 믿고 선유사 황신을 보내어 통제사 이순신에게 비밀히 알려주었는데, 이순신은 적의 계략인 것으로 생각하고 의심하여 여러 날 동안 지체하여 가등청정을 놓치고 말았다. 조정에서는 이순신이 머뭇거리고 나가지 않자, 군기를 그르치게 하였다고 하여 잡아들이고 이해 3월 공으로 하여금 그 임무를 대행케 하였다.【이것은 적의 계략이었고, 적의 계략에 속아 넘어가지 않은 것은 이순신 한 명뿐이었다. 그런데 이때 원균은 상소문을 올려, 요시라의 허위 정보에 편승하여 이순신을 모함하였는바, 그 사실이 선조실록에 기록으로 남아 있다.】

공은 조정으로부터 부산 앞바다로 공격해 들어갈 것을 지시받고 적의 동정을 살펴본즉, 적은 계략을 써서 우리를 속이고 있는 것을 알아내고 부산 앞바다로 공격해 들어가지 못함을 진술하였는데【원균은 이순신이 부산 앞바다로 공격해 들어가지 않는 것은 적을 두려워하기 때문이라고 모함하여 이순신을 옥에 가두게 하고, 자기가 대신 통제사가 되었는데, 통제사가 되고 나서는 부하들이 말을 듣지 않아 공격해 들어갈 수 없다고 장계를 올렸다.】 조정에서는 듣지 않자, 또다시 장계를 올려 꼭 부산 앞바다로 들어가려 한다면 먼저 육군으로 안골포에 주둔한 적을 공격하여 몰아낸 후에 공격해야 한다고 했다.【원균이 장계를 올려서 건의하기를, 당시 조선에 있지도 않은 육군 병력 30만으로 육지에서 먼저 적을 쳐서 바닷가로 몰아내 주어야만 수군이 쳐들어갈 수 있다고 하자, 선조조차 기가 막혀서 그의 건의를 무시하였던 것이다.】 조정에서는 또 듣지 아니하고 체찰사 이원익(李元翼)이 종사관 남이공(南以恭)을 보내어 공격할 것을 재촉하였다.

7월 초에 소서행장이 또 요시라를 보내어 김응서를 속여 말하기를 "왜선이 바야흐로 바다를 건너온다는 연락이 있으니 그 방비가 없는 틈을 노려 수병으로 공격하면 승리를 거둘 수 있을 것이다."라고 하였다. 도원수 권율이 그 말을 믿고 급히 싸움을 재촉하자, 공이 드디어 웅천 앞바다에 이르러 적을 맞아 싸워 크게 깨뜨렸다.【웅천 앞바다

에서 전투가 벌어진 일도, 적선을 크게 깨뜨린 일도 없었다.】

이 때에 적병이 다시 움직여서 군세가 매우 강성해지자 공은 그 승세를 타서 군사를 물리치고, 구원병을 청하여 다시 공격해 나갈 계획을 세웠는데, 권율은 공이 머뭇거려서 기회를 잃었다고 하여 군문 앞으로 공을 잡아들여 곤장을 쳤다. 공이 일이 돌이킬 수 없이 잘못되어 가는 것을 알았으나 원수부에서 죄를 받았으므로 할 수 없이 수군을 거느리고 곧바로 부산 앞바다로 공격해 들어갔다. 【조선 수군 전체의 운명이 달린 결정을 개인적인 사정이나 감정 때문에 하는 수 없이 하는 자가 무슨 장수란 말인가. 옳다고 판단하는 일은 목숨을 걸고라도 관철해내야 하는 것이 장수된 자의 진정한 용기다.】

적은 약한 체하고 아군을 유인하는지라, 우리 군사는 세를 타고 급히 적을 쫓아 이전처럼 공격해 들어가니 어느새 적진 깊숙이 들어간 것을 깨닫지 못하였다. 【적이 유인한다고 유인당하고, 장수가 넘어가서는 안 될 적진 깊숙이 들어간 것을 몰랐다는 것은 장수로서 변명의 여지조차 없는 말이다.】 뱃사람이 이미 물의 경계를 넘었다고 하므로 공이 크게 놀라서 급히 배를 돌려 퇴군할 때에 【이런 모습이 어찌 장수된 자의 모습이겠는가.】 전라수사의 배가 벌써 물결에 떠밀려 동해 바다로 나가버린지라, 적은 우리 군사가 기세를 잃어버린 것을 보고 신구 병선을 다 모아서 나는 듯이 마구 쳐들어왔다.

또 은밀히 가벼운 배를 영등포 섬 쪽에 보내어 복병을 두었다가 우리 군사가 영등포로 퇴각하여 급히 배에서 내려 나무와 물을 취하는 것을 보고 갑자기 대포를 쏘고, 적병들이 사방에서 나타나 장검을 휘둘러 좌우로 마구 찌르니, 할 수 없이 항구를 떠나서 도로 후퇴하였는데, 이때에 이미 해는 져서 바다 위는 어두워지고 쫓아오는 적은 바다를 덮고 오므로 군사들의 마음은 더욱 위급한지라, 공이 여러 장수들을 모아 의논하여 말하기를 “오늘의 전투 계획은 오직 일심으로 순국할 따름이니라.”고 하였다. 【정보에도 어둡고, 계책도 없이 우왕좌왕하다가 궁지에 몰리자 해결 방안은 강구하지 않고 죽기만을 맹세한다고 해서 어찌 용서받을 수 있겠으며, 이런 자를 어찌 명장이라고 할 수 있단 말인가.】

이날 밤에 적은 야음을 틈타 작은 배로 하여금 은밀히 우리 군선 사이로 뚫고 들어오게 하고 또 병선으로 밖을 포위한 것을 모르고 있었는데 【당시 실제상황은 포위되었던 것도 아니지만, 또한 포위된 것을 모르고 있었다는 것 또한 변명이 될 수 없는 일이다.】 날이 밝아오자 우리 배에서 불이 일어나므로 공이 급히 바라를 쳐서 변고를 알렸으나, 돌연 적선이 사방에서 공격해 오고 탄환이 비 오듯 날랐으며, 고함소리가 하늘을 진동하였고, 적세가 산을 무너뜨리고 바다를 말아 올릴 듯하여 대항하여 싸울 수 없는 형편이었다.

경상우수사 배설(裵楔)이 먼저 닻을 거두고 달아나자 우리 군사가 드디어 무너지고 말았다. 공은 할 수 없이 배를 버리고 해안으로 올라갔는데, 적이 따라와서 목을 베어갔다. 【조선 수군이 무너진 것은 전적으로 원균의 책임인데도 부하 장수인 배설에게 그 책임을 돌리고 있다. 그리고 그런 상황에 놓였어도 배를 버리고 달아나다가 죽을 것이 아니라 바다에서 끝까지 싸우다가 죽었어야 했다. 전쟁에서 달아나다가 죽는 것은 무장으로서는 최대의 수치이자 죽은 후에도 용서받지 못할 행동이다.】 때는 정유년(1597년) 7월 16일이니, 공의 나이 58세였다.

적이 물러간 후에 시신을 거두어 진위 여좌동에 장사지내니, 조정에서는 예에 따라서 제문과 부의(賻儀)를 하사하였다. 【제문과 부의를 하사할 것이 아니라 사후에라도 패전의 책임을 추궁했어야 한다. 그러나 조정의 여론과는 반대로 선조는 인사권자로서의 자신의 책임을 감추기 위하여 원균을 두둔한 결과 이런 식의 처리가 이루어졌던 것이다.】

신축년(1601년)에 영의정 이덕형(李德馨)이 체찰사로 남쪽 지방에 내려갈 때 임금이 불러들여 말하기를 "원균이 패하고 죽은 후에 아직도 헐뜯는 말이 그치지 아니하는 것을 나는 원통하게 여기노라. 우리나라 풍속에 한 가지 일을 잘하면 으레 어질고 현명하다 하고, 한 가지 일을 잘못하면 으레 그르다고 하는데, 이 패전은 어찌 원균의 소위라 할 수 있겠는가. 【이순신을 모함하여 그 자리에 대신 들어앉은 다음 조선 수군을 전멸시킨 행위가 어찌 한 가지 일을 잘못한 그런 정도의 것이며, 그리고 이것이 원균의 소위가 아니면 누구의 소위인가.】 그 당시의 서장을 보면, 안골포의 적진을 먼저 몰아낸 후에 들어가 싸우자고 하였는데도 조정에서는 싸움을 독촉하고, 도원수(권율)는 원균을 잡아다 곤장을 쳤으니, 이는 원균 스스로가 패전한 것이 아니고 곧 조정에서 명령하여 패하게 한 것이다."라고 하였다.

이덕형이 대답하여 말하기를 "대체로 애초에 이순신과 바꾼 것이 잘못된 일이라 하겠습니다."라고 하였다. 【통제사 이순신을 원균으로 바꾸어서는 안 되는데 바꾼 것이 잘못되었다는 지적은 곧 원균은 애초부터 수군 장수로서의 자격이 없었다는 말을 애둘러 표현한 것이다.】

임금이 다시 말씀하시기를 "조정에서 시켜서 속히 싸우게 하는데 비록 장수를 바꾸지 않았다고 한들 역시 패하지 않았겠는가. 병법에서 말하기를 대장을 죽게 한 자는 부장(副將)을 목 자르고, 부장을 죽게 한 자는 영장(領將)을 목 자른다 하였으니, 원균이 이미 패하여 죽었은즉 그 부하를 비록 다 목 베지는 못할지라도 조사해 내서 목을 베도록 해야 할 것이다."라고 하였다. 【한마디로 말도 안 되는 억지 궤변이다. 해서는 안 된다는 부하들의 의견을 묵살하고 진군시킨 대장에게 잘못이 있지, 어떻게 부하들의 올바른 건의를 무시하고 잘못된 전략을 강행하는 장수의 명령을 따를 수밖에 없었던 부하들에게 잘못이 있단 말인가.】

계묘년(1603년) 6월에 선무공신(宣武功臣)을 녹훈(錄勳)할 때에 이덕형, 이항복 등이 장계를 올려 말하기를 "원균이 처음에는 군사가 없는 장수로 해상 전투에 참가하였으나 【이때 이미 한 차례 크게 패전하여 우수영 소속 배들을 모두 잃어버렸으므로 군법에 의하여 처벌을 받았어야 했다.】 그 뒤에 수군을 패망하게 한 과실이 있으므로 이순신, 권율 등과 더불어 같이 할 수 없으니 내려서 2등으로 기록하였나이다."라고 하였다.

임금이 이르시기를 "적변을 처음 당했을 때에 원균이 이순신에게 구원을 요청하였고 이순신이 스스로 달려간 것이 아니었으며, 적을 공격함에 있어서는 원균은 스스로 죽기를 결심하고 매번 선봉이 되어 용맹하게 싸워서 먼저 올라갔으니, 승리의 공은 이순신과 꼭 같으며 【한마디로 헛소리이다.】 원균이 잡은 적괴(敵魁)와 누선(樓船)은 도리어 이순신에게 빼앗긴바 되었던 것이다. 【천벌받을 소리다! 임금이란 자가 이제 와서는 원균을 변호하기 위하여 있지도 않은 거짓 사실로 이순신을 모함까지 하고 있다.】

또한 이순신을 대신하게 된 이후에는 여러 번 장계를 올려 부산 앞바다로 들어가 싸울 수 없다는 뜻을 힘써 말하였으나 【이순신이 부산 앞바다로 들어가 싸우지 않는다고 겁쟁이라고 모함한 장본인이 바로 원균이었고, 그런 이순신을 죽이려고 했던 것이 선조 자신이었다.】 비변사에서는 독촉하였고, 도원수는 잡아다 곤장을 치니, 드디어 원균은 패전할 줄 분명히 알면서도 할 수 없이 진을 떠나서 적을 공격하다가 전군이 괴멸하고 그 자신도 순국하였으니, 이는 원균의 용맹함이 삼군에서 으뜸일 뿐 아니라 그의 지략이 또한 출중한 것이었다. 【억장이 무너지고 벌려진 입이 다물어지지 않을 정도로 저능아 수준의 논리를 전개하고 억지소리를 하고 있다.】

옛적에 가서한(哥舒翰)이 가슴을 쓰다듬으며 동관(潼關)에 나갔다가 적에게 패한 바 있었고, 양무적(楊無敵)은 반미(潘美)에게 협박을 당하여 눈물을 뿌리고 할 수 없이 나아가 싸우다가 드디어 적에게 패하여 죽었으니, 어찌 이러한 일들과 다르다고 할 수 있겠는가. 고금의 인물을 성패만으로 논할 것이 아니라 그의 운(運)과 시기가 어긋나서 공은 무너지고 일은 실패한 것을 생각할 때 마음은 아프고 불쌍하게 생각되는 바이다.

전번에 영상(領相: 이항복)이 남쪽에 내려갔을 때에는 대체로 원균이 불쌍하다는 뜻을 보이더니, 오늘에 이르러 공을 의논하는 마당에서는 도리어 2등에 기록하려 하니 어찌 원통하지 않겠는가. 원균의 눈이 지하에서 감기지 못하리라."고 하시고 드디어 공훈을 제 1등 제 3인에 책봉하시었다. 【나라를 누란의 위기에서 구하고 백전백승한 장수와, 자신은 전투에서 한 번도 승리한 적이 없고 패배만을 거듭하다가 위대한 장수를 모함함으로써 그 자리를 대신 차지하였으나 결국에는 한 나라의 수군 전부를 바다 속에 수장시키고 자신도 달아나다가 적의 칼날에 죽임을 당한 자의 공로가 같다면, 도대체 선조가 말하는 공로란 어떤 것인지 되물어보고 싶을 따름이다. 그의 말은 너무나 이치에 어긋나서 도저히 이해할 수가 없다.】

갑진년(1604) 4월에 효충장의(效忠仗義) 적의협력(迪毅協力) 선무공신(宣武功臣)의 호(號)를 하사하시고, 숭록대부(崇祿大夫) 의정부좌찬성(議政府座贊成) 겸 판의부사(判義府事) 원릉군(原陵君)으로 추증(追贈: 죽은 후에 벼슬을 올려줌)하고, 그 이듬해인 을사년(1605) 5월 18일에 예부랑(禮部郎) 유성(柳星)을 보내어 가묘(家廟)에 제사지내게 하시었다.

그 후에 학사 이선(李選)이 공을 위하여 전기를 지어 공의 시종 사실을 올바로 밝히고 심히 자상하고 명확하게 기술하였으니, 그가 기술한 대략은 이러하였다.

"원균이 거느린 군사의 수가 아주 적고 그 세력이 심히 약하였으므로 【원래부터 약했던 것이 아니라 본격적으로 싸워 보기도 전에 스스로 배를 바닷물 속에 침몰시키고 달아났던 것이다.】 이순신에게 구원을 요청하였으나 그가 도착하기 이전에 이미 적선을 불태워 깨뜨렸고 【이는 사실이 아니다】, 이 공(이순신)으로 인하여 승급하였으며, 이순신과 합세한 후에도 반드시 스스로 선봉이 되어 곧바로 적진에 돌입하여 적과의 싸움에서 모두 승리하였으며, 비록 패전하였을 때에도 오히려 적선 10척을 깨뜨렸는바 【조선수군의 그 많던 배들을 전몰시키고 겨우 적선 10척을 깨뜨린 것을 — 이것조차도 거짓말이지만 — 공로라고 하는 논리라면, 세상에 공로 없는 패장은 있을 수 없다.】 그 충의의 공렬(功烈)이 탁월하여 족히 일세의 호신(虎臣: 용맹한 무장)이었다.

후세에 이순신을 위하여 문자(文字)를 희롱하는 무리들이 편벽된 소견으로 원균을 여지없이 공박하니, 원균이 이순신에게 비교하여 성패(成敗)의 자취는 약간 다를지언정 나라를 위하여 죽은 절개는 다름이 없었거늘, 어찌하여 혹은 억누르고 혹은 찬양함이 이다지도 판이할 수 있겠는가."
라고 하였으며, 그 아래에 조목을 따라서 해명을 하였는데, 거의 빠뜨림과 결함이 없도록 세세히 기록하였다.

우재(尤齋) 선생이 말하였다.

"숭정(崇禎) 기해년(1659) 봄에 조정에서 충무공 이순신의 비를 노량에 세울 때에 나에게 글씨를 부탁하였는데, 그 글 중에 '통제사 원균이 군사가 패함에 달아나다가 죽었다.' 라는 말이 있었는데, 대게 이 글은 택당(澤堂) 이식(李植)이 지은 시장(諡狀)에 나오는 말이었다. 【택당 이식의 시장뿐만 아니라 이것은 선조실록에도 수도 없이 많이 기록되어 있다.】 그 후(1685년) 5월에 원균 통제사의 증손인 원순격이 통제사에 대한 녹훈(錄勳) 교서와 하사한 제문(祭文)을 가지고 와서 나에게 보이는데, 시장에 기록되어 있는 것과는 크게 다른지라 【다를 수밖에 없다. 녹훈 교서와 하사한 제문에 나오는 내용은 선조가 꾸며낸 엉터리 거짓말이기 때문이다】, 나는 말하기를, 택당은 세상에서 착한 사관이라고 일컫고 있는데, 그가 그 글을 쓸 때 반드시 살핌이 있었을 것으로 생각되나, 교서나 제문이 모두 임금의 말씀이었을 터인바, 당시 임금을 대신하여 말하는 신하들이 또한 어찌 감히 털끝만큼인들 허위로 과장하였겠는가. 【선조의 말이기 때문에 거짓말일 수밖에 없었음을 이미 〈선조실록〉의 기록들을 통하여 살펴보았다.】 그 자손으로서 원통하다고 말하는 것은 당연한 일이다."라고 하였다. 【당시 제문의 글을 쓰게 된 사람이 수많은 자료를 교차 검증해 보지 않고서 60년 이전의 사실에 대하여 정확히 안다는 것은 불가능하다, 그가 한두 가지 문서의 내용이 서로 다른 것에 대하여 단순히 의아하게 생각하였음을 원균 옹호의 글로 인용하고 있는 구차함을 볼 수 있다.】

아, 슬프다. 공은 충성스럽고, 순박하고, 정직한 자세로(오성 이항복과 한음 이덕형이 공을 칭찬하던 말이다.－원주) 국가를 위하여 진중에서 죽겠다는 뜻을 품고 처음에는 오랑캐를 토벌하는 데 공을 세움으로써 조야에 명성을 떨치더니, 해구(海寇: 왜군)와 만나 싸워서 전열이 와해되는 날에 분발하여 몸을 돌보지 아니하고 장병들을 격려하였으며【이는 순전히 거짓말이다.】 **이순신과 마음과 힘을 합하기를 청하고**, 반드시 흉도들을 초멸하고 해상의 기세를 확청하기로 기약하였으며, 그 불태우고, 빼앗고, 붙잡고, 적의 목을 벤 공이 이순신에게 사양할 바 없었더니【웃음밖에 나오지 않는 거짓말이다. 원균은 이순신이 이겨 놓은 전장에서 뒤를 따라다니며 죽은 왜적의 목을 자르는 일에만 열중하였다】, 정유년(1597년) 재란을 당함에 조정에서 왜적에게 속아 드디어는 공으로 하여금 군사를 패하고 하고, 끝내는 모습을 잃게 하였는데도【자신이 이순신을 모함하다가 빚어진 결과이지 원래 조정에서 그렇게 시킨 것은 아니었다.】 죽은 뒤에 비방하는 말이 분분하니, 공의 충성과 공적이 아주 묻혀버리고 나타나지 못할 뻔하였으나, 우리 선조대왕께서 그의 원통한 정상을 깊이 살피시고 앞뒤의 성유(聖諭)가 정연하실 뿐 아니라, 그 녹훈 교서는 더욱 명백하시고 또한 지극히 간절하고 측은하게 생각하시어【당시 세상에서 원균을 욕하지 않고 측은하게 생각했던 사람은 궁중 깊숙이 처박혀 있으면서 이순신에 대한 열등의식에 사로잡혀 그를 죽이려고 했던 선조 한 사람뿐이었다.】 가서한과 양무적의 일을 끌어와 비유하여 말씀하시기까지 하시니, 아아, 크시도다, 임금의 말씀이시여. 영세에 공안(公案)이 되시기에 족하도다.【원균에게 내린 선조의 제문이나 유서 등은 우리 역사상 가장 희극적이자 비극적인 전혀 근거 없는 문서임은 이미 충분히 판명되었다.】

만일 공의 영혼이 아는 바 있다면 반드시 지하에서 흐느껴 울 것이오, 또한 학사 이선(李選)이 지은 전기와 우재(尤齋) 선생의 말씀 같은 것도 또한 가히 그 당시에 신용과 인정을 받은 바 있으므로, 능히 다음 세대에 고징(考徵: 참고와 증거)이 될 수 있을 것이다.

옛적에 장순(張巡)과 허원(許遠)이 함께 수양(睢陽)을 지키다가 급기야 성이 함락되자 함께 순국하였는데, 그때 장순을 위하여 말하는 자가 허원을 깎아서 말하는 일이 있었는데, 한문공(韓文公: 韓愈)이 이를 위하여 전기를 짓고 후서(後敍)로 그렇지 않음을 밝힌 후에야 비로소 시비(是非)가 올바로 정해진 적이 있었는데, 우재 선생과 여러 사람의 말들이 한문공의 후서에 비하여 더욱 빛나고 있으므로, 공에 대한 비방이 이제부터는 그치게 될 것이며, 더구나 성조(聖朝: 선조)에서 사실을 들추어내어 시비를 가리고 높여서 포상함에 이르렀는바, 이러한 일은 저 허원이 얻지 못하였던 바이니라.

슬프도다, 공에 대하여 이제부터는 또다시 털끝만치도 유감된 일이 없을 것이로다. 【한유가 지은 전기와 후서는 잘못 알려진 사실을 바로잡은 것이기에 후에 와서 시비가 올바로 정해졌지만, 원균의 경우는 거짓말을 꾸며내어 시비를 거꾸로 만들려는 시도이기 때문에 성공할 수 없었던 것이다.】

부인은 파평 윤씨이니 참판으로 추증된 진사 윤언성(尹彦成)의 딸이다. 【처가 쪽으로 윤두수, 윤근수와 인척관계였음을 윤두수가 임금 앞에서 실토한 적이 있었다. 〈선조실록〉에 나온다.】 선조 때 국고(國庫)에서 공양하게 하였는데, 광해(光海) 때에 이르러 폐하여 버렸고, 인조반정 이후에 다시 명하여 급료를 하사하셨다. 가정 정미년(1547)에 출생하여 숭정 임오년(1642)에 죽으니, 향년 96세였다.

이제 와서 공의 묘를 옮겨 개장하고 부인을 부장하면서 그 친의(親意)로 와서 공의 행장(行狀)을 지어줄 것을 청하므로, 글을 지을 자격이 없음을 말하고 수차 사양하였으나 끝내 사양할 수 없어서 【자격이 없으면 끝까지 사양하고 쓰지 말았어야 했다. 결국 역사적 허위 문서를 쓰는 큰 죄를 범하고 말았음을 안타깝게 여길 수밖에 없다.】 이에 감히 성교(聖教)와 선배들이 남긴 증거가 될만한 글을 참고로 하여 대략 이것저것을 주워 모아 엮음(點綴)으로써 언론을 바로 세우는 군자들이 다시 살펴보게 하는 재료로 삼을까 하는 바이다. 【이런 역사적 글을 함부로 쓰면 안 된다는 반면교사로서의 기능은 하게 되었을지도 모르겠다.】

사헌부 대사헌(大司憲) 김간(金幹) 찬(撰)」

【*김간은 1725년에 대사헌이 되었으며, 1727년에 대사헌 직에서 물러났다. 따라서 〈원균행장록〉의 작성 연대는 1725년~1727년 사이(원균 사후 128~130년)가 될 것이다. 임란이 끝난 지 무려 약 130년 후에 이 〈원균행장록〉을 쓴 셈이니, 〈선조실록〉이나 〈징비록〉, 〈난중잡록〉 같은 임란 직후에 작성된 사료들보다는 사료로서의 가치가 떨어질 수밖에 없다.】

(2) 영국의 해군 제독 발라드의 이순신 평가

영국의 해군 제독인 발라드(George Alexander Ballard)는 1921년 출판한 그의 저서 『일본의 정치사에 대한 바다의 영향*(The influence of the sea on the political history of Japan)*』(New York : E. P. Dutton & Co. 1921)이란 책에서 이순신을 열렬히 칭송하였다. 지금까지 이순신에 대한 많은 서적이나 보도자료들에서 발라드 제독이 이순신을 긍정적으로 평가한 내용이 일부 언급되기는 했으나, 그 전문이 국내에 정식 매체를 통하여 공개되는 것은 이번이 처음일 것이다.

1921년이면, 당시 한국은 일본의 식민지여서 나라조차 없던 상황인데 그때 어떻게 식민지 국가의 옛 장수를 발라드 제독이 알고 있었는지 신기할 따름이다.

참고로 이 책은 1921년에 처음 출판되었으며, 1970년에 재출간되었다. 책이 처음 나온 1921년에 이순신 숭배의 원흉(?)으로 주목받고 있는 박정희 전 대통령은 4살의 어린 아이였다.

본 저서에서 발라드 제독은 이순신의 '이순(Yi-sun)'을 이름으로 보고 '신(shin)'을 성으로 혼동했다. 이름이 앞에 나오고 성이 뒤에 나오는 서양식 작명법에 익숙한 그로서는 성이 앞에 오고 이름이 뒤에 따르는 동양식 작명법에 어두웠을 것이다.

본서의 50페이지에 있는 내용을 번역하면 다음과 같다.

"이순신의 이름은 서양의 역사학자들에게는 잘 알려져 있지 않으나 그의 업적은 그로 하여금 위대한 해군 제독들 중에서도 최고의 위치를 차지하게 하였다. 해군의 전략전술가로서 전략적 상황에 대한 폭넓은 파악과 뛰어난 기술을 가지고 있었던 이순신은 언제나 전쟁의 유일한 참 정신인 불굴의 공격 원칙에 의하여 고무된 리더십의 정신을 겸비하고 있었다. 어떠한 전투도 그가 참가하기만 하면 승리는 항상 결정된 것이나 같았다. 그러나 그가 퍼붓는 강렬한 공격은 결코 맹목적인 모험이 아니었다. 그는 넬슨과 공통된 점이 있었는데 전투가 벌어지면 적을 맹타하기를 주저하지 않았으나, 승리를 확보하기 위해서는 신중을 기했다는 점에서 그는 넬슨과 닮았다."

("Admiral Yi-sun, whose achievements entitle him to a place in the very front rank of great naval commanders, although his name is scarcely known to the historians of the West. With a wide grasp of a strategic situation and remarkable skill as a naval tactician, Yi-sun combined a spirit of leadership always animated by the principle of the uncompromising offensive, the only true spirit of war. His mere presence in any engagement seemed always sufficient to ensure victory, but his headlong attacks were never mere blind adventures, for he resembled Nelson in omitting no precautions to secure success, although he never hesitated to strike hard when the occasion arose.")

그리고 그 다음은 그 당시 동양의 해전 양상을 설명하는데, 서양과 마찬가지로 동양에도 화약병기와 대포가 이미 알려져 있었지만 배에는 아직 장치되지 않았다고 서술하고 있다. 그러나 이는 사실과 다르다. 일본 수군의 경우는 배에 함포를 장착하지 않았으나, 조선과 중국의 수군 함대는 이미 14세기 말부터 전함에 대포를 장착하여 실전에 사용하였다.(1380년 고려의 최무선은 진포 해전에서 화포를 사용하여 왜구의 대함대를 궤멸시킨 적이 있었다.) 아무래도 1921년이라는 시대적 한계에다 사료 부족이 원인인 듯하다. 아마 책을 쓰면서 주로 일본 측 사료를 참조해서 생긴 오해일 것이다.

그리고 그 다음에는 거북선에 대한 설명이 있는데 거북선은 그 당시의 '드레드노트(Dread- naught)' 였다고 하였다.

("The vessel was in fact the *Dreadnought* of her day in the east, and her memory still forms s subject of Korean national song.")

여기서 말하는 드레드노트(dread naught)는 1906년 영국에서 건조된 전함으로 약 40년간 세계의 바다를 제패하였던 대구경포(大口徑砲) 형식의 전함이다. 드레드노트는 대형 전함으로는 최초로 증기터빈을 설치하였고, 이 증기터빈의 힘으로 돌아가는 프로펠러가 4개 달려 있었으며, 2만 1,845톤의 배수량을 확보하였다. 이로 인하여 당시로서는 매우 빠른 21노트(시속 38㎞)의 속도를 낼 수 있었으며, 5개의 회전식 포탑에 최초로 구경의 크기가 통일된 12인치(30㎝)의 대포 10문을 장착하였다.(이전까지는 구경의 크기가 다른 주포들이 뒤섞여 있었다.) 또한 중앙집중화된 사격 통제장치를 설치하여 일제사격 전술(salvo)이 가능했던 강력한 전함이었다.

당시에 사용되었던 다른 전함들보다 훨씬 뛰어난 성능을 지녔던 이 드레드노트의 등장으로 세계 전함들의 분류도 전 드레드노트급(Pre-Dreadnought), 드레드노트급(Dreadnought)으로 나누어졌을 정도이다.

발라드 제독이 본문 중에서 드레드노트를 거론하는 이유는 거북선이 이전 세대의 전함들보다 더욱 발달된 혁명적인 전함이었다고 생각하였기 때문이다. 낯선 동양의 전함에 대하여 영국인이 놀라울 정도로 극찬을 하고 있는 것이다.

본서의 54페이지에 나오는 내용은 다음과 같다.

"이순신은 이제 적들에 대한 두려움 없이 제해권을 장악하였는데, 이것은, 전략적 관점에서 보면, 그가 지상까지도 마찬가지로 장악하였다는 것과 같은 말이다. 그는 적의 함대를 괴멸시키고 적의 주요 육군 연락망까지 효과적으로 장악하였다. 그리하여 그는 넬슨 제독이 나일강(Nile) 전투 이후에 차지하였던 것과 같은 위치를 차지하였는데, 이것이야말로 해군제독으로서 얻을 수 있는 최고의 성공이었다. 그는 이제 그 과실을 따려고 앞으로 나아갔다."

("Yi-sun now dominated the maritime situation without fear of a rival, which, under the strategic circumstances of the case, was practically tantamount to saying that he dominated the situation on the land as well. He had destroyed the enemy's fleet and placed himself effectively astride of the main line of communications of the enemy's army, occupying a position analogous to that of Nelson after the Nile, which is one of the highest points of success to which an admiral can attain. He now proceeded to reap the fruits.")

"(이순신에 비하여) 언제나 열등한 판단을 한다고 할 수 없는 많은 지휘관들은, 만약 그들이 이순신의 위치에 있었다면, 자신들이 이루어 놓은 눈부신 성공에 만족하여, 더 큰 규모의 전과를 올릴 행운을 기대하면서 현재의 위치에 머물러 있는 쪽을 택하였을지도 모른다. 그러나 이순신은 그렇게 하지 않았다. 만약 우리가 그가 하였던 행동으로 미루어 판단한다면, 그는 자신이 이루어놓은 것에 충분히 만족하는 일이 없었으며, 그의 시야는 분명히 결코 어느 한 곳에 한정되어 있지 않았다.
그의 시야는 수평선 전체에 걸쳐 있었고, 그는 적어도 당분간은 더 많은 호위함대가 이전처럼 주된 항로를 따라 오지는 않을 것임을 예상하였던 것 같다. 툴룽(Toulon)에서의 넬슨처럼, 그는 적의 동태를 파악하기 위하여 동시에 두 방향으로 감시하였다. 왜냐하면, 만약 그가 서해안의 원래 자기 위치를 지키지 않으면, 지상의 전쟁터에 대한 일본군의 보급품이 자신도 모르게 그곳을 지나갈 가능성이 항상 있었기 때문이다."
("Many commanders, of not altogether inferior judgement, might have decided to remain where they were, if in Yi-sun's position, satisfied with the brilliant successes to their credit and hoping for the luck of further captures on a larger scale. But not so Yi-sun, who was never satisfied that he had done enough, if we may judge by his actions, and whose outlook was certainly never confined to one point of the compass.
It swept the whole horizon, and he seems to have anticipated that more convoys were not likely to travel by the main route for the time at least. Like Nelson off Toulon, he had to keep a watch in two directions at once to make sure of countering the enemy's movements, for there was always the possibility that, in his absence from his d주 original station on the west coast, Japanese supplies to the land theatre of war might

pass that way without his knowledge.")

본서 55페이지 아래에 있는 내용은 그 날짜가 7월 9일인 것으로 보아서 한산도 대첩에 관한 것임을 알 수 있다.(영어 원문 생략)

우선 한산도 대첩 부분부터 해석하면,

"7월 9일 새벽에, 적의 호위함대가 조선 함대의 시야에 들어왔다. 그러나 너무 멀리 떨어져 있었기 때문에 조선의 제독(이순신)은 적이 도망칠 것을 염려하여 그가 보통 해왔던 정면 공격 계획을 버리고 노를 저어 후퇴하는 것처럼 속이는 전략을 택하였다. 이 계략은 완벽하게 성공하였고, 일본 제독(와키자카 야스하루)은 도망치는 적을 잡기 위하여 급히 서둘러 자신의 모든 전투함을 동원하여 대대적인 추격에 나섰다. 이순신은 너무 빨리 후퇴하지 않도록 조심하면서 적들이 일렬로 잘 늘어서도록 유도하였다. 그러자 적들의 더 빠른 배들이, 다른 때 같으면 이쪽에서 다가가는 데 꽤나 어려움을 겪었을 터인데, 가까이 다가왔다. 그때, 결정적인 순간에, 이순신의 함대는 순식간에 방향을 바꾸어 맨 앞에서 추격해오는 적선에 포격을 집중하였는데, 이러한 기동은 일반인들이 지상(紙上)으로만 보면 아주 간단한 것처럼 보일지 모르나, 해군 장교들만은 이것을 잘 훈련된 함대만이 할 수 있는 평가기준으로 제대로 이해할 수 있을 것이다."

그리고 본서 57페이지에 나오는 내용은 다음과 같다.

"이상이 위대한 조선의 제독이 이룩한 최고의 공적이다. 6주라는 짧은 기간 동안, 이순신은 일련의 전체 해전 기간에서 최고로 큰 성공을 거두었다. 그는 적의 함대를 깨뜨려 부수고, 적들의 연락망을 끊어버리고, 그들의 호위함대를 전멸시키고, 육지에서 승승장구하던 적의 육군을 위험에 빠트림으로써 적의 가장 큰 야심찬 계획을 철저하게 괴멸시켰다. 심지어 넬슨도, 블레이크(Blake)도, 혹은 쟝 바트(Jean Bart)도 무자비한 압제 하에 있는 작은 나라(1921년 당시, 한국이 일본의 식민 지배를 받고 있음을 언급한 것이다)의 거의 알려지지 않은 이 장수보다 더 뛰어난 성취를 이룰 수는 없었을 것이다. 그런데 그에 대한 기억이 그의 본국을 벗어난 어느 곳에도 남아 있지 않다는 것은 참으로 유감스러운 일이다. 어느 한 쪽으로 치우치지 않은 공정한 재판관이라면 그 어느 누구도 그가 뛰어난 장수들 가운데 한 명으로 인정받을 권리가 있음을 부인할 수는 없기 때문이다."

본서 66페이지에서는 넬슨과 이순신을 비교하면서 평가하고 있다. 그가 영국인임을 염두에 두고 읽을 필요가 있다.

"영국인으로서 넬슨과 그의 분야(해군 제독)에서 그와 대등한 인물이 있었다는 사실을 인정하기는 언제나 어렵다. 그러나 만약 그렇게 인정되어야 할 인물이 있다면, 그 사람은 바로 패배라고는 전혀 몰랐고 적과의 전투에서 전사한 이 위대한 아시아인 해군 지휘관(이순신)일 것이다."

("It is always difficult for Englishman to admit that Nelson ever had an equal in his profession, but if any man is entitled to be so regarded, it should surely be this great naval commander of Asiatic race who never knew defeat and died in the presence of the enemy.")

당대 세계 최강이던 영국의 해군 제독과 320년 전 동양의 해군 장수를 동등한 인물로 평가함으로써 이순신에게 최대의 찬사를 보내고 있는 것이다.

그리고 그 바로 다음에서는 나폴레옹의 말을 인용하여 지휘관의 중요성을 말하고 있다.

> "적어도 바다에서는, 지금까지 어느 지휘관도 이순신보다 "전쟁은 많은 사람들의 일이 아니고 (지휘관) 한 사람의 일이다."라는 나폴레옹의 말을 더 완벽하게 증명한 사람은 없었다. 이순신은 적보다 열악한 여건에서 싸워야만 했던 것이다."
>
> (No commander, on the sea at least, ever more thoroughly justified Napoleon's saying that "war is an affair not of men but of a man," for Yi-sun had to work with inferior material.)

전쟁에서의 승패는 군사 수의 많고 적음에 달려 있는 것이 아니라 전적으로 지휘관 한 사람의 유능과 무능 여부에 달려 있다는 것이 나폴레옹의 말이고, 그의 이 말을 가장 완벽하게 증명해준 것이 바로 이순신이었다는 것이다. '한 마리의 사자가 지휘하는 백 마리의 양떼가 한 마리의 양이 지휘하는 백 마리의 사자 떼를 이긴다.' 는 말도 있지 않은가.

본서 페이지 67에는 다음과 같은 내용이 나온다.

> "더욱이 이순신은 더 훌륭한 배(거북선)를 만들어내는 데 그치지 않고, 그것이 가진 성능을 최고로 활용하였다. 그리고 그는 처음부터 끝까지 실수라고는 한 번도 해본 적이 없었다고 단정적으로

말하더라도 이것은 사실 전혀 과장이 아닌 것 같다. 왜냐하면, 그의 작전 수행은 온갖 다양한 상황에서도 너무나 완벽하여 이 단언(斷言)은 어떤 비판도 허용하지 않기 때문이다. 그의 모든 전공 기록이 잘 알려져 있지만, 중요한 점에서 그의 판단이 잘못 취해졌다고 할만한 것은 하나도 발견할 수 없다.

처음부터 그는 조선의 함대를 갈라서 해안을 따라 고정된 지점에 배치하는 방법으로는 일본 함대가 바다를 통과하지 못하게 할 수 없음을 알았다. 그러한 전략이 좋지 못하다는 것은 오늘날에는 충분히 알려져 있지만, 그가 활동하던 그 당시에는 해군 전략의 원칙이란 것들은 있지도 않았으며, 그래서 그는 전적으로 그 자신의 독창적인 생각과 판단에 따라서 전투를 해야만 했다. 그는 매 상황을 그처럼 분명하게 인식하였지만, 취해야 할 적절한 행동에 대한 타고난 자신감은 그로 하여금 자신의 책임감을 두려움 없이 수행하게 하였고, 그의 타고난 용기가 그 나머지 문제들을 처리하였다.

자기의 최초 관할구역(전라좌수영)을 출발하여 적을 찾아 나서면서, 그는 일본 함대가 공격 가능한 범위에 머물러 있는 동안 적의 수송 선단을 붙잡기 위하여 이곳저곳 항해하는 그런 실수를 범하지 않았다. 그는 처음부터 과일(목표)을 따는 가장 좋은 방법은 날카로운 도끼로 나무를 찍어서 베는 것임을 알고 있었다. 그는 의도적으로 기타 모든 것들이 의존하고 있는(적의 육군이든 수송선단이든 모두 전투함대의 건재를 전제로 한다는 뜻) 적의 전투함대를 공격하여 철저히 괴멸시킴으로써, 그의 활동 범위를 적의 연락망(보급물자 수송 역할 포함)을 단절시킨다는 단 하나의 방면만이 아니라 전쟁의 전체 국면으로 확산시켰다.
그의 전체 생애는 다음과 같이 요약될 수 있을 것이다. 그는 자신이 지침(指針)으로 삼을 만한 어떤 교훈도 과거 역사로부터 얻을 수 없었지만, 그는 확정적인 승리를 얻기 위해서 싸워야 할 방식에 따라서 바다에서 전쟁을 하였고, 자신의 생명을 자기 나라의 방위를 위한 희생의 제물로 바침으로써 그 전쟁을 끝냈던 것이다."

(Moreover, Yi-sun not only produced the better ship, but he made the very best use of her qualities; and it seems, in truth, no exaggeration to assert that from first to last he never made a mistake, for his work was so complete under each variety of circumstances as to defy criticism.
Although his whole record of service is well known, there is not a single point of importance in which his judgment can ever be held to have been at fault. At the very outset he realized that the sea could not be made impassable to the Japanese by splitting up the Korean fleet into squadrons stationed at fixed points round the coast. The unsoundness of such a policy is well enough understood in these days, but in his time there were no recognized principles of naval strategy in existence, and he had to work entirely on his own initiative.
He saw a situation so clearly, however, that his inborn confidence in a proper course of action made him fearless of responsibility, and his native courage did the rest. Leaving his first station, he went in search of the enemy, but did not commit the error of cruising about to seize transports while the Japanese fighting fleets remained in existence and accessible to attack. He recognized from the first that the best

method of reaching the fruit was to take a sharp axe and cut down the tree. And so he deliberately began by attacking the fighting fleets, on which all else depended, and having utterly demolished these first, spread his activities not only over one line of the enemy's communications but over all.
His whole career might be summarized by saying that, although he had no lessons from past history to serve as a guide, he waged war on the sea as it should be waged if it is to produce definite results, and ended by making the supreme sacrifice of a defender of his country.)

이상으로 발라드 제독이 평가하고 분석한 이순신의 진면목에 대하여 살펴보았다. 혹시, 그가 이순신을 극찬한 이유가 한국인들의 입맛에 맞추어 책을 팔기 위한 수단이 아니었겠느냐 하고 물어볼 사람이 있을지도 몰라 노파심에서 밝혀둔다.

1921년이면, 그 당시 한국은 일본의 식민지였는데, 영국 해군의 중장씩이나 되는 사람이 식민지가 된 나라의 옛 장군을 칭송한다고 해서 무슨 이득을 얻을 수 있겠는가? 그리고 책을 팔아먹으려면 식민지인 한국보다 더 풍족한 삶을 누리며 독서인구도 많고, 영국과의 관계가 돈독했던 식민지 모국인 일본인들의 입맛에 맞추어 써내야 더 이치에 맞지 않겠는가? 발라드 제독이 이순신을 열렬히 칭송한 이유는 같은 해군 제독이자 무인(武人)으로서 순수한 호감을 느꼈기 때문이라고 보아야 한다.

그리고 박정희가 이순신을 미화시켰다고 이순신을 애써 폄하하는 사람들에게 묻는다. 걸핏하면 박정희 때문에 이순신이 미화되었다고 그러는데, 1921년 당시, 말도 잘 못하고 걸음마도 제대로 하지 못했던 4살짜리 어린아이였던 박정희가 발라드 제독을 찾아가서 이순신

미화 작업을 해달라고 부탁이라도 했다는 말인가? 아니면 대통령이 되자 타임머신을 타고 과거로 가서 발라드 제독에게 뇌물이라도 주며 이순신에 대해 잘 써달라고 로비를 했다는 말인가?

한 가지 더. 발라드 제독의 이 저서에는 원균의 이름이 나오지 않는다. 책을 쓸 때 사료가 부족해서 그의 존재 자체를 몰랐기 때문인지, 아니면 평가할 가치가 없다고 판단하여 이름 자체를 넣지 않았는지는 모르는 일이다. 그러나 만약 이 책에 원균의 이름이 올라 있었다면 발라드 제독은 그를 어떻게 평가하였을까? 어설픈 졸전 끝에 수군 전력을 몽땅 침몰시키고 배를 버리고 육지로 도망갔다가 죽었는지 살았는지도 모르게 행방불명된 장수를 같은 해군 출신 제독이 어떻게 보았을까? 아마 날카롭고 매서운 어조로 신랄하게 혹평했을 것이다.

칠천량 전투에서 원균은 전혀 용감하지 않았다. 일본 함대를 보자 공포에 사로잡혀 정신없이 도망치다가 죽었는지 살았는지 행방을 감춰버렸다. 그 바람에 조선 수군은 참혹하게 궤멸되었고 왜군은 파죽지세로 북상하여 충청도와 전라도 일대를 초토화시켰다. 만약 명량에서 이순신이 극적인 역전승을 거두지 않았다면 조선은 망국의 운명을 피할 수 없었을 것이다. 이런 치명적인 결과를 초래한 원균을 어떻게 명장이라고 부를 수 있겠는가?

도대체 원균 옹호론자들이 말하는 명장의 기준은 과연 무엇인가? 전쟁에 참가했다가 죽으면 모두 명장이라고 불러야 하나? 그렇다면 이 세상에 명장이 아닐 장수는 한 명도 없을 것이다!

물론 발라드 제독의 이 책에도 아쉬운 부분은 있다. 임란 당시 조선 수군은 근접전을 철저히 회피하고 원거리에서 대포와 불화살을 날리는 포격전을 주요 전술로 사용했으나, 발라드 제독은 조선군이 마치 배를 들이받는 근접공격을 해서 이긴 것처럼 잘못 알고 있다.

또 전승을 거둔 장소의 지명과 전과를 자세하게 쓰지 않고 '남쪽 바다에서 적 함대를 격파했다' 라는 식으로 뭉뚱그려 묘사하였다. 명량이나 노량 해전 같은 이순신이 거둔 대승리들도 간단하게 언급해 버리고 만다.

그러나 이런 오류들이 이 책의 가치를 떨어뜨리지는 않는다. 암울한 식민지 시절인 1921년에 한국의 영웅인 이순신을 칭송하는 이런 책이 한국과 전혀 상관이 없는 외국에서 출판되었다는 사실 자체가 놀랍지 않은가?

나는 최근에 놀라운 사실을 깨달았다. 역사왜곡으로 비판을 받았던 KBS1 TV의 대하드라마 '불멸의 이순신' 이 미국의 시카고 TV에서 방영되었는데, 이 드라마가 많은 미국인들(주로 백인 중류층 가정)들에게 큰 인기를 얻고 있다는 것이다. 알다시피 '불멸의 이순신' 은 이순신의 진면목을 많이 훼손시킨 작품이다. 이런 '불멸의 이순신' 이 외국인들에게 큰 호응을 얻는다면, 역사적 고증에 충실하게 만든 이순신 관련 작품은 과연 얼마나 큰 반향을 불러일으킬까?

— *THE END* —

(*乙丑/御朝講. 上曰: "近來軍政解弛. 監軍雖曰尋常, 亦軍政之一事, 自古未嘗有不往之時矣. 近聞監軍【宣傳官元俊良】不往, 而巡將[柳敬祖] 因夜深, 獨自分軍云. 是紀綱解弛, 軍令不嚴, 故如此也.)
—중종실록 중종 39년(1544년) 3월 27일—

(*以李元祐爲全羅道兵馬節度使,　元俊良爲全羅左道水軍節度使.【後憲府論遞.】)
—명종실록 명종 17년(1562년) 6월 10일—

(*以崔應龍爲承政院同副承旨, 白仁英【素乏名望. 皆於(慶)景福宮重修時, 監董其事, 以此陞貂.】爲工曹參議, 元俊良爲慶尙左道兵馬節度使, 鄭惕爲大護軍.【與李樑, 自少相善, 而中間或親或疎. 到今有物論, 故以承旨稱病見遞.】)
—명종실록 명종 18년(1563년) 10월 20일—

(*以沈守慶【沈貞之孫, 有製述之才, 友愛之行. 能隨時低昻, 無忤於人, 故不以祖見廢】爲平安道觀察使, 朴永俊【持身簡率, 然亦有依違之失】爲弘文館副提學, 李元祐【李芑之子, 出身虎科, 襲勳乃父. 貪暴縱恣, 無有紀極. 奴事尹元衡, 屢得閫外之寄, 人皆憤之】爲海豐君, 尹先智【素乏勇智, 而奴事尹元衡, 遂得顯用】爲慶尙左道水軍節度使.)
—명종실록 명종 18년(1563년) 10월 28일—

(*丙戌/慶尙右道兵馬節度使元俊良拜辭. 傳曰: "撫恤軍卒, 嚴措防備."【史臣曰: "俊良之貪暴無知, 浮於李元祐, 而元祐則駁之, 俊

良則遣之者，其必俊良之賂遺，足以得權臣之勢，緘諫官之口也．噫！撫恤軍卒，嚴措防備，豈俊良之所能哉？”】)

—명종실록 명종 18년(1563년) 11월 11일—

(* 【史臣曰：“郭屹 · 李澤之居官，猶可謂彼善於此，俊良則侵漁萬端，軍卒怨苦，日望罷去，而元衡等，曾受其賂遺，恐被罷遞，有此欺罔之啓，將焉用彼相哉？”】)

—명종실록 명종 19년(1564년) 6월 21일—

(*流元俊良于波知島[俊良以全羅右道水使，聞濟州倭變，不卽赴援]，移金忠烈于方山鎭，金仁于訓戎鎭.)

—명종실록 명종 7년(1552년) 8월 28일—

(*壬午/以李名珪爲知中樞府事，李薇【初名芄，芑之弟也．賦性陰險，人忌畏之．設使當推，則恣行胸臆，豈下於厥兄哉？】· 南宮忱 · 尹春年爲同知中樞府事，元俊良爲慶尙左道水使【本以無知麤猛之人，前爲全羅道水使時，巡到全州，遽聞達梁之陷．所當兼夜馳往，以救其急也，而飮笑自若，故爲遲緩，使賊勢益熾° 其時不施軍法，已失刑矣．今者復爲本職，物情極爲驚怪．浚慶汲汲收敍，亦爲非矣.】)

—명종실록 명종 12년(1557년) 8월 2일 —

(*憲府啓曰：“近來，邊將潛通胡地，恣行買賣，困弊軍民，惹起邊釁，所當隨現痛治．宋遵冒禁貿物，至於被擄人物，罪犯非輕，遽以輕照，已爲未便．且於京畿近便之地，定處尤爲未便，請命依律文邊遠充軍．吉州牧使元俊良【武人】本以麤鄙之人，專事貪虐，徵斂無藝．至載官庫之物，盡歸貿銀之資，其爲汎濫極矣．請命罷職.” 答

曰: "竝如啓.")　　—명종실록 명종 21년(1566년) 12월 9일—

(*成均館生員李百祿等, 以上親享文廟, 仍行大射禮, 命賜米二百碩, 又命進闕庭, 特賜酒樂, 奉箋稱謝. 略曰: 謁素王射熊的, 欣瞻三代之儀; 列靑衿歌鹿鳴, 復添九重之澤. 大禮曠千古, 猶幸橋門之觀聽, 優渥下九天, 益感乾坤之慈惠.)

—중종실록 중종 29년(1534년) 8월 18일—

(*諫院啓曰: "平市署奉事李百祿, 性本狂悖, 日與無賴之徒, 縱酒無忌, 多有汎濫作弊之事, 請罷其職.")

—중종실록 중종 35년(1540년) 6월 27일—

(*以議政府議得. 尹仁鏡等議曰: "伏見李貞陳訴, 其父百祿, 以中宗大王國恤, 酒肉設辦, 其子成婚, 誤蒙錄案. 其時慶尙監司啓本, 無酒肉設辦之語, 而刑曹緘(間)[問], 添此四字, 啓移義禁府, 杖下伏招云. 考其啓本, 酒肉設辦之語, 只及於女父李俊, 而不及於百祿, 竟以此歸重, 至於錄案, 果爲冤悶. 成宗昇遐之夕, 朝士有婚其子女者, 雖被其罪, 皆不至於錄案. 伏惟上裁.)

—명종실록 명종 1년(1546년) 4월 6일—

(*舍人崔顒, 以三公意啓曰: "咸鏡北道兵使郭屹˙平安兵使李澤˙慶尙右道兵使元俊良, 以其子弟, 許赴武科初試事, 方在推考之中. 臣等聞之, 科擧事目, 於文科則詳, 而武科則不立定規, 故其子弟, 以軍官, 因循舊例而許赴. 非如違法冒赴之比, 請自上量裁何如?" 答曰: "知道.")　　—명종실록 명종 19년(1564년) 6월 21일—

(*元翼曰: "臨戰時, 則與常時不同. 如元均, 性甚强戾, 凡上司文移節制之間, 必相爭鬩, 臨戰則頗可用云矣." 上曰: "元均, 自癸未年, 熟聞之矣. 爲國事甚誠, 且不畏死云." 元翼曰: "元均, 有戰功故許之, 不然則決不可用之人也." 金順命曰: "忠淸道人心, 多不便云." 上曰: "木强故也." 元翼曰: "元均, 不可預授軍士, 臨戰授之, 使之突戰可也. 常時領之, 必多怨叛矣." 上曰: "前日以元均爲貪, 而有臺論矣. 元均至淸而曰貪, 何也?" 金睟曰: "前爲造山萬戶時,御史成洛狀啓褒奬矣." 元翼曰: "元均豈至於至淸?" 趙仁得曰: "小臣曾於鍾城見之, 雖有萬軍, 有橫突之意, 行軍甚朴實, 且不知貪濁矣." 上曰: "如此將, 不可多得.")

-〈선조실록〉 선조 29년 (서기 1596년) 10월 21일-

(*以柳根爲漢城府判尹, 沈喜壽爲都承旨, 沈友勝爲同副承旨, 趙仁得爲黃海兵使.

【史臣曰: "仁得以封疆之臣, 棄其地方, 而避賊海島, 纔遞方伯, 旋爲兵使, 用人如此, 何以爲國?"】)

-〈선조실록〉 선조 26년 (서기 1593년) 1월 28일-

(*己未/兵曹判書鄭彦信啓: "鹿屯島起耕一事, 專發於臣. 而今聞賊胡來, 犯人畜搶掠, 皆由臣謬見而致. 請先治臣身, 以謝朝野." 傳曰: "鹿屯島迎近虜境, 虜來侵軼, 乃常事也, 初非不慮有此也. 本島, 自祖宗朝爲我農場, 卿目覩軍餉艱虞之狀, 請令民得入田, 此豈失乎? 諸使蹉跌, 智者千慮, 必有一失, 其何傷於卿盡心國事之忠乎? 予何敢致尤於卿, 以資不爲國事(旁)〔傍〕觀者之竊笑乎? 愼勿以此自沮, 更加知無不爲.")

-〈선조실록〉 선조 20년(서기 1587년) 10월 4일-

(*傳日: "申砬可加資, 製敎書諭之, 賜其母米太幷二十石. 富寧府使張義賢, 分守乾原, 叛賊來圍, 以孤軍血戰却賊, 訓戎僉使申尙節, 叛賊來圍, 竭力拒之, 又能奮勇出兵, 與申砬合勢, 擊賊而還, 此二人功亦不細. 張義賢可加資, 申尙節超四資爲禦侮, 仍陞授准職.")

-〈선조실록〉 선조 16년(서기 1583년) 2월 14일-

(*北兵使馳啓日: "賊胡圍鹿屯島木柵時, 慶興府使李慶祿, 造山萬戶李舜臣, 失誤軍機, 戰士被殺十名, 被虜一百六名馬十五匹. 貽辱國家, 李慶祿等囚禁事.")

-〈선조실록〉 선조 20년(서기 1587년) 10월 10일-

(*原文: 辛未/備邊司公事, 李慶祿 · 李舜臣等拿來事, 入啓. 傳日: "與戰敗者有異. 令兵使決杖, 白衣從軍, 自效可也.")

-〈선조실록〉 선조 20년(서기 1587년) 10월 16일-

(*備邊司啓日: "前日行宮侍衛甚尠, 未成體貌, 闕內侍衛將士及義禁府官員等, 皆令白衣從軍, 以示其罰矣.")

-〈선조실록〉 선조 25년(서기 1592년) 5월 22일-

(*兩司啓日: "變起之後, 軍律解弛. 失誤之將, 難於一一施罰, 每令白衣從軍, 已極苟且.")

-〈선조실록〉 선조 25년(서기 1592년) 8월 18일-

(*閑山戰敗, 邊將守令, 非徒不置之軍法, 又使之仍察其任. 雖令白衣從軍, 亦且未滅, 況此仍任乎?)

-〈선조실록〉 선조 30년(서기 1597년) 8월 15일-

(*朔壬戌/傳曰: "前府使鄭明海以謝恩使厭避, 依他白衣從軍…")
-〈광해군일기〉 광해군 4년(서기 1612년) 12월 1일-

(*戊午/上幸北郊. 將禱雨也. 是日, 駕至景福宮墻西, 以前驅之誤, 由他路. 命拿入訓鍊大將張鵬翼, 下飭敎, 仍令白衣從軍.)
-〈영조실록〉 영조 1년(서기 1725년) 7월 23일-

(*辛未/備邊司公事, 李慶祿·李舜臣等拿來事, 入啓. 傳曰: "與戰敗者有異. 令兵使決杖, 白衣從軍, 自效可也.")
-〈선조실록〉 선조 20년(서기 1587년) 10월 16일-

(*辛亥/北兵使啓本: "慶源藩胡, 鹿屯島作賊時錢部落, 今月十四日, 率本道土兵及京將士二千五百餘名, 分道入送, 二更行軍, 三更越江, 十五日平明時, 焚蕩穹廬二百餘坐, 斬獲三百八十級, 馬九匹, 牛二十首, 全師回還事.")
-〈선조실록〉 선조 21년(서기 1588년) 1월 27일-

(*己巳/備邊司武臣不次可用, 李山海薦孫仁甲·成天祉·李舜臣·李明河·李薲·申砬·趙儆, 沈守慶薦李景·申砬·李用濬·朴晋, 俞泓薦李渾·王景祚·李用濬·邊應星·柳夢經·俞淵, 鄭彦信薦孫仁甲·成天祉·李舜臣·李明河·李時言·韓仁濟·李彦諴·鄭湛·金鐺, 尹卓然薦柳希先·李宗張·尹安性, 姜暹薦柳濂·鄭訥·文夢軒·金敬老·鄭撥·鄭得說, 邊協薦趙儆·申砬·李福男, 李戩薦申砬·金侚·邊應星, 崔遠薦李景·

田浹, 申砬薦崔眉壽·邊應星·邊應井·李之詩·鄭見龍·李範.)

－〈선조실록〉 선조 22년(서기 1589년) 1월 21일－

(*辛未/司諫院啓曰: “全羅左水使元均, 前爲守令, 考績居下, 纔過半年, 超授閫帥, 殊無黜陟勸懲之意, 物情未便. 請命遞差, 年少有武略人, 各別擇遣.” 答曰: “依啓.”)

－〈선조실록〉 선조 24년(서기 1591년) 2월 4일－

(*修築湖嶺城邑. 備邊司議: “倭長於水戰, 若登陸, 則便不利, 請專事陸地防守.” 乃命湖嶺大邑城增築修備, 而慶尙監司金睟尤致力奉行, 築城最多. 永川, 淸道, 三嘉, 大丘, 星州, 釜山,東萊, 晋州, 安東, 尙州左右兵營, 皆增築設塹. 然以豁大容衆爲務, 不據險阻, 迂就平地, 所築高者不過二, 三丈, 壕塹僅存摸様, 徒勞民興怨, 而識者知其決不能守禦矣.)

－선조수정실록 24년(1591년 19년) 7월 1일－

(*右水營則水使虞候, 自焚其營, 虞候則不知去處, 水使則只騎一船, 時寓泗川海浦, 格軍數十名外, 無一軍卒. 臣見固城雖陷, 而賊已還去, 軍糧亦在, 若水使入城據守, 則潰散人民, 必爭安集, 再度通文于水使, 水使去十九日, 計欲入守, 泊船于縣境, 而前賊百餘人率叛民, 再來據城, 不果入.)

－〈선조실록〉 선조 25년(1592년) 6월 28일, 김성일의 장계－

(*金睟馳啓曰: “水營助羅浦·知世浦·栗浦·永登浦云鎭, 已爲空虛, 巨濟縣令金俊民, 獨守孤城, 以死爲期. 【俊民, 於癸未北道之戰, 數日程徒步入戰, 而勇冠三軍云. 元均則以俊民不趁赴於舟師, 以俊民爲奸誤矣.】 水使元均以舟師大將, 率諸將避于內地, 使其虞候禹應辰, 焚燒官庫, 二百年所儲之物, 一朝敗亡.")

-〈선조실록〉 선조 25년(1592년) 6월 28일, 김수의 장계-

(*全羅水軍節度使李舜臣赴援慶尙道, 大敗倭兵于巨濟之前津. 倭兵之渡海也, 慶尙右水使元均知勢不敵, 悉沈戰艦, 戰具, 散水軍萬餘人, 獨與玉浦萬戶李雲龍, 永登浦萬戶禹致績, 栖泊于南海縣前, 欲尋陸避賊. 雲龍抗言曰: "使君受國重寄, 義當死於封內. 此處乃兩湖咽喉, 失此處, 則兩湖危矣. 今吾衆雖散, 猶可保聚, 湖南水軍, 可請來援也." 均從其計, 遣栗浦萬戶李英男, 詣舜臣請.)

-〈선조수정실록〉 선조 25년(1592년) 5월 1일-

(*五月初一日. 至固城之蛇梁. 時賊勢甚急. 嶺南沿海諸鎭. 無暇整軍. 惶怯失措. 皆自沈其戰船. 元均亦以一夾船. 竄伏于赤梁島. 聞舜臣至. 自三川來見舜臣. 泣曰. 令公令公. 吾固苦待之矣. 吾之戰船. 無一隻在. 此將何爲. 舜臣慰撫之. 且曰. 此臣子報國盡之秋也. 遂留軍一日.」

-은봉전서(隱峰全書)-

(*初, 元均請舜臣援兵敗賊, 欲聯名狀奏, 舜臣曰: "且徐之." 乃夜自具狀奏, 備陳均失軍無依, 擊賊無功之狀, 均聞之大憾. 自此, 各狀奏功, 兩人構隙自此始.)

—〈선조수정실록〉 25년(1592년) 6월 1일(기축)의 기사—

(*原文: 乙卯/司憲府啓曰: "忠淸兵使元均, 爲人泛濫, 加以貪虐. 五六月入防軍士, 前期放役, 徵納種太, 盡輸于農舍. 又作無理之刑, 恣行殘酷之事, 殞命者相繼, 病廢者亦多, 怨號之聲, 盈滿一道. 如此之人, 不可不痛(徵)[懲], 請命罷職不敍. 鐵原府使沈源海, 爲人貪庸, 還上之數, 瞞報私用, 宰殺牛隻, 牟利民間, 至於爲兄, 營第於境內, 廣占田土, 聞見駭愕. 請命罷職. 鳳山郡守朴應寅, 前爲延安府使時, 徵斂無藝, 費用太濫, 使路傍巨邑, 蕩然一空. 請命遞差.” 上答曰: “元均, 爲人非泛濫. 此時名將, 不可如是. 不允. 餘依啓.”)

—〈선조실록〉 선조 28년(1595년) 8월 15일 기사—

(*原文: 司憲府連啓元均罷職不敍事, 上答曰: “不可爲.”)

—〈선조실록〉 선조 28년(1595년) 8월 16일 기사—

(*原文: 司憲府連啓元均事. “泗川郡守李汝溫, 爲人巧詐, 到任以後, 無意恤民, 而惟以干譽爲事, 而潛結豪右, 虛張治聲, 至欲欺誣上言, 圖陞官秩, 送人京師, 責糧於民. 其用心之無狀極矣. 請命罷職.” 答曰: “元均事, 不可爲. 李汝溫, 旣爲褒奬, 反爲論駁, 有傷事體. 一時毁譽, 烏可盡信? 不允.”)

—〈선조실록〉 선조 28년(1595년) 8월 17일 기사—

(*原文: 司憲府連啓元均·李汝溫事, 答曰: “當今將帥, 元均爲最. 設使有過當之事, 豈宜輕爲論啓, 以解其心? 不允.”)

—〈선조실록〉 선조 28년(1595년) 8월 18일 기사—

(*原文: 己卯/司憲府啓曰: “各道兵使, 本無從事官, 而忠淸兵使元均, 以前郡守崔德峋, 啓請從事官稱號帶率, 違越常規, 至爲非矣. 德峋方寓居道內, 鑽刺得爲是任, 別無所幹, 而傳食列邑, 貽弊多端. 元均, 請命推考, 崔德峋, 革去從事官之號.” 上曰: “兵使不須推考. 革去事依啓.”

【史臣曰: "崔德峋, 蔭官也. 麤滑鄙陋, 無一事可取. 壬辰, 爲加平郡守, 邀殺我國避亂人, 髡頭雕額, 假作倭形, 瞞報行在, 以要上功. 十目孔嚴, 情狀敗露, 而刑章未加, 可勝痛哉! 臺官此論, 吁亦歇後矣."】 -〈선조실록〉 선조 29년(1596년) 1월 12일 기사-

(*原文: 尹泂曰: "臣在忠淸道、藍浦地見之, 賦後煩重, 民不聊生矣. 刷馬大役, 已不可言, 砲、殺括出, 選鋒抄發等, 諸般之役, 沓至疊出, 而兵使元均, 於上黨山城築城之際, 不以便宜爲之, 不分邑之殘盛, 各出二三百名, 催督赴役, 無根着者, 盡爲流移, 其僅存者, 亦將不保. 民苟怨叛, 城雖堅築, 將誰與守之? 況此農月, 疲於奔命, 民不得荷鋤而緣南畝, 以是怨咨尤極, 姑待農隙爲之宜當. 亟令備邊司, 某條處之, 如何? 大槪元均所爲泛濫, 臣欲爲論啓, 而院中以爲, 當事之人, 不可輕論, 不得爲之矣.")

-〈선조실록〉 선조 29년(1596년) 5월 7일 기사-

(*原文: 上曰: "元均以己所見爲之, 不爲撓改. 體察使雖論理開諭, 亦不改革云矣." 成龍曰: "大槪爲國有誠. 築上黨山城時, 造土屋寢處, 而督役修築." 山海曰: "築上黨山城時, 以威督役, 故人多怨者." 廷馨曰: "上黨山城, 功役雖就, 旋爲雨壞.")

-〈선조실록〉 선조 30년(1597년) 1월 27일 기사-

(*原文: 機張縣監李廷堅馳報內, 淸正今月十三日多大浦到泊, 先來船二百餘隻. 十五日廷堅又馳報曰: "倭大船一隻·倭子七十餘名及倭將喜八【卽金大夫】, 直到釜山, 以牌文示之曰: '日本國豐臣秀吉臣加藤主計頭平淸正, 受大閤殿下之命, 再航海, 至于道, 便遣使者於朝鮮, 其使者回報之間, 慶尙左道之民, 更不疑此書, 莫怖恐而退散. 因玆先遣臣金大夫, 以令告報也. 慶長丁酉年正月十二日平淸正.'")

-〈선조실록〉 선조 30년(1597년) 1월 21일 기사-

(*原文: 慶尙道慰撫使黃愼狀啓: 當日右兵營牙兵宋忠仁, 自釜山回還言: "本月十二日, 淸正管下倭船一百五十餘隻, 一時渡海, 到泊西生浦; 十三日, 淸正率管下倭船一百三十餘隻, 冒雨渡海, 風勢不順, 到泊加德島, 十四日, 移泊多大浦, 將向西生云.")

-〈선조실록〉 선조 30년(1597년) 1월 23일 기사-

(*原文: 備邊司啓曰: "淸賊已渡海, 各道措置防守之事, 不可少緩. 京畿·忠淸兩南等道, 分遣宣傳官, 急速馳諭, 使之整飭軍兵, 把截要害, 刻新待變, 傳通(暸) 〔瞭〕望, 以備不意之患爲當.")

-〈선조실록〉 선조 30년(1597년) 1월 21일 기사-

(*原文: 備邊司啓曰: "不如令元帥, 觀賊情與事機如何, 便宜酬應, 以就其事, 不可則止之, 似爲無妨. 敢啓." 傳曰: "姑依元帥狀啓施行, 不妨.")

-〈선조실록〉 선조 30년(1597년) 1월 21일 기사-

(*原文: "算以水陸之事言之, 則壬辰之初, 陸賊長驅, 旬月之間, 闌入箕城, 海寇則經年戰敗, 終不至於南海以西, 我國威武, 專在於水戰而已. 臣之愚意, 以數百舟師, 徑出於永登之前, 潛屯於加德之後, 抄擇輕船, 三三五五, 耀武於絕影之外, 或百餘或二百, 楊威於大海, 則淸正素怯水戰之不利, 必斂兵而還歸. 伏願朝廷, 以舟師迎擊于海外, 使賊不得下陸, 必無患矣. 此非臣易言也. 臣前於海戍, 備諳此事, 故今不敢隱默, 仰叫天門矣.")

-〈선조실록〉 선조 30년(1597년) 1월 22일 기사-

(*原文: 山海曰: "邇來力措舟師, 乃可有恃. 臣頃在湖西, 適逢元均, 均云: '倭子何懼之有?' 臣初聞以爲妄, 及今見之, 信乎恃舟師而發是言也. 今此金藎國【藎國, 以軍機宣諭官, 下去于李元翼處而回也.】之還, 臣問之則藎國言: '都體察使, 亦恃舟師矣.' " 上曰: "倭酋 【行長也. 行長使金應瑞, 指示可圖淸正之計, 而柳成龍等, 以輕信賊說, 恐墜計中, 不許輕動, 故有是事.】如示諸掌而指敎之, 我國不能爲之, 我國誠天下庸劣國也. 今見狀啓, 行酋亦言朝鮮之事, 每每如此, 嘲戱至此, 我國劣於行長遠矣. 閑山之將安臥而不知, 何以爲之?"【閑山將, 卽統制使李舜臣也.】 斗壽曰: "舜臣非畏倭寇, 實厭出戰. 壬辰年鄭雲之死也, 由絕影而行舟, 中賊大砲而死." 山海曰: "舜臣以鄭雲 · 元均之不在, 有是逗留之事." 應南曰: "鄭雲以舜臣不爲進戰, 將斬之. 舜臣恐怖, 不獲已强戰. 水戰之捷, 蓋鄭雲激而成之. 鄭彦信, 常稱鄭雲之爲人." 上曰: "今者舜臣豈望擒馘淸正之首哉? 只揚舲耀武, 沿洄洋路, 而終不得爲, 誠可歎也. 今見都體察狀啓, 耀兵約束, 旣已俱矣." 上嗟歎良久, 喟然言曰: "我國已矣. 奈何奈何?") —〈선조실록〉 선조 30년(1597년) 1월 23일 기사—

(*原文: 壬戌/命下統制使李舜臣于獄, 以元均代之. 先是, 行長與慶尙右兵使金應瑞相通, 要時羅居間往來, 其所言若有與淸正不相能者, 我國信之. 是時, 倭賊謀再犯, 憚我舟師, 尤忌舜臣, 使要時羅來言: "和事之不成, 淸正實主張之. 若去此人, 則我之恨釋, 而貴國之患, 除矣. 某月某日, 淸正當宿于某島, 貴國若令舟師, 潛伏而要之, 則可縛而來." 應瑞以此上聞, 上遣黃愼, 密諭于舜臣, 舜臣曰: "海道艱險, 賊必設伏以待. 多發戰艦, 則賊必知之, 小則反爲所襲." 遂不行. 是日, 淸賊果來多大浦前洋, 仍向西生浦, 實與行長, 謀羸師以誘我也. 朝廷猶以不遵朝命, 下舜臣于獄栲訊之, 遂以全南兵使元均

爲統制使.) -〈선조수정실록〉 선조 30년(1597년) 2월 1일 기사-

(*原文: 左議政李德馨狀啓: 李舜臣之爲人, 臣不曾見面, 通一聞問, 未知其爲如何. 前日但聞元均說稱處事不是處, 意謂幹才則有之, 而純實勇敢, 則下於人矣. 及臣入本道聽海邊居民, 交口稱讚, 愛戴不已. 又聞其四月, 始入古今島, 而布置施措, 曲盡其宜, 纔過數四月, 民戶軍餉, 盛於舊年閑山島所有, 始知其才過人.)

-〈선조실록〉 선조 31년(1598년) 12월 7일 기사-

(*原文: 宣傳官金軾, 哨探閑山事情, 還來入啓曰: "十五日二更, 倭船五六隻, 不意夜驚衝火, 我國戰船四隻, 全數燒沒, 我國諸將蒼皇動船, 艱難結陣, 鷄鳴, 倭船不知其數, 來圍三四匝, 荊島等處, 布滿無際. 且戰且退, 勢不相敵, 我舟師退屯于固城地秋原浦, 賊勢滔天, 我國戰船, 全被燒沒, 諸將軍卒, 焚溺盡死. 臣與統制使元均及順天府使禹致績, 脫身下陸, 元均老不能行, 赤身杖劍, 兀坐松下. 臣走且顧見, 倭奴六七, 揮劍已到元均處, 元均生死, 不得詳知. 慶尙右水使裵楔·玉浦·安骨萬戶等, 艱難獲全, 焚蕩諸船, 火炎漲天, 倭船無數向閑山島矣.) -〈선조실록〉 선조 30년(1597년) 7월 22일 기사-

(*原文: 七月二十一日成貼都元帥權慄書狀: 臣軍官崔永吉, 自閑山島, 今始出來云: "元均免死, 向晋州, 傳說: '蛇梁時, 到大船十八隻·全羅船二十餘隻, 本道散在, 閑山留住軍民·男女·軍器·輳集雜船, 無遺收到于昌善島, 軍糧萬餘石, 一時不得載運, 除出焚火, 格軍則奔敗之船, 皆艤於連陸, 故死亡者不多' 云." 崔永吉隨後上送. 李舜臣則以收拾散亡船, 入送蛇梁事.)

-〈선조실록〉 선조 30년(1597년) 7월 26일 기사-

(*原文: 都體察使李元翼馳啓曰:“壬辰以後, 將官奔潰者, 無一伏法, 以至今日, 習以爲常. 今此舟師, 初非與之相角力, 盡取敗也. 其生其死, 皆是奔還之人. 參以衆論, 則力戰死於洋中者, 唯助防將金浣而已. 許多各將, 雖不得盡行軍法, 而元均以主將, 當伏喪師之律. 啓依允. 但欲殺元均, 恐均心不服, 量處. 備邊司回啓曰:“元均喪師之罪, 固所難貸, 而其間失誤之罪, 似不可專諉於元均. 姑待元均現出, 更議處置何如?” 啓依允.)

—〈선조실록〉 선조 30년(1597년) 8월 5일 기사—